PPP
理论与实践

杨永恒　王守清◎主编

PPP THEORIES AND PRACTICES

科学出版社

北　京

内 容 简 介

　　PPP 是政府和市场主体之间建立的优势互补、利益共享和风险共担的长期合作伙伴关系。推广 PPP 模式是公共产品和服务领域引入市场化机制的重要举措，也是供给侧结构性改革的具体体现。在探寻中国式现代化之路的新征程上，提取、分析、梳理 PPP 作为治理工具的理论内涵，总结、归纳、解析 PPP 作为合作模式的项目实践全过程，不但有利于增强投资对供给结构优化的关键作用，而且对于构建现代化基础设施体系也具有重要的借鉴意义和参考价值。本书从宏观和微观相结合的视角，对政府和市场关系、公共服务市场化提供方式、PPP 模式内涵等知识体系进行了系统梳理，并对项目管理、风险管理、项目投融资等实操机制进行了详细介绍。本书还从国际比较和可持续发展视角，对比了全球不同国家和地区的 PPP 法律制度，提出了以可持续发展为导向的 PPP3.0 模式，建构了 PPP3.0 的理论框架和善治框架，以期为中国的 PPP 制度框架建设和治理体系完善提供借鉴。

　　本书适合高等院校及科研机构的公共管理、项目管理相关领域专业研究人员阅读，也可供 PPP 业界人员参考。

图书在版编目（CIP）数据

PPP 理论与实践 / 杨永恒，王守清主编. —北京：科学出版社，2023.10
国家级一流本科课程配套教材
ISBN 978-7-03-074119-6

Ⅰ.①P⋯　Ⅱ.①杨⋯　②王⋯　Ⅲ.①政府投资−合作−社会资本−中国−高等学校−教材　Ⅳ.①F832.48　②F124.7

中国版本图书馆 CIP 数据核字（2022）第 232722 号

责任编辑：方小丽 / 责任校对：姜丽策
责任印制：张　伟 / 封面设计：楠竹文化

科 学 出 版 社 出版
北京东黄城根北街 16 号
邮政编码：100717
http://www.sciencep.com

北京中石油彩色印刷有限责任公司 印刷
科学出版社发行　各地新华书店经销
*

2023 年 10 月第 一 版　开本：787×1092　1/16
2023 年 12 月第二次印刷　印张：12 1/2
字数：296 000
定价：68.00 元
（如有印装质量问题，我社负责调换）

编委会名单

主　编：杨永恒　王守清
副主编：王盈盈
成　员：武　健　宋金波　孙　慧　王欢明　熊　伟　袁竞峰
　　　　柯永建　宿　辉　冯　珂　亓　霞　杜妍慧　金士耀
　　　　宋文娟　任怀艺

前　　言

　　PPP（public-private partnership，公私合作）模式是政府和市场主体之间建立的优势互补、收益共享和风险共担的长期合作伙伴关系，可资助并供给公共产品和服务，在我国也被称作政府和社会资本合作模式。推广 PPP 模式是公共产品和服务领域引入市场化机制的重要举措，也是供给侧结构性改革的具体体现。近年来，我国 PPP 事业发展总体规范有序，社会各界对 PPP 的认识不断深化、共识不断增强，呈现出积极的发展势头。例如，PPP 从传统基础设施领域拓展到了教育、医疗、健康养老、文化体育等消费热点和供给短板领域，促进了公共服务供给扩容、提档、升级；探索运用 PPP 模式盘活存量资产，推进基础设施不动产投资信托基金（real estate investment trusts，REITs）试点，创新了投融资机制，拓宽了投融资渠道；一些互联网企业运用数字技术优势，积极参与数字社会、数字政府建设，提升了社会服务与治理的数字化智能化水平。

　　2016 年 4 月，清华大学与国家发展和改革委员会、中国保险监督管理委员会共同发起成立了清华大学 PPP 研究中心（2023 年 9 月更名为清华大学投融资政策研究中心），致力于打造 PPP 领域的国家级专业智库、高端人才培养基地和国际交流中心。清华大学 PPP 研究中心坚持高层次、开放式、前瞻性的发展导向，在 PPP 学术研究、人才培养、政策咨询、国际交流合作和服务行业发展等方面取得了较为突出的成绩，打造了高水平的品牌学术平台，连续举办多届中国 PPP 论坛，被誉为中国 PPP 行业风向标；组织编写 PPP 蓝皮书，为我国 PPP 行业发展提供了重要参考；联合香港城市大学成功开设 PPP 方向的 MPA-EMBA 双学位项目，是亚洲首个 MPA-EMBA 项目[①]；面向 MPA 开设"PPP 理论与实践"研究生课程；录制的同名慕课于 2020 年入选首批国家级一流本科课程，网上选课人次超 4 万。清华大学 PPP 研究中心还积极配合国家 PPP 主管部门，承担了 PPP 专家库建设以及 PPP 相关领域的政策咨询工作，为推动我国 PPP 行业发展作出了积极贡献。此外，清华大学 PPP 研究中心还倡议发起了中国高校 PPP 论坛，截至 2021 年末，已有 70 余家高校和科研机构加入，指导举办中国 PPP 学术高峰论坛，营造高校学者投入 PPP 理论研究的良好氛围。

　　党的二十大擘画了以中国式现代化推进中华民族伟大复兴的宏伟蓝图，站在新的历史方位，高校对 PPP 要有新的担当、新的作为、新的气象。PPP 专业人才除应具备多学科背景知识外，还要掌握行业项目知识，了解项目所在国法规政策和项目所在地特点。为

---

　　① MPA：master of public administration，公共管理硕士。EMBA：executive master of business administration，高级管理人员工商管理硕士。

此，中国 PPP 论坛组织国内一线的 PPP 学者撰写本书，本书既站在公共管理的高度阐述 PPP 作为治理工具的理论内涵，又从项目管理的专业视角介绍 PPP 项目全生命周期实践，进一步融合了公共管理和项目管理领域 PPP 相关的知识体系。本书既对政府与市场关系、公共服务市场化提供方式、PPP 模式内涵等宏观层面的知识框架做了系统梳理，也对项目管理、风险管理、项目投融资等 PPP 知识模块进行了详细介绍。本书坚持正确的学术导向，充分反映中国特色社会主义实践，引导学生树立正确的世界观、人生观和价值观，努力成为德智体美劳全面发展的社会主义建设者和接班人，本书适合高等院校及科研机构的公共管理、项目管理相关领域专业研究人员阅读。

本书的作者阵容强大，其中许多人是国内 PPP 领域的知名学者和专家。本书共分为九章，其中第一章 PPP 与政府治理由王欢明撰写，第二章 PPP 项目的谋划和决策由王盈盈、宋金波撰写，第三章 PPP 项目合同管理由宿辉撰写，第四章 PPP 项目融资管理由孙慧、宋金波撰写，第五章 PPP 项目风险管理由冯珂、柯永建、亓霞撰写，第六章 PPP 项目绩效评价由袁竞峰、杜妍慧撰写，第七章 PPP 项目的全生命周期管理由宋金波撰写，第八章全球 PPP 法律制度的比较由宿辉撰写，第九章以可持续发展为导向的 PPP3.0 由熊伟撰写。在此感谢各位作者的辛勤付出，是他们的知识和智慧成就了本书。

杨永恒

2023 年 10 月

目　　录

第一章 PPP 与政府治理

【教学目的】

    PPP 是正确处理现代国家治理体系中政府与市场关系的重要手段。本章主要讲解 PPP 作为一种治理工具在现代国家治理体系和公共服务市场化供给中的作用和意义。本章需要学生掌握 PPP 的内涵和特点，熟悉 PPP 模式中的政府和社会资本角色，了解 PPP 作为现代国家治理中妥善处理政府和市场关系的一种手段，以及 PPP 作为公共服务市场化提供方式的基本原理。

第一节 现代国家治理体系中的政府与市场关系

一、理解治理

治理（governance）原意为控制、引导和操纵，长期与管治（govern）一词交叉使用，主要用于与国家公共事务相关的管理活动和政治活动。根据全球治理委员会的界定，治理是各种公共的或私人的机构和个人管理其共同事务的各种方式的总和，是调和各种不同的冲突或利益并且采取一致行动的持续过程。治理也是政府、企业、社会和个人共同管理公共事务的统称。

党的二十大报告把"国家治理体系和治理能力现代化深入推进"[①]作为未来五年我国发展的主要目标任务之一。新征程上，必须深入推进国家治理体系和治理能力现代化，把我国制度优势更好转化为国家治理效能。推进国家治理体系和治理能力现代化是全面深化改革的总目标，对中国的社会主义现代化事业具有重大意义。国家治理体系是规范社会权力运行和维护公共秩序的一系列制度和程序，它包括政府治理、市场治理和社会治理三个最重要的次级体系。推进国家治理体系和治理能力现代化，势必要求对国家各个方面进行突破性改革。其中，"政府与市场关系"是基于社会经济领域的"双向运动"，有必要客观看待政府与市场的功用，并结合"两个失灵"辨证施治。如何妥善处理政府与市场的关系是现代国家治理体系建设的重要命题。

[①] 《习近平：高举中国特色社会主义伟大旗帜 为全面建设社会主义现代化国家而团结奋斗——在中国共产党第二十次全国代表大会上的报告》，https://www.gov.cn/xinwen/2022-10/25/content_5721685.htm[2023-10-20]。

引　例

灯塔的故事

在一个靠海的渔港村落里住着两三百个人，大部分人都靠出海捕鱼为生。港口附近礁石险恶，船只一不小心就可能触礁沉没，人财两失。如果这些村民都觉得盖一座灯塔，好在深夜和雾中指引方向，而且大家对于灯塔的位置、高度、材料、维护都毫无异议，那么，剩下的问题就是如何分摊盖灯塔的费用。村民们怎么分摊这些费用比较好呢？既然是让渔船趋福避祸的，依船只的数量平均分摊就好了！可是，船只有大有小，大船的船员往往比小船要多，享受的好处相对较多。那么，依据船员人数平摊就好了！可是，船员多少不一定能反映渔船收入，该看船只捕捞量的多少。捞的鱼多，收入较多，自然就该负担较多的费用。可是，以哪一段时间的捕捞量为准呢？要算出渔获量还需要人力，谁来做呢？而且，不打渔的村民也能间接地享受美味的海鲜，是否一起负担成本呢？所以，依据全村人口平摊看似最公平！可是，如果有人是素食主义者，不吃鱼那么也应该出钱吗？可是，即使这个素食主义者不吃鱼，他的妻子儿女也会吃鱼。可是，如果当这个素食主义者是独身主义，没有妻子儿女，那么怎么办呢？虽然家里有两艘船，但只在白天出海捕鱼，傍晚之前就回到港里，所以，根本用不上灯塔，为什么要分摊？或者，有人表示即使是按照正常时段出海，入夜之后才回港，但是，因为是航海老手，港里哪里有礁石，他一清二楚，闭上眼睛都能把船开回去，根本用不上灯塔！

最后，不管用哪一种方式，如果大家都勉强同意，可是由谁来收钱呢？如果有人自告奋勇或众望所归为大家服务，总算是把问题解决了！可是，即使当初大家说好各自负担多少，如果有人事后赖皮，或有意无意地拖延时日，就是不付钱，怎么办？大家是不是愿意赋予这个"公仆"某些像纠举、惩罚等的"公共权力"呢？

灯塔的例子具体深刻地反映了一个社会在处理"公共产品"这个问题上所面临的困难。灯塔所绽放的光芒"德泽广被"，过往的船只均蒙其利。可是，其他的东西，像面包牛奶，一个人享用后别人就不能再享用；灯塔的光线却不是这样，多一艘船的享用不会使光芒减少一丝一毫。而且，你在超市付了钱才能买到面包牛奶，可是，即使你不付钱，还是可以享受灯塔的指引，别人很难因为你不付钱就把你排除在灯塔的光线之外。

和面包牛奶相比，像灯塔这种公共产品问题就比较适合由公共部门来解决。因此，由灯塔的例子，我们可以联想到"政府"存在的理由：通过大家认可的方式，决定要提供哪些公共产品，决定如何分摊这些公共产品的成本。而且，为了能够有效地处理"收入"和"支出"这两方面的问题，大家也愿意让政府部门拥有某些司法和裁决的权力。

传统的经济学者一直认为，灯塔非由政府兴建不可。因为灯塔散发的光芒每个人都能享受到，可是船只可以否认自己要靠灯塔指引，或者过港不入，这样民营的灯塔可能收不到钱。而且，灯塔照明的成本是固定的，和多一艘船少一艘船无关。因此，灯塔不应该被收费，而且应该由政府经营。

二、理解政府与市场的关系

政府与市场作为两种基本的资源配置方式，在促进经济增长和社会进步方面各自扮演着重要的角色。处理好政府与市场的关系这一经济体制改革的核心问题，使市场在资源配置中起决定性作用和更好发挥政府作用，从而实现"有效的市场"和"有为的政府"。一方面，处理好政府与市场关系，关键在政府；另一方面，更好发挥政府作用，不是要更多发挥政府作用，而是要在保证市场发挥决定性作用的前提下，管好那些市场管不了或管不好的事情。

政府与市场关系的发展经历了三个历史阶段：第一阶段，政府从市场外部进入市场内部；第二阶段，政府从辅助功能转变为主导功能，用以弥补市场功能的不足；第三阶段，政府的职能从微观层次上升到宏观层次。

不同国家的市场发育程度不同。政府在不同发展阶段进入市场，因而政府与市场关系会形成不同模式。后发国家事先缺乏成熟的市场经济，政府进入市场采取不同的发展路径，必然形成不同的结果。确立政府与市场关系十分重要，高风险需要分散化的市场投资，而高技术研究与开发需要政府支持。

（一）市场失灵

市场失灵（market failure）是指市场无法有效率地分配商品和劳务的情况。亚当·斯密在《国富论》中论述了追求自身利益的个人被"看不见的手"引导着，不自觉地增进了整个社会的福利，个人利益和社会利益是一致的，市场在"无形的手"的调节下顺畅运行。随后，经济学家不断地努力完善该理论。但从西方市场经济发展的历史来看，仅靠市场的力量无法解决公共产品供给的难题，周期性的经济危机导致经济效率和社会福利损失。市场的调节导致经济效率和社会福利出现损失就是市场失灵。

市场失灵会出现在无效率状况特别严重或非市场机构较有效率且创造财富的能力较私人选择更佳时，也会出现在市场力量无法满足公共利益的情形下。市场失灵主要表现为以下四个方面。

1. 公共产品的非排他性

仅靠市场力量难以解决公共产品供给难题，容易出现"搭便车"现象，无法建立市场，如不交治安费，仍能享受治安。而且，企业无法从公共产品的提供中获得足够的回报，提供公共产品的激励极为有限。

2. 外部性

厂商或消费者在生产或消费中产生了利益或损失，而他们却未因此得到报酬或赔偿，这种活动称为外部经济效应。外部经济效应会使完全竞争市场失去效率性。在市场经济里，外部性使个体的成本和利益与社会的成本和利益不一致，对个体是最优的决策，但对社会却不是最优的。

3. 垄断性

当市场出现垄断时，如寡头垄断或完全垄断，就会带来市场资源配置的失效。垄断厂商依据获得垄断利润的价格来制定产品价格，而不是依据达到社会福利最大化的条件来制定价格。

4. 信息不对称性

政府、厂商或消费者存在对价格信息的不对称，会使交易中的双方处于不平等状态，当政府或消费者的信息不足时，无法监管和约束厂商的生产和消费行为，可能会带来市场失灵。

（二）政府失灵

政府失灵（government failure）是指在力图弥补市场失灵过程中，政府的税收、补贴、价格管制等干预手段会带来资源无效配置，导致高成本、低效率、不公平和寻租等问题。在私人产品提供中，政府对市场的不当干预会导致市场价格扭曲、市场秩序紊乱；在公共产品提供中，资源配置的非公开、非公平和非公正行为会带来公共产品供给的不均衡，导致政府信誉丧失。

政府失灵来自政府自身的职能。政府为解决市场失灵、促进社会公平，需要参与资源配置。在解决市场失灵方面，政府需要提供公共产品、解决外部性效应、加强对垄断企业的规制、克服信息不对称、加强监管等。在促进社会公平正义方面，政府需要保护穷人、消除疾病等。历史上，市场失灵带来了 1929～1933 年世界性的经济危机，在这一背景下，凯恩斯主义应运而生。国家干预政策的确在一定程度上纠正了市场失灵，从此成了西方国家的重要经济政策，用来克服市场失灵、恢复市场功能，实现社会福利最大化。

但是，政府不是万能的。政府干预行为本身也具有局限性，会出现失灵情况，如干预不足或干预过度等。政府失灵最终将不可避免地导致经济效率和社会福利的损失。市场经济需要政府干预，但是政府干预并非一直有效，有时候也会出现失灵。政府的运行总是以政府权力为基础和前提，而经济是政治的核心基础，由此，我们就可以总结出——政府失灵是在政府克服市场失灵的过程中产生的。

那么，政府为什么会失灵？政府失灵通常与政府的行政运行机制有关，如代议制、官僚科层制、分权制等，这些运行机制分别有着自身局限性。其中，在代议制中，利益表达综合机制难以有效揭示个人偏好，监督成本过高，而且有明显的选择性偏向；在官僚科层制中，委托人和代理人之间的利益不一致和信息不对称更加突出，难以评估政府管理效益；在分权制中，存在权力分散、政策执行走样、公共产品分布不均衡等。

第二节　公共服务市场化提供方式及比较

一、公共服务概念和类型

（一）公共服务的概念

公共服务（public service）的概念界定在学术界一直以来都存在争议。关于公共服务概念界定的说法主要有五种方式，即公共产品说、公共利益说、服务特性说、政府职能说和产出形式说。其中，公共产品说最为流行。公共产品是指具有消费使用上的非竞争性和收益上的非排他性的产品及服务。公共产品，也可以说是公共物品，这个词最先被广泛应用于经济学领域，现在也已成为公共管理的核心概念。在现代经济学里，公共产品是一个与私人产品相对应的概念。目前，较为公认的公共产品定义是公共产品是社会中的所有成员都能共同消费的物品，每个成员对该产品的消费不会减少其他成员对其的消费。

公共产品具有三大特征，即效用的不可分割性、收益的非排他性和消费的非竞争性。其中，效用的不可分割性是指公共产品是面向整个社会提供的，不能将其分割成若干部分，分别由某一个人或组织来消费；收益的非排他性是指公共产品一旦被提供，技术层面上无法将任何人排除在该公共产品的收益范围之外，即使对方拒绝为其付费；消费的非竞争性是指个人或组织对公共产品的消费都不会影响其他人或组织对该产品消费的数量和质量，即边际成本和边际拥挤成本为零。公共产品可以划分为纯公共产品和准公共产品。准公共产品根据产品的非竞争性和非排他性的强度，可以分为俱乐部产品和公共池塘资源。产品类型划分如表 1-1 所示。

表 1-1　产品类型划分

竞争性	排他性	
	无　◄――――――――――――►　有	
无 ▲▼ 有	纯公共产品 （灯塔、公共图书馆等）	俱乐部产品 （收费的高速公路、供水等）
	公共池塘资源 （公共池塘、公共牧场等）	私人产品 （衣服、饭菜、水果等）

公共服务与私人服务相对应，是服务型政府的核心职能，属于市场失灵领域，是"政府为满足社会公共需要而提供的产品和服务的总称"。随着经济的不断发展，人民生活水平逐渐提高，也追求更高的生活品质。但是，目前已有的公共服务无法满足人们日益增长的多样化的需求。公共服务供给的严重不足会引发一系列的社会问题，为此，如何更好地提供公共服务已成为政府和学者关注的热点。

（二）公共服务的产品分类

公共服务与公共产品有紧密的联系，两者具有同样的特征，公共服务的产品分类可参考公共产品分类。

1. 纯公共产品

纯公共产品是指向全体社会成员提供的，并能够严格满足消费的非竞争性和收益的非排他性条件的产品。灯塔属于典型的纯公共产品。所有路过灯塔附近的船只都可以通过灯塔来辨别方向。此外，警察消防、公共图书馆、路灯路牌、免费公园、公共体育设施、环境保护等都是纯公共产品。

2. 俱乐部产品

俱乐部产品是一种仅提供给付费的个人或组织，且该特定群体的消费不影响或减少其他成员的消费的产品。也就是说俱乐部产品在消费上具有非竞争性，在收益上具有排他性。这类产品的消费者通常以各种俱乐部的形式组织起来，有一定的数量限制，因此这类产品被称为俱乐部产品。有数量限制，是因为在没有出现拥挤现象前，每增加一个消费者并不会带来更多成本，即此时边际成本为零；出现拥挤现象后，每增加一个消费者都会造成生产成本和消费成本的增加。为此，俱乐部产品在通过收费阻止其他成员消费的同时，也会限制消费者数量。收费的高速公路、桥梁、供水供电、游泳池、海滩、电影院、音乐厅、展览馆、有线电视等，都是俱乐部产品。

3. 公共池塘资源

公共池塘资源是一种人们可以共同使用整个资源系统但分别享用资源单位的公共资源，也就是具有收益的非排他性和一定程度上的消费的竞争性。这类资源是全社会成员共有的，但是资源是有限的，因此容易出现过度消费现象，这将导致"公地悲剧"。例如，公共渔场对每个社会成员开放，但是其中能打捞的鱼的数量是有限的，在没有限制的情形下，个体理性将导致过度捕捞，最终使公共渔场资源枯竭。公共牧场、公共池塘、地下水流域等都属于公共池塘资源。

4. 私人产品

私人产品是仅向愿意为其付费的个人或组织提供的产品，它在消费上具有竞争性，并且非常容易将拒绝付费的个人或组织排除在收益范围之外，如商场里贩卖的衣服、水果摊上的水果、私家车等。

二、公共服务的生产与供应

传统观念上，人们认为公共服务的生产与供应是一体的，并且认为公共服务具有效用的不可分割性、消费的非竞争性和收益的非排他性的特征，若交由私人部门来供给会出现"搭便车"的情况，市场机制难以实现公共服务的有效供给，因此应交由公共部门供给。长期以来，在我国的公共服务供给实践中，人们也混淆了公共服务"生产"与"供应"的区别，政府被认为是公共服务唯一的提供者，由政府整合各项资源提供公共服务能高效地满足人们的需求。但是随着市场经济的发展，仅由政府提供公共服务已满足不了人们日益多样化的需求，需要借鉴新的理论，提高公共服务的供给效率。

分清公共服务的"生产"与"供应"是非常重要的，它是界定政府角色，确定公共服务供给的制度安排的重要基石。有学者对公共服务参与主体作了进一步区别，认为主要有三个参与者，即消费者、生产者、安排者。其中，消费者是指直接享用公共服务的个人或组织；生产者是指直接组织生产或者直接向消费者提供服务的主体；安排者是指为消费者指派生产者、选择服务的生产者的主体。对公共服务的"生产"和"供应"进行概念区分，为公共服务的多中心供给机制提供了理论支持。

社会公众需求偏好的转变以及公共服务买方市场的形成，使社会由传统上以精细分工为手段来供给规模化的、大量的公共产品和服务的工业型社会转变为以无缝隙服务方式来供给柔性化、小量多样的公共产品和服务的现代社会。在市场经济体制下，公共服务不应只是由政府来提供，可以有更多元化的选择，公共服务的生产者和安排者可以分别由不同主体来扮演。政府可以利用行政机制、市场机制和社会机制，有效整合社会资源，与私人部门、第三部门共同构建多元主体参与的公共服务合作网络。从公共服务供给实践中可以发现，公共服务的多元化供给机制越来越得到认可与推广，正在逐渐取代传统的单一供给机制。撒切尔夫人上台以后，英国对原本由政府垄断的公共领域实施私有化和市场化改革，此后法国、新西兰等西方国家也逐渐将市场机制引入公共领域。公共服务的多元化供给可以针对不同人群的不同需求偏好，采取不同的供给方式，从而更有效率地满足人们的公共服务需求。

三、公共服务的提供主体

目前，参与公共服务供给的主体主要有公共部门、私人部门和第三部门。

（一）公共部门

公共部门是拥有公共权力，运用公共财产和公共资金，体现和执行政府意图，管理公共事务，为社会提供公共服务，追求公共利益的社会组织体系的总称。公共部门主要由政府机构及其附属机构组成。政府机构是国家行政机关、司法机关和立法机关的总和，是出台公共政策的组织。它是公共部门中的核心部门，可以说是纯粹的公共部门。政府机构的附属机构主要是公共企事业部门，如国有企业及一些由政府投资和主管的医院、公立学校等事业单位。公共服务的特性使得公共部门在公共服务供给上扮演着重要的角色，公共部门拥有着较多特殊的资源，并且注重公平和公共利益，有助于提高公共服务的质量和社会效益。

公共部门是公共服务的生产者时，公共部门作为生产资料的所有者进行公共服务的生产活动。由公共部门生产的公共服务，多数是与人民生活息息相关的，关乎国家大事的，或者是市场缺少或没有相应资源进行生产活动的具有纯公共产品属性的纯公共服务，如市政设施、消防、公共博物馆等。

公共部门也可以是公共服务的安排者，即公共部门负责安排为社会提供公共服务。目前大部分的公共服务还是由公共部门来提供，公共部门承担更大的社会责任，民众对公共部门的信任度也更高。公共部门拥有具有强制性的公权力，能保障社会中的每个成员都享有公共服务，并且能通过税收、补贴等手段，弥补公共服务的成本。例如，公共部门提供污水处理的公共服务，每个人都能免费享受污水处理带来的环境改善的好处，但是建设、运营污水处理厂需要成本，这笔费用政府可以通过税收来获得。

（二）私人部门

私人部门是一个与公共部门相对应的概念，是指由个人、家庭及私人所拥有的企事业单位等主体构成的经济部门。私人部门自主参与市场交易活动，多数都有较强烈的利益动机，追求自身利益最大化。虽然会受到政府法令的制约，但其行为不受政府机构直接干预。自第二次世界大战结束以来，多数发达国家采取国有化的方式提供公共服务。但是随着全球化、信息化时代到来，西方政府自身机构规模多次膨胀，无法承担巨大的财政支出，其提供的公共服务也存在成本高、质量效率低下、供不应求等问题。20 世纪 70 年代以来，各国掀起了新公共管理运动，提倡将市场及其竞争机制引入政府管理。私人部门参与公共服务供给，有助于拓宽融资渠道，缓解财政压力，同时可以利用私人部门的管理知识和专业技能，降低成本，提高公共产品的质量。

私人部门可以作为公共服务的生产者，即私人部门为生产资料所有者进行公共服务的生产。在市场带来的竞争力的作用下，私人部门在专业技术上的优势将更为显著，这将大大提高公共服务的质量和效率，更好地满足公众的需求。例如，民营房地产企业有着较为丰富的建造房屋的经验，由这些企业来生产保障性住房，能更好地了解到相应的中低收入住房困难家庭对住房的需求，并根据需求高效率地建造适宜的住房。近些年，政府也鼓励私人部门参与投资回收期长或是盈利较低的具有较强公益性的公共服务的生产，政府以付费或补贴等形式充当提供者。

私人部门也可以是公共服务的提供者，即消费者用个人的收入通过购买的方式取得消费品。由私人部门负责提供的公共服务，基本是带有一定程度非竞争性或非排他性的准公共服务，如收费的高速公路，私人部门通过向使用者收费来抵消生产成本，并赚取一定利润。私人部门在管理和运营上有较强的能力，能较为持久地提供公共服务。但是其逐利性强烈，会影响社会成员公平地享受公共服务，因此纯公共服务仍由公共部门提供。

（三）第三部门

第三部门，也称非营利组织或非政府组织。该概念始于 20 世纪 70 年代末，许多学者认为第三部门是介于第一部门（政府）和第二部门（企业）之间或者说是介于公共部门和私人部门之间的社会组织。第三部门主要包括志愿组织、慈善机构、民间协会、社会组织等，它们具有民间自治性、志愿性、非营利性、公益性等特征。

第三部门作为社会领域重要组织之一，能在一定程度上弥补市场失灵和政府失灵给公共服务领域带来的损失。在公共服务供给上，公共部门由于垄断会带来公共服务提供的质量下降、效率低下问题，且政府机构易出现贪污腐败现象，将导致公共服务效率的损失。私人部门在公共服务供给上，由于其是以营利为目的的，可能会降低公共服务的质量或是收费过高，影响民众对公共服务的使用感受。第三部门贴近民众生活，信息传递更为准确，能切实了解到民众的需求，而且行动更加灵活多变，更具创造性，能利用一定的社会资源，更好地满足不同人群多样化的需求。第三部门是以公共利益为导向的自发形成的组织，在公共服务供给中更会考虑到民众的利益。第三部门参与公共服务供给的方式与私人部门比较相似，不同在于第三部门是非营利性质的，更倾向于选择提供具有较多外部效益的公共服务，如环境保护、医疗设施、社会服务、科研机构等。

目前，由于我国的特殊国情，第三部门的发展落后于西方发达国家。我国的第三部门比较受制于或者说是依附于政府，并没能充分发挥自主性。另外，资金来源有限，限制了第三部门参与公共服务提供。目前有关第三部门的法律法规体系不健全，也缺乏有效的监督机制，使得第三部门发展缓慢，内部也容易滋生腐败问题。现今，世界各国已认识到第三部门的重要性，都积极鼓励和培育社会组织发展，我国也要把握好公共部门和第三部门的关系，努力从第三部门依附公共部门转变到相互独立、相互合作。随着第三部门的不断发展和完善，它必定会在公共服务提供方面发挥不可或缺的作用。

总的来说，不同属性的公共服务的供给方式不同。纯公共服务主要还是由公共部门来提供，准公共服务可以由公共部门提供，也可以由私人部门或第三部门提供，也可以是混合提供。混合提供通常是指既有政府给予的财政补贴或政策优惠，又向公共服务的使用者收取一定的费用，这种方式在减少使用者负担的同时，也能弥补公共服务的生产成本。具有外部效益的公共服务，采取混合提供的方式效率较高；当公共服务的外部效益很大时，由公共部门或第三部门提供才能避免效率的损失；当公共服务的外部效益较小时，私人部门提供能有效将"搭便车者"拒之门外，提高效率。但是，现实生活中不会仅根据公共服务提供效率来决定公共服务的供给方式，还会考虑公平等因素进行综合权衡。

四、公共服务的多元化提供方式

公共服务的提供方式已从传统的仅依靠政府生产并提供的单一模式向政府、市场和社会力量共同参与的多元化方式转变。同一种公共服务，既可以由公共部门提供，也可以由私人部门或是第三部门提供。已有研究区分了公共服务提供中"供应"和"生产"的差别，并根据不同类型的服务生产者和安排者的组合方式，总结出了十种不同的服务提供的制度安排，具体如表 1-2 所示。其中，只有政府服务和政府间协议这两种制度安排的生产者和安排者都是公共部门，其他八种制度安排都不同程度地涉及私人部门。根据市场依赖程度从低到高排序，依次为政府服务、政府间协议、政府出售、合同承包、特许经营、政府补助、凭单制、自由市场、志愿服务、自我服务。

表 1-2　公共服务提供制度安排

生产者	安排者	
	公共部门	私人部门
公共部门	政府服务 政府间协议	政府出售
私人部门	合同承包 特许经营 政府补助	凭单制 自由市场 志愿服务 自我服务

资料来源：《民营化与公私部门的伙伴关系》

（一）政府服务

政府服务也就是指政府既是公共服务的生产者，同时也扮演着安排者的角色。政府部门亲自指挥部门员工或是附属的国有企业、事业单位，通过公共财政和税收政策向社会直接生产并提供公共服务。由政府部门直接生产和提供的公共服务，往往具有较明显的非排他性和非竞争性，如警务消防、供水供电、公立中小学校、公共图书馆等。这类公共服务的成本多数全部由政府公共财政承担，也可能由政府公共财政承担一部分，另一部分由消费者支付。

（二）政府间协议

政府间协议，即政府与政府之间或是政府某部门与某部门之间签署条约或协议，由某个政府或政府某部门支付费用，委托或雇用另一个政府或另一部门提供某些公共服务。例如，我国某些地方政府会与邻近的地方政府达成协议，委托邻近政府为其提供污水处理、垃圾焚烧等环境保护服务。在美国，一些城市政府会采取政府间协议的手段，购买其他城市政府提供的消防、看守所、公共卫生、公共交通、福利设施等服务项目。此外还有目前盛行的国际层面的政府间协议，如中国和缅甸签署协议，中国为缅甸提供原油管道、天然气管道等服务。另外，还有一些公共服务具有全球性特征，如全球公共卫生、臭氧层保护、世界安全等，这些公共服务需要国际合作提供。

（三）政府出售

政府出售是指政府向市场出售自身拥有的某些公共产品和资源，如土地资源使用权、矿产资源开发权等，然后由私人部门来提供相应的公共服务。警察服务也是一种公共资源，在美国的城市中，政府会以每小时计价的方式向私人部门出租警力资源，为其举办的诸如歌剧、展览等大型活动提供安全服务。另外，私人部门也可以采取租赁的方式使用政府部门及其附属机构的房产、建筑物等资源。

（四）合同承包

合同承包，也称"合同出租"，是指政府与企业、非营利组织签署合同，政府付费给对方，对方负责相关公共服务的生产。在操作意义上，外包合同将民事行为中的合同引进公共管理领域中，它不再是过去单方面的强制行为，而是一种以合同双方当事人协商一致为前提的双方合意行为。政府不仅可以通过与其他政府签署协议提供公共服务，也可以通过与企业和非营利组织达成协议来提供公共服务。例如，政府可以向市场购买养老、绿化养护、社区医疗等服务项目。在合同承包中，政府不再是公共服务的直接提供者，而是扮演管理者角色，对外包的公共服务进行监管。

（五）特许经营

特许经营是指政府将垄断性特权通过特许一定期限的形式给予某个私营企业，让它在特定领域里提供特定的公共服务。政府通常会对特许经营实施一定的价格管制。在特许期内，私人部门可以向使用者收取一定的费用来获取利益，这是特许经营与合同承包的不同之处，后者是政府支付费用。比如，在城市公共服务供给中，可以把公路、桥梁、电力、自来水、污水处理、电信的专营权以及公园、体育场等场所的饮食和特色服务的经营权拍卖给私营企业，一般有期限限制。

（六）政府补助

政府补助是指政府可以为一些收费性的准公共服务的消费提供经济资助。有些公共服务营利性不高，或是经营风险较高、收益较晚，政府通过提供补贴，鼓励该类公共服务的提供。政府补贴一般采取政府补助和凭单制两种不同的方式进行。政府补助通过为私人部门提供资金补贴、津贴、减免税、优惠贷款以及简化审批环节等优惠政策，平衡公共服务的社会收益和私人部门收益间的差距。例如，政府为疫苗等医疗服务、经济适用房建设等项目提供一定的补助，可以降低相关服务的价格。

（七）凭单制

凭单制是指围绕着特定公共服务，为使用该项服务的群体提供专门补贴。凭单是发给服务使用者的一种凭证，可以用它来购买需要的服务。凭单制与政府补助的区别在于，前者是对消费者的补贴，后者是对生产者的补贴。并且，政府补助的安排者是政府，而凭单制由消费者自主安排，他们可以自由选择享受补贴的公共服务。例如，政府会给低收入人群发放食品券、经济适用房购买券、廉租房租赁券，给流动人口子女发放教育券等。领取到凭单的个人，可以自行选择想要购买的服务，私人部门收到这些凭单后可以到政府那里兑换成相应数额的货币。自由竞争的环境会使私人部门自觉提高公共服务提供的质量，并且降低价格。

（八）自由市场

自由市场是指在政府基本不介入的情况下，消费者自行选择服务的生产者，并安排某种服务。自由市场中，政府并不参与公共服务的交易过程，仅负责制定安全规范和其他标准，其安排者和生产者都是私人部门。自由市场是普通服务提供的普遍形式，它也可以适用于部分准公共服务的供给。例如，我国有很多私立的学校，都是由私人部门负责的，有些家长会特意选择让孩子去读教育资源更为优秀的私立学校，并愿意为此付出较高的费用。供水、供暖、运输、医疗健康、住房等公共服务，也可通过自由市场进行安排。

（九）志愿服务

志愿服务是指志愿性组织和慈善组织出于利他主义，通过志愿服务、慈善捐助等方式，不求回报地提供公共服务项目。一些志愿者会组建起针对特定人群的志愿性组织，为有需求的人提供特定的服务。例如，手语志愿服务队为聋哑人送温暖，青年志愿者协会志愿从事社会公益事业与社会保障事业，积极提供幼儿看护、老人照顾、宠物看管等服务项目。在欧美等发达国家和地区，学生积极参加志愿者活动，宗教组织、慈善组织也常常会提供大量的志愿服务，常见的有为街头流浪者提供食物和就业帮助，探望老人、病人，组织文艺活动等多元化的服务项目。一些大型的慈善组织甚至能够筹集到大量的资金，从而建立医院、学校等。

（十）自我服务

自我服务是指个人、家庭、社区组织通过自我帮助、自给自足的方式提供公共服务。在社会组织形成之前，人们只能通过这种原始方式提供自己需要的公共服务。自我服务的供给者在提供相应公共服务时，也能获得利益，同时还减轻了政府的负担。个人自行修建住房，社区自主修建运动场地，家庭进行健康锻炼预防疾病等，都是自我服务的形式。社会的自我服务有助于稳定社区治安，丰富社区文化活动，加大环境保护力度，对社会的正外部效益有较大的作用。

以上十种制度安排可以单独使用，也可以混合使用，形成多样化的公共服务供给方式。不断增加的公民差异化需求，使得人们不再满足于单一的公共服务供给。随着公共服务供给由单中心向多中心转变，供给方式也逐渐多元化，公共部门和私人部门会有更多的合作关系。总之，公共服务的供给多元化并不意味着政府可以抛下公共服务的供给责任，只是政府所承担的责任有所改变。

第三节　PPP 的内涵和特点

一、PPP 的内涵

PPP 是在基础设施和公共服务领域建立的一种长期合作关系，在中文语境下被称作政府和社会资本合作模式。其中，社会资本主要负责项目的设计、投资、建设、运营以及维护工作，政府主要负责项目的质量和价格监管工作。近年来，PPP 被广泛应用于交通、能源、环保、公共卫生等基础设施和公共服务领域，政府需要与来自不同领域的社会资本方合作，所以 PPP 也可以看作一种合作模式。PPP 模式的实施形式有很多种，常见的有建设-运营-转让（build-operate-transfer，BOT），设计-施工-融资-运行（design-build-finance-operate，DBFO），移交-运营-移交（transfer-operate-transfer，TOT）和私人部门发起私人主动融资（private finance initiative，PFI）等。2014 年以来，我国鼓励采用 PPP 模式，掀起一股 PPP 热潮，PPP 成为我国目前经济体制改革的突破口。

（一）经济学视角

在经济学相关理论背景下，PPP 研究主要关注合作如何达到最优治理。在很多情况下，公私之间有许多可以相互借鉴的要点。例如，政府资本更为稳定，而私人资本更为灵活。但与此同时，政府资本活力不足，而私人资本不稳定。基于这种互补优势，双方可以取长补短，达到最优治理。

委托代理理论是制度经济学契约理论的主要内容之一，是指一个或多个行为主体根据一种明示或隐含的契约来指定、雇用另一些行为主体为其服务，同时授予后者一定的决策权利，并根据后者提供的服务数量和质量支付相应的报酬。根据委托代理理论，PPP 模式需要注意公私双方信息不对称引起的激励问题。其中，授权者是委托人，被授权者就是代理人。PPP 模式可以看作政府按照一定的契约委托私人企业进行公共基础设施建设、运营和管理。在 PPP 模式下，政府侧重宏观政策指引和监管，私营企业侧重微观建设、运营和管理，两者可以相互结合，形成良好的信息交互渠道。

产权理论关注制度运行的微观财产权利结构。产权理论认为，私营企业的产权人享有剩余利润占有权，产权人有较强的激励动机去不断提高企业的效益。根据产权理论，PPP 模式下的合同具有不完备性。在利润激励上，私营企业比传统的国有企业强。PPP 模式中应该投入激励因子，更加充分地发挥私营企业活力，而不是"徒有虚名"，导致出现大多数产业仍由政府垄断的现象。

（二）组织理论视角

在组织理论背景下，PPP 的研究也非常丰富。根据利益相关者理论，PPP 需要平衡利益相关者的利益，有效地分配好政府和企业的利益，达到平衡状态。根据制度理论，PPP 是一种制度安排，PPP 获得制度合法性与制度本身同等重要。PPP 是赋予私营企业参与基础设施建设合法性的制度安排。此外，PPP 还是公共和私人部门之间的一种持久而复杂的合作，旨在提供基础设施和公共服务。在合作期间，公共部门和私人部门应共同分担风险和利益，实现共同目标。

（三）公共管理视角

PPP 与政府改革相关联，如私有化、外包、协同治理等。

私有化是指将国有资产全部或部分转让给私人部门，意味着日常生产将由私营企业经营，而政府将扮演监管者的角色。私有化包括特许经营、租赁和其他做法。PPP 与私有化（如特许经营、租赁）的区别在于风险转移的性质和程度。私有化过程中，风险转移的程度非常有限，所以在私有化过程中本质上是不需要伙伴关系的。

外包与 PPP 有很大的不同。外包是代购政策的一种应用，这涉及一种临时的、单一的委托代理关系，在这种关系中，相关政府部门决定做什么、如何做，然后私人部门确保这些事情得以完成。PPP 适用于复杂到相关政府部门无法单方面实现目标的项目。

PPP 与协同治理也有区别。PPP 需要合作才能发挥作用，但 PPP 项目最重要的目标往往是实现协调、一致、共同生产，而不是达成决策共识。因此，集体决策在 PPP 中处于次要地位。然而，集体决策过程的制度化是协同治理的核心。PPP 要求的集体决策过程的制度化程度低于协同治理，但高于私有化和外包，PPP 项目可能比传统的公共采购涉及更多的风险，这些风险产生于项目层面、市场层面、国家层面。

（四）项目管理视角

在微观层面，PPP 是一个包含基础设施设计、建设、融资和运维等不同阶段的项目。物有所值（value for money，VfM）评价被广泛应用于 PPP 项目的绩效评估和决策。物有所值被视为建立 PPP 的前提条件，如伦敦市政府曾表示，拟议中的伦敦地铁 PPP 合同只有在项目能够证明它们物有所值情况下才会得到实施。

二、PPP 的特点

（一）伙伴关系

PPP 模式建立的是政府和私人资本的伙伴关系，这种关系更为和谐，通过伙伴关系的建立彼此能够相互促进，取长补短，在公共基础设施的建设之中，政府投资、公布相关政策保护，在后期推进，对项目工程进行监督，而私人资本负责管理，在前期推进，使资金问题得到解决。

例如，北京地铁 4 号线项目是我国城市轨道交通行业第一个正式批复实施的特许经营项目，也是国内第一个运用 PPP 模式的地铁项目。北京地铁 4 号线引入了香港铁路有限公司的投资和运营管理经验。香港铁路有限公司占比为 49%，北京首创股份有限公司占比为 49%，北京市基础设施投资有限公司占比为 2%。北京地铁是一个关乎国计民生的大项目，投资金额大，项目建设难度大，而且周期性长，仅靠政府之力很难把地铁建好，但仅仅依靠企业，受经济利润的影响，企业很难保证质量。这个时候政府和企业之间需要建立一种公私伙伴关系，双方发挥各自优势，一起把北京地铁建设完成，保证了质量和效率。

（二）利益共享

利益共享有利于彼此信任，提高效率，促进发展，彼此借助优势进行发展，促进优势发挥最大化，使彼此都能从中受益。任何项目的投入，不可能不依靠利益的驱使，政府和企业站在不同的角度进行分析，双方的收益当然不同，PPP 项目不会损害任何一方的利益，而是保证双方利益的最大化。利益共享驱动项目进一步发展。

（三）风险共担

PPP 追求的是多重协议长期合作，追求的目标之间存在碎片化问题。因此，这种固有的碎片化将产生风险。风险分担是 PPP 有别于传统采购项目的一个关键特征，在传统采购项目中，大部分风险由公共部门合作伙伴承担。公共部门和私人部门都是由理性、有经济头脑的人组成的。只要风险大于收益，双方都不会建立合作关系。但是，如果每个合伙人都能将此固有的风险转移到另一个合伙人身上，从而分担风险，那么就可以建立伙伴关系，风险分担的目的是鼓励双方密切合作。任何偏离共同目标或承诺的行为最终都将使双方受到惩罚。显然，风险转移可以带来经济效益。

政府和社会资本都必须承担一定的风险责任。PPP 合同的技术理性组合要求合作双方从多个角度考虑可能存在的风险，降低不可控制的情况、缺乏市场力量、专业知识不足以及合同执行成本高昂等导致的损失。

社会资本方承担的风险涵盖五个范畴，即设计及开发（如设计是否合适）、建造（如完成工程所需的固定时间及成本）、财务（如确保财务安全）、营运（如服务表现）、产权（如资产不可损失或损毁）。

政府和社会资本共同来承担的风险是由市场（或社会）的不确定性和复杂性造成的。PPP 项目往往具有公共性，更容易成为社会抗议的对象，这就是 PPP 具有社会风险因素的原因。此外，由于使用者需求和偏好会随时间变化，也存在需求风险。如果这种风险成为现实，对服务的需求将低于最初的预期。

政府承担的风险是国家政治、政策等层面的不确定性和复杂性造成的（如在特许期间的政治或政策变化）。这些风险也可以称为全局性风险，包括法律、环境和政治风险。由于基础设施投资只能长期收回，私人投资者对政治风险非常敏感，而公共部门可以更好地管理这些全局风险。

三、PPP 的功效

（一）提高质量

单纯地利用私人资本或者是政府资本进行项目建设，风险性较大，私人资本可能为了提高经济利益，而采用成本更低的材料，粗制滥造，而政府资本由于工作稳定，员工可能会消极怠工，拖延进度，所以两者结合更容易提高质量。PPP 模式中，政府和社会资本通过合作相互监督，从而提高质量。

（二）提高效率

两者结合可以有效进行沟通，这样减少了沟通障碍导致的结果偏差。结果偏差出现后，可能会造成返工，浪费时间也浪费材料。PPP 模式可以相互监督，提高效率，也可以减少中间浪费环节，节约费用，减轻政府的财政压力。许多基础设施项目做不下去，就是因为资金短缺，PPP 可以有效规避这种风险。

（三）增进学习

政府与私人资本相互合作，可以增添投资主体活力。项目如果由单一主体进行建设很可能以偏概全，当投资主体多元时，可以避免单一决策带来的决策偏差，从而更有针对性，更加全面地进行项目建设。投资主体多元可以带来不同的经营理念，可以彼此吸收，彼此学习，实现共赢。

第四节　PPP 模式中的政府和社会资本角色

一、政府角色

政府在我国公共服务供给主体中，长期占据主导地位。其他供给主体力量相对较为薄弱，公共服务提供领域尚未形成成熟的市场秩序，私人部门参与积极性较低、第三部门参与也较少。公共服务提供领域转向市场化的过程中出现诸多阻碍和问题，很大一部分原因在于政府没有认清自身应承担的责任，直接把公共服务供给推给市场是不可取的。公共服务市场化机制不是公共服务的市场化，不代表政府在公共服务上的责任也市场化，政府仍是公共服务提供的主要责任承担者。

（一）规则制定者

PPP 模式的推广和发展，需要政府建立一套完善的法律法规和公平透明的交易规则，形成吸引社会资本投资的制度环境，最大限度地消除社会资本的顾虑，为其提供足够的信心和保障。这是因为 PPP 是一种回报周期长且前期投资额高的模式，社会资本在项目初

15

期面临诸多不确定性和未知风险。而且，PPP 项目涉及的法律范围较广，相关法规的出台或修订可能会使原本项目的合法性产生变化。

完善的法律法规是 PPP 模式推广和项目有效运行的前提。PPP 法律的基本框架主要包括 PPP 模式的适用范围、开展程序、运作方式、交易结构、风险分担、合同体系、管理监督、争议解决等。截至 2021 年末，我国尚未出台专门的 PPP 法，但是国务院、财政部、住房和城乡建设部、交通运输部等部门已经出台了一系列与 PPP 相关的规范性文件，累计近 300 部。与此同时，各地政府也积极响应，出台了相应的配套政策，国家及各地方政府从宏观上颁布法律法规和政策，使 PPP 模式的法律体系逐步健全，为 PPP 模式的推广和开展提供了坚实的制度保障和良性的环境氛围。

（二）监督管理者

尽管在推行公共服务市场化之后，政府不再是公共服务的唯一提供者，但是政府在项目监管方面将面临更加艰巨的考验。政府要建立健全公共服务的监管体制，不仅要对公共服务项目生产过程进行监管，也要对项目准入及运营过程严加把控。在市场准入上，政府要透明化公共服务招投标制度和行政审批制度，保证公开、公平、公正地选择竞争力最强的社会资本，避免寻租、腐败等现象的发生，充分发挥市场机制活性，规范公共服务市场准入机制，为社会资本提供良好的竞争环境。

政府也要加强对公共服务生产过程的监管和评估，严格把控公共服务的质量标准，杜绝低质量的公共服务进入社会，保障社会成员的利益。在公共服务项目运营期间，政府也仍应承担主要的监管责任，对公共服务的结果负责，建立长期有效的监管机制，保证公共服务的质量始终符合标准。为保障社会效益和市场参与者的利益，政府要因地制宜、因时制宜、因事制宜地制定公共服务的定价及调价机制，并确保机制的正常运作。公共服务市场化对政府的监管能力有更高的要求，政府要培养专业能力强、素质高的人才，进一步加强和落实监管工作。同时要制定问责制度，明确责任分配，也要加强政府内部监管。

此外，政府还要注重发挥公众的力量，建立健全社会监督体系，拓宽民众反映意见渠道，提供公开透明的信息平台，提高监管效率。社会监督既是民众对公共服务市场参与者的监督，也是民众对政府的监督。

（三）项目参与者

项目实施机构是代表政府与社会资本建立合作关系，负责 PPP 项目准备、采购、监管和移交工作的主体，由政府或政府指定的相关部门担任。不同于在宏观上引领和规范 PPP 模式的各级 PPP 中心，项目实施机构不仅代表政府的利益，同时还要履行相应的项目职责。同时，政府出资人代表是 PPP 项目公司的股东方之一，无论股份比例多少，都是重要的参与角色。项目实施机构和政府出资人代表参与 PPP 项目，有助于政府方了解项目实际情况、及时掌握项目信息，能推动政府方在项目关键问题上的决策，从而提高 PPP 项目管理成效。

二、社会资本方

（一）社会资本方的概念和分类

1. 基本概念

社会资本方是指在基础设施及公共服务领域与政府建立长期合作关系的，担任投融资、设计、建设、运营、维护工作，并通过"使用者付费"和"政府付费"或二者结合的方式获得合理回报的，依法设立且有效存续的境内外企业法人或其他组织。

社会资本方需要设立项目公司来成为 PPP 项目的实施主体。项目公司也称作特别目的机构（special purpose vehicle，SPV），是指 PPP 项目中为实施 PPP 项目这一特殊目的而成立的公司。项目公司可以由社会资本（可以是一家企业，也可以是多家企业组成的联合体）出资设立，也可以由政府和社会资本共同设立。政府的持股比例需要符合国家相关政策要求，但政府不宜对项目公司形成实际控制力和管理权，应给予社会资本方股东更多的自主权，以更好发挥市场配置资源的作用。

2. 分类方式

1）按所有制形式划分

社会资本方可以是符合条件的国有企业、民营企业、外商投资企业、混合所有制企业，以及其他投资、经营主体。在我国，社会资本市场份额主要由央企、地方国企、民营企业占据。虽然外商投资企业是最早参与我国基础设施公共领域的社会资本，但目前所占比例最低。

国有企业作为社会资本的主力，尤其是央企，不但资金和融资能力雄厚，而且央企中有很多施工类企业，在具有规模和技术的优势的同时，又能在参与 PPP 项目过程中满足其工程量需求。因为 PPP 项目大多涉及公共领域的民生问题，选择综合实力更强的国有企业可以有效降低项目风险。

民营企业因自身资金有限、信用资质等不够而无法完成融资，近年来所占比例有所下降，面对一些地方政府在 PPP 项目采购环节设置的较高门槛时显得无能为力。同时，民营企业追求收益，当 PPP 项目收益预期和企业收益期望存在一定差距时，民营企业参与 PPP 项目的热情不高。我国一直致力于鼓励民间资本进入 PPP，还提出优化营商环境、分类施策等多种鼓励政策。

2）按专业领域划分

作为项目建设过程中的主体，传统的建筑施工企业拥有着充足的施工设备和丰富的施工建设经验，但是无法对项目的设计和运营阶段做出进一步优化，较为单一的能力使其在 PPP 全生命周期中处于弱势地位。

各类专业性投资方，是指在交通运输、污水处理、垃圾焚烧等专业性领域拥有运营、设备维护等方面的专业能力的企业，这些企业大多是在该领域从事多年的上市公司。

财务投资方以金融机构为主,其优势是资金充足、融资能力强,但是不具备单独的项目管理能力,往往在前期投资决策阶段更能发挥对风险的识别和控制作用。

当 PPP 项目参与门槛设置较高,单一的主体无法满足要求时,社会资本可以通过组建联合体的方式参与 PPP 项目,即两个及以上法人或其他组织组成一个联合体,以一个主体的身份参与 PPP 项目,这样往往可以达到优势互补的效果,不但可以提升社会资本的综合实力,还可以提高相关项目的质量。

（二）社会资本方的角色

2015 年 4 月,《基础设施和公用事业特许经营管理办法》明确提出要"发挥社会资本融资、专业、技术和管理优势,提高公共服务质量效率"。因此,社会资本方在政府与社会资本合作中主要承当两种角色:项目投资融资的支持者和负责项目设计、建设、运营、维护的管理者。

政府推广 PPP 模式的主要目的之一就是通过引进社会资本,解决基础设施建设资金的问题。社会资本可以通过股权、债权、基金、资产证券化、项目收益债等方式完成项目的资金筹集。

推广 PPP 模式不止是为了解决项目资金的问题,还为了通过引入市场主体承担设计、建设、运营、维护职责来提高运营效率。"PPP 是让专业的人做专业的事儿",引进社会资本先进的技术和丰富的管理经验,使其充分发挥能动性和创造性,把政府从项目建设、运营等微观职能中解脱出来,更加关注 PPP 模式规则的制定和监管,从而转变政府职能,提高公共服务的质量和效率。

（三）项目公司的角色

项目公司是 PPP 项目的直接实施主体,负责项目从融资、设计、建设、运营到移交全过程的运作。项目公司应为依法设立的自主运营、自负盈亏的具有独立法人资格的经营实体。

SPV 是 PPP 项目的直接实施主体。在 PPP 项目建设期,SPV 积极对接政府及各大银行开展融资业务,充分利用相关政策降低融资成本,并且能够根据项目实际和融资情况,编制 PPP 项目投资计划,办理相关手续。SPV 还会对工程的进度和质量进行综合管理。在 PPP 项目运营期,SPV 会组织运营队伍,编制运营方案,并且根据外部环境和项目的实际情况研究退出机制。在 PPP 项目运营期结束后,SPV 会将项目资产移交给政府相关机构。

SPV 是 PPP 项目的权责界定者。成立 SPV 后,各参与方的相关权利和义务在公司章程中被明确,员工的权责也有明确划分,这能更好地确定相关奖惩,从而保证项目的质量。

SPV 是政府负债减轻者。成立 SPV 公司后,政府在 SPV 公司中的持股比例应低于50%且不具有实际控制力和管理权,所以政府参股 SPV 公司的这部分投资归为对外投资,在 SPV 公司融资后,也不需要计入政府的资产负债表中,因此 SPV 公司可以在一定程度上减轻政府负债。

SPV 是 PPP 项目的风险隔离者。从法律角度分析，因 SPV 公司为独立的法人，以全部资产对外承担责任，社会资本方作为股东在 SPV 公司中仅承担出资范围内的有限责任。也就是说，一旦出现风险，债权人只能向 SPV 公司进行有限追索而不会影响到投资人的资产，因此 SPV 公司的设立能够促进实现项目风险的隔离。

◀ **课后习题** ▶

1. 简述现代国家治理体系中的政府与市场关系。
2. 公共服务的提供方式有哪些？
3. 简述 PPP 的内涵和特点。
4. 政府方在 PPP 项目中有哪些责任，扮演哪些角色？
5. 社会资本方在 PPP 项目中扮演哪些角色？

第二章　PPP项目的谋划和决策

【教学目的】

　　"良好的开端是成功的一半"，PPP项目的前期谋划和决策是成功实施的关键。本章主要讲解PPP项目的谋划和决策要点，帮助学生理解一个PPP项目"从无到有"的过程。结合国家相关政策和实践惯例，PPP项目的谋划和决策是为了得到一个符合政策法规要求、具有合理回报机制、能够指导实践产出公共产品和服务及对社会资本有吸引力的方案。本章需要学生掌握PPP项目的前期工作内容，熟悉PPP项目筛选论证、方案设计、可融资性谋划和退出决策等安排，了解PPP项目的谋划要点和决策指标。

第一节　筛　选　论　证

一、筛选原则

（一）行业领域层面的筛选原则

　　PPP适用范围的理论基础是论证某一行业领域或具体项目应用PPP模式的适合程度。筛选PPP项目与所应用的基础设施行业领域属性有很大关系。可以从设施数量、技术复杂性、收费难易程度、消费范围等四个方面判断行业领域的PPP模式适用性。

　　行业领域层面的PPP项目筛选原则主要有以下四点。

　　1. 设施数量

　　按照设施数量筛选时，通信、电力、供水、卫生、路灯、道路等分值较高，其PPP适用性也相应较高。

　　2. 技术复杂性

　　按技术复杂性筛选时，技术过于复杂并不适用PPP，如健康、通信、科研、航空等不太适用，而技术可靠和稳定的领域较为适用。

3. 收费难易程度

按收费难易程度筛选时，收费越容易越适用 PPP，如基于消费的公共服务收费，包括通信、电力、供水、邮政、航空、铁路、水路、海运等，较为适用。

4. 消费范围

按消费范围，即消费区域性筛选时，供水、卫生、路灯、娱乐、科研、城市运输等领域区域性较强，适用性更高。

（二）项目模式层面的筛选原则

筛选确认 PPP 模式适用范围之后，还要根据 PPP 项目的基本特征筛选出具体项目。要想应用 PPP，关键看是否可明确项目的四个方面：边界范围、产出要求、绩效指标、收益来源。比如，项目所提供的产品或服务的产出要求和绩效指标越易明确的，如电厂、水厂、污水处理厂等，越适用 PPP。如果不能明确这四个方面，则项目应用 PPP 较难或无法实现物有所值，即便实施了也可能引发双方扯皮甚至社会公众反对。此外，还要考虑所在区域的情况。

项目模式层面的 PPP 项目筛选原则主要有以下六点。

1. 投资金额相对较大

PPP 项目的投资额通常比较大，由于运作项目的交易成本比较高，选择投资额较大的项目更有利于实现项目的物有所值。如果金额过小，实施 PPP 模式反而加大交易成本，结果反而物非所值。

2. 需求相对长期稳定

公共产品（含公共服务）具备长期、持续、连贯的需求是 PPP 应用的基本前提，若非有长期稳定需求，则不适合采用 PPP。在筛选项目时，要充分考虑当地政府公共服务的供需矛盾和项目的迫切性，优先推出补短板、惠民生、解决历史欠账的基础设施和公共服务类项目。

3. 风险能够合理分担

项目风险能否得到合理转移，也是判断项目是否适合采用 PPP 的重要因素，如果项目大部分风险并不适合转移给社会资本方，则项目并不适合采用 PPP，由政府方来实施更物有所值。

4. 项目成熟度较高

按照国家基本建设程序，PPP 项目的筛选需要项目本身具备一定的前期手续，特别是前期工作能如期完成。具体来讲，项目需要符合国家产业政策、城市总体规划、国家土地供给政策和环境保护要求，利用这些条件对项目进行成熟度分析，手续越完善，项目成熟度越高。

5. 地方财政可承受

PPP 项目涉及众多的公共部门和领域，项目的公益性较强，无论是可行性缺口补助还是政府付费都涉及财政支出责任。《政府和社会资本合作项目财政承受能力论证指引》要求："每一年度全部 PPP 项目需要从预算中安排的支出责任，占一般公共预算支出比例应当不超过 10%。"这就需要在 PPP 项目筛选环节就财政承受能力作出初步判断和评估，区分项目轻重缓急，编制项目年度和中期开发计划。

6. 领域集中度适中

社会公众对公共服务的需求是多领域和多方位的，公共服务不能集中在某一领域，需要更全面、公平、公正地满足社会公众多领域和多方位的服务需求。我们在筛选项目时，要根据 PPP 模式适用的行业和领域范围、经济社会发展需要和公众对公共服务的需求，平衡不同行业和领域，力求通过 PPP 模式实现公共产品供给的多样性。

二、物有所值评价

物有所值评价是国际上普遍采用的 PPP 项目评价方法，可以判断项目采用 PPP 模式是否优于传统模式。物有所值评价的出发点是确保公共资源的高效配置和利用。

物有所值评价包括定性评价和定量评价两类。考虑到我国所处的 PPP 发展阶段及相关数据信息的完善程度，《PPP 物有所值评价指引（试行）》中指出"现阶段以定性评价为主，鼓励开展定量评价"。其中，定性评价主要采用专家评分法，定量评价可作为项目全生命周期内风险分配、成本测算和数据收集的重要手段，也可作为项目决策和绩效评价的重要参考。

物有所值评价的结论分为"通过评价"和"未通过评价"。"通过评价"的项目，在各级财政部门编制年度预算和中期财政规划时，应当将项目财政支出责任纳入预算统筹安排；"未通过评价"的项目，则不宜采用 PPP 模式。

（一）定性评价

物有所值定性评价重点关注项目采用 PPP 模式后能否增加供给、优化风险分配、提高运营效率、促进创新、实现公平竞争、转变政府职能和促进资金融通等。定性评价采用专家打分法，包括基本指标和补充指标。

基本指标包括全生命周期整合程度、风险识别与分配、绩效导向与鼓励创新、潜在竞争程度、政府机构能力、可融资性。除六项基本指标外，地方政府还可结合项目具体情况设置补充指标。补充指标主要是六项基本指标未涵盖的其他影响因素，如项目规模、预期使用寿命、主要固定资产种类、全生命周期成本测算准确性等。PPP 项目物有所值定性评价指标的内涵和评分要点如表 2-1 所示。

表 2-1　PPP 项目物有所值定性评价指标的内涵和评分要点

指标名称	指标内涵	评分要点
全生命周期整合程度	主要考核在项目全生命周期内，项目设计、投融资、建造、运营和维护等环节能否实现长期、充分整合	通过查看项目计划整合全生命周期各环节的情况来评分。项目各环节整合程度与潜在合作伙伴能力越匹配，越有利于项目后续实施

指标名称	指标内涵	评分要点
风险识别与分配	主要考核在项目全生命周期内，各风险因素是否得到充分识别并在政府和社会资本之间进行合理分配	通过查看项目前期的风险认识情况来评分。清晰识别和优化分配风险，是物有所值的一个主要驱动因素。在项目识别阶段的物有所值评价工作开始前，着手风险识别工作，有利于后续实施风险管理
绩效导向与鼓励创新	主要考核是否建立以基础设施及公共服务供给数量、质量和效率为导向的绩效标准和监管机制，是否落实节能环保、支持本国产业等政府采购政策，能否鼓励社会资本创新	绩效导向：通过查看项目绩效指标的设置情况来评分。绩效指标主要确定对项目运营维护和产出进行检测的要求与标准。绩效指标越符合项目具体情况，越清晰明确，绩效导向程度就越高。鼓励创新：通过查看项目所采取的创新情况来评分。这里创新指的是包括技术创新、管理创新、制度创新在内的提高效率和水平的手段
潜在竞争程度	主要考核项目内容对社会资本参与竞争的吸引力	通过查看项目引起社会资本（或其联合体）之间竞争的潜力，以及预计在随后的项目准备、采购等阶段是否能够采取促进竞争的措施等来评分
政府机构能力	主要考核政府转变职能、优化服务、依法履约、行政监管和项目执行管理等能力	通过查看政府 PPP 理念，以及相关政府部门及机构的 PPP 能力等来评分。PPP 理念主要包括依法依合同平等合作、风险分担、全生命周期绩效管理等。PPP 不仅是基础设施及公共服务融资手段，更是转变政府职能、建立现代财政制度等的重要手段。PPP 能力主要包括知识、技能和经验等，包括可通过购买服务获得的能力
可融资性	主要考核项目的市场融资能力	通过查看项目对金融机构（贷款和债券市场）的吸引力来评分。项目吸引力越大，越具有融资可行性，越能够顺利完成融资交割和较快进入建设、运营阶段，实现增加基础设施及公共服务供给的可能性就越大
补充指标	（1）项目规模	主要依据项目的投资额或资产价值来评分。PPP 项目的准备、论证、采购等前期环节的费用较大，只有项目规模足够大，才能使这些前期费用占项目全生命周期成本的比例处于合理和较低水平。此外，一般情况下，基础设施及公共服务项目的规模足够大，才能够采用 PPP 模式吸引社会资本参与
	（2）预期使用寿命	主要依据项目的资产预期使用寿命来评分。项目的资产预期使用寿命长，为利用 PPP 模式提高效率和降低全生命周期成本提供了基础条件
	（3）主要固定资产种类	主要依据 PPP 项目包含的资产种类多少来评分。一个项目可以包含多个种类资产，一般来说，项目的资产种类多的话，由社会资本方实施将实现更高的效率和更好的效果
	（4）全生命周期成本测算准确性	主要通过查看对采用 PPP 模式的全生命周期成本的理解和认识程度以及全生命周期成本被准确预估的可能性来评分。全生命周期成本是确定 PPP 合作期限、付费额度、政府补贴等的重要依据

确立指标之后，各项指标还需要设置一定的权重范围。权重表示各项指标对 PPP 项目成功实施的重要程度，政府对权重范围的规定能保证任一个 PPP 项目的实施不偏废某一维度，实现整体风险可控。其中，六项基本指标权重之和为 80%且任一项基本指标权重一般不超过 20%，补充指标权重之和为 20%且任一项补充指标权重一般不超过 10%。

（二）定量评价

定量评价是在采用 PPP 模式和政府传统投资模式产出绩效相同的假设之下，通过对 PPP 项目全生命周期内政府方净成本的现值（PPP 值）与 PSC（public sector comparator，公共部门比较）值进行计算和大小比较，判断 PPP 模式能否降低项目全生命周期成本，从而确定项目是否物有所值。

目前，国际上常用的 PPP 项目物有所值定量评价方法主要有两种：一是成本效益分析法，通过比较项目的全部成本和效益来评估项目价值，用以寻求在投资决策上以最小的成本获得最大的效益；二是 PPP 值和 PSC 值比较法，其中 PSC 值是政府在参照类似项目的基础上，根据项目实际情况计算制定出的政府提供项目成本标杆，将 PPP 模式下的全生命周期成本（PPP 值）与此标杆成本（PSC 值）比较，进而得出 PPP 模式是否更加物有所值，通常测算 PSC 值和 PPP 值的折现率应相同。我国当前采用的是 PPP 值和 PSC 值比较法，其分为以下三个计算步骤。

1. 计算 PSC 值

PSC 值参照类似项目成本计算得到。参照项目可根据具体情况确定：①假设政府采用现实可行的最有效的传统投资方式实施的与 PPP 项目产出相同的虚拟项目；②最近五年内，相同或相似地区采用政府传统投资方式实施的与 PPP 项目产出相同或非常相似的项目。

PSC 值是建设净成本、运营维护净成本、竞争性中立调整值、项目全部风险成本四项成本的全生命周期净现值之和，计算公式为

PSC 值=初始 PSC 值+竞争性中立调整值+项目全部风险成本

=（建设净成本+运营维护净成本）+竞争性中立调整值+项目全部风险成本

=[（建设成本−资本性收益）+（运营维护成本−第三方收入+其他成本）]

+竞争性中立调整值+（可转移风险承担成本+自留风险承担成本）

对应的折现公式为

NPV[①]（PSC 值）=PSC 值×POWER（（1+折现率），−折现年数）

（可套用已知终值 F 求现值 P 的折现公式）

（1）建设净成本主要包括参照项目设计、建造、升级、改造、大修等方面投入的现金以及固定资产、土地使用权等实物和无形资产的价值，并扣除参照项目全生命周期内产生的转让、租赁或处置资产所获得的收益。

建设净成本=项目总投资=建设投资+建设期利息+流动资金

（2）运营维护净成本主要包括参照项目全生命周期内运营维护所需的原材料、设备、人工等成本，以及管理费用、销售费用和运营期财务费用等，并扣除假设参照项目与 PPP 项目付费机制相同情况下能够获得的使用者付费收入等。

运营维护净成本=运营成本+财务费用

=总成本费用表中的"经营成本"×（1+增值税率）+财务费用

=外购原材料+燃料及动力费+工资及福利费+管理费用+销售

费用+财务费用

（3）竞争性中立调整值主要指采用政府传统投资方式比采用 PPP 模式实施项目少支出的费用，通常包括少支出的土地费用、行政审批费用、有关税费（增值税、附加税、所得税）等。

---

① NPV（net present value）为净现金流现值。

$$竞争性中立调整值=PPP 模式下少支出的土地费用、行政审批费用、有关税费$$
$$（增值税、附加税、所得税）$$

（4）项目全部风险成本包括可转移风险承担成本和自留风险承担成本。其中，可转移风险承担成本是 PPP 模式下所有政府考虑转移给私人部门的风险的价值。自留风险承担成本是所有不适合转移给私人部门仍由政府承担的风险的价值，政府自留风险承担成本等同于 PPP 值中的全生命周期风险承担支出责任。两者在 PSC 值与 PPP 值比较时可对等扣除。

$$项目全部风险成本=项目建设运营成本×10\%$$
$$=（建设成本+运营维护成本）×10\%$$
$$=可转移风险承担成本+自留风险承担成本$$
$$可转移风险承担成本=项目全部风险成本×80\%$$
$$自留风险承担成本=项目全部风险成本×20\%$$

2. 计算 PPP 值

PPP 值可等同于 PPP 项目全生命周期内股权投资、运营补贴、风险承担和配套投入等各项财政支出责任的现值，计算公式为

PPP 值=股权投资+运营补贴+风险承担+配套投入
　　=PPP 值测算表中的"政府建设运营维护净成本"+"政府自留风险承担成本"
　　=政府建设成本+运营维护成本+项目全部风险成本×20%
　　=资金筹措表中"政府方占股"+（政府运营维护成本+运营补贴金额）
　　　+（政府建设成本+运营维护成本）×10%×20%
　　=资金筹措表中"政府方占股"+（政府运营维护成本+财政补贴测算表中的
　　　"财政补贴总额"）+[资金筹措表中"政府方占股"+（政府运营维护成本
　　　+财政补贴测算表中的"财政补贴总额"）]×10%×20%

对应的折现公式为

$$NPV（PPP 值）=PPP 值×POWER（（1+折现率），-折现年数）$$
$$（可套用已知终值 F 求现值 P 的折现公式）$$

3. 计算 VfM 值

VfM 值为 PSC 值和 PPP 值的差，计算公式为

$$VfM 值=PSC-PPP$$

当 PPP 值小于等于 PSC 值时，VfM 值大于 0，通过定量评价；当 PPP 值大于 PSC 值时，VfM 值小于 0，未通过定量评价。

还可以计算 VfM 率来进一步判断 PPP 项目节约的成本程度，计算公式为

$$VfM 率=（PSC-PPP）/PSC$$

（三）评价流程

1. 总体流程

开展物有所值评价所需的主要资料包括：（初步）实施方案、项目产出说明、风险识

别和分配情况、存量公共资产的历史资料、新建或改扩建项目的（预）可行性研究报告、设计文件等。

开展物有所值定性评价时，项目所在地区的 PPP 行政主管部门应会同项目所属的行业主管部门共同决策开展定性评价的程序、指标（含权重）、评分标准等，以及是否开展定量评价。

开展物有所值定量评价时，项目所在地区的 PPP 行政主管部门应会同项目所属的行业主管部门共同决策定量评价的内容、指标和方法，以及定量评价结论是否作为采用 PPP 模式的决策依据。

2. 定性评价流程

物有所值定性评价采用专家评分法。定性评价专家组成员包括财政、资产评估、会计、金融等经济方面的专家，以及行业、工程技术、项目管理和法律等方面的专家。项目所在地区的 PPP 行政主管部门应会同项目所属地行业主管部门组织召开专家组会议。定性评价所需资料应于专家组会议召开前送达专家，确保专家掌握必要信息。

其中，专家组会议的基本程序如下所述。

（1）专家在充分讨论后按评价指标逐项打分。

（2）按照指标权重计算加权平均分，得到评分结果，形成专家组意见。

（3）项目本级 PPP 主管部门会同行业主管部门根据专家组意见，做出定性评价结论。原则上，评分结果在 60 分（含）以上的，通过定性评价；否则，未通过定性评价。

3. 定量评价流程

物有所值定量评价采用分值计算法。通常，在定性评价的专家组会议上，项目方会邀请专家对计算过程和计算结果的合理性做论证。原则上，VfM 值计算结果大于 0，通过定量评价；否则，未通过定量评价。

三、财政承受能力论证

财政承受能力论证是指识别、测算和评估一个地方政府每年实施 PPP 项目的财政支出责任及其承受能力（以财政支出责任占同期一般公共预算支出的比例来衡量）。该论证主要考察政府是否具备足够的财力支撑 PPP 项目实施，考察当前项目实施对未来年度财政支出的影响，为 PPP 项目财政管理提供依据。开展 PPP 项目的财政承受能力论证，是地方政府履行 PPP 项目合同义务的重要保障，有利于规范 PPP 项目的财政支出管理，有序推进项目实施，有效防范和控制财政风险。实践中，PPP 项目无论采取政府付费还是可行性缺口补贴模式，都会涉及当地财政支出责任，都需要进行项目财政承受能力论证。

财政承受能力论证的结论分为"通过论证"和"未通过论证"。"通过论证"的项目，各级财政部门在编制年度预算和中期财政规划时，应当将项目财政支出责任纳入预算统筹安排；"未通过论证"的项目，则不宜采用 PPP 模式。

（一）财政承受能力论证具体步骤

当一个地方政府发起一个新的 PPP 项目时，该项目的财政承受能力论证要将当地过去已实施 PPP 项目的累计财政承受情况纳入考虑范围，计算该 PPP 项目新增之后对当地财政承受能力的累计影响。根据风险偏好，可设置上限 10%、7%或 5%不等。我国当前的规定是：超过 10%的地区严禁项目入库，超过 7%的地区进行风险提示，超过 5%的地区严禁新增纯政府付费项目。

1. 财政支出责任识别

PPP 项目全生命周期过程中的财政支出责任主要包括股权投资、运营补贴、风险承担、配套投入等。

1）股权投资支出责任

股权投资支出责任是指在政府与社会资本共同组建项目公司的情况下，政府承担的股权投资支出责任。如果社会资本单独组建项目公司，政府不承担股权投资支出责任。

2）运营补贴支出责任

运营补贴支出责任是指在项目运营期间，政府承担的直接付费责任。不同付费模式下，政府承担的运营补贴支出责任不同。政府付费模式下，政府承担全部运营补贴支出责任；可行性缺口补助模式下，政府承担部分运营补贴支出责任；使用者付费模式下，政府不承担运营补贴支出责任。

3）风险承担支出责任

风险承担支出责任是指项目实施方案中政府承担风险带来的财政或有支出责任。通常由政府承担的法律风险、政策风险、最低需求风险、不可抗力风险以及政府方导致项目合同终止等突发情况，会产生财政或有支出责任。

4）配套投入支出责任

配套投入支出责任是指政府提供的项目配套工程等其他投入责任，通常包括土地征收和整理、建设部分项目配套措施、完成项目与现有相关基础设施和公用事业的对接、投资补助、贷款贴息等。配套投入支出应依据项目实施方案合理确定。

2. 财政支出责任测算

1）股权投资支出测算

股权投资支出应当依据项目资本金要求以及项目公司股权结构合理确定。股权投资支出责任中的土地等实物投入或无形资产投入，应依法进行评估，合理确定价值。计算公式为

$$股权投资支出=项目资本金×政府占项目公司股权比例$$

2）运营补贴支出责任测算

运营补贴支出应当根据项目建设成本、运营成本及利润水平合理确定，并按照不同付费模式分别测算。对政府付费模式的项目，在项目运营补贴期间，政府承担全部直接付费责任。政府每年直接付费数额包括：社会资本方承担的年均建设成本、年度运营成本和合理利润。对可行性缺口补助模式的项目，在项目运营补贴期间，政府承担部分直接付费责

任。政府每年直接付费数额包括：社会资本方承担的年均建设成本、年度运营成本和合理利润，再减去每年使用者付费的数额。

政府付费或可行性缺口补助的运营补贴，要实现在项目合作期内连续、平滑支付，避免导致某一时期内财政支出压力激增。计算公式为

$$运营补贴支出=社会资本方承担的年均建设成本+年度运营成本和合理利润$$
$$-每年使用者付费的数额$$

3）风险承担支出测算

风险承担支出应充分考虑各类风险出现的概率和带来的支出责任，可采用比例法、情景分析法及概率法进行测算。如果 PPP 合同约定保险赔款的第一受益人为政府，则风险承担支出应为扣除该等风险赔款金额的净额。风险承担支出责任测算有三种方法。

（1）比例法。在各类风险支出数额和概率难以进行准确测算的情况下，可以按照项目的全部建设成本和一定时期内的运营成本的一定比例确定风险承担支出。计算公式为

$$风险承担支出=（建设成本+运营成本）×风险比例$$

（2）情景分析法。在各类风险支出数额可以进行测算，但出现概率难以确定的情况下，可针对影响风险的各类事件和变量进行"基本""不利""最坏"等情景假设，测算各类风险发生带来的风险承担支出。计算公式为

$$风险承担支出责任=基本情景下财政支出数额×基本情景出现的概率$$
$$+不利情景下财政支出数额×不利情景出现的概率$$
$$+最坏情景下财政支出数额×最坏情景出现的概率$$

（3）概率法。在各类风险支出数额和发生概率均可进行测算的情况下，可将所有可变风险参数作为变量，根据概率分布函数，计算各种风险发生带来的风险承担支出。

当前测算中常用的是方法一和方法二，未来可根据数据和方法的完善程度改进到方法三。

4）配套投入支出测算

配套投入支出责任应综合考虑政府将提供的其他配套投入总成本和社会资本方为此支付的费用。配套投入支出责任中的土地等实物投入或无形资产投入，应依法进行评估，合理确定价值。计算公式为

$$配套投入支出=政府拟提供的其他投入总成本-社会资本方支付的费用$$

3．财政承受能力论证结论

根据 PPP 项目预算支出责任，评估 PPP 项目实施对当前及今后年度财政支出的影响；每一年度全部 PPP 项目需要从预算中安排的支出责任，占一般公共预算支出比例应当不超过一定上限（如 10%）。在进行财政承受能力论证时，未来年度一般公共预算支出数额可参照前五年相关数额的平均值及平均增长率计算，并根据实际情况进行适当调整。

（二）行业和领域均衡性论证

行业和领域均衡性评估是根据 PPP 模式适用的行业和领域范围，以及经济社会发展需要和公众对公共服务的需求，平衡不同行业和领域 PPP 项目，防止某一行业和领域 PPP

项目过于集中。

社会资本更愿意参与收益较高、风险较小的项目。这样的项目往往集中在某一个或某几个领域。但在实践中，社会公众对基础设施和公共服务的需求是多领域的。如果仅按照社会资本的投资意愿，PPP 项目可能会集中在某一领域或某些服务上，会造成供需不平衡。通过行业和领域均衡评估，PPP 项目在总体上能更全面、公平、公正地满足社会公众多领域的服务需求。

（三）论证流程

各级财政部门（或 PPP 中心）负责组织开展行政区域内 PPP 项目财政承受能力论证工作。省级财政部门负责汇总统计行政区域内的全部 PPP 项目财政支出责任，对财政预算编制、执行情况实施监督管理。财政部门（或 PPP 中心）应当会同行业主管部门，共同开展 PPP 项目财政承受能力论证工作。必要时可通过政府采购方式聘请专业中介机构协助。

财政承受能力评估包括财政支出能力评估以及行业和领域平衡性评估，通常也在物有所值定性评价的专家会议上，由专家对论证结果做评议和讨论。其中，我国对财政支出能力评估的规定是"每一年度全部 PPP 项目需要从预算中安排的支出责任，占一般公共预算支出比例应当不超过 10%"。在进行财政支出能力评估时，未来年度一般公共预算支出数额可参照前五年相关数额的平均值及平均增长率计算，并根据实际情况进行适当调整。

第二节　方　案　设　计

PPP 项目的方案设计要结合项目属性和 PPP 本质要求等进行安排设计，通常包括运作方式、伙伴选择两个方面。由于项目处在前期谋划和决策阶段，一旦运作方式确定，其投融资结构、风险分配、合同体系等交易结构已基本确定，后续的变化难度将很大，有必要高度重视项目的前期工作。

一、运作方式

（一）运作类型

1. 委托运营

委托运营（operations & maintenance，O&M）指政府将存量公共资产的运营维护职责委托给社会资本或项目公司，社会资本或项目公司不负责用户服务的政府和社会资本合作项目运作方式。政府保留资产所有权，只向社会资本或项目公司支付委托运营费。合同期限一般不超过 8 年（可续签），其主要目的是引入运营管理公共资产的团队，以解决基础设施缺乏具备相应运营管理技能和经验人员的问题。

2. 管理合同

管理合同（management contract，MC）是政府将存量公共资产的运营、维护及用户服务职责授权给社会资本或项目公司的项目运作方式。政府保留资产所有权，只向社会资本或项目公司支付管理费。管理合同通常作为 TOT 的过渡方式，合同期限一般不超过 3 年，目的是引入先进的运营管理技能和经验，改进项目的运营管理效率。

3. BOT

BOT 是由社会资本或项目公司承担新建项目的设计、融资、建造、运营、维护和用户服务职责，合同期满后项目资产及相关权利等移交给政府的项目运作方式。

4. 建设-拥有-运营

建设-拥有-运营（build-own-operate，BOO）是由 BOT 方式演变而来的运作方式。与 BOT 的区别是，BOO 中的社会资本或项目公司拥有项目所有权，但必须在合同中注明保证公益性的约束条款，一般不涉及项目期满移交。

5. TOT

TOT 是政府将存量资产所有权有偿转让给社会资本或项目公司，并由其负责运营、维护和用户服务，合同期满后资产及其所有权等移交给政府的项目运作方式。合同期限一般为 20～30 年。TOT 模式的主要功能是盘活固定资产，同时引入先进的运营和管理经验。

6. 改建-运营-移交

改建-运营-移交（rehabilitate-operate-transfer，ROT）是政府在 TOT 模式的基础上，增加改扩建内容的项目运作方式。合同期限一般为 20～30 年。

7. 租赁-运营-移交

租赁-运营-移交（lease-operate-transfer，LOT）是社会资本通过租赁方式获得 PPP 项目的资产，并负责项目的运营、管理、维护等内容的项目运作方式。在 LOT 模式中，政府仍保留公共资产的所有权。

8. 建设-租赁-移交

建设-租赁-移交（build-lease-transfer，BLT）是由社会资本投入项目建设所需的全部资金，在项目建设完成后，将项目租赁给政府，由政府按期支付租金的项目运作方式。在租赁期间，由社会资本负责项目的运营和维护。在租赁期结束后，整个项目归政府所有。

（二）存在状态

1. 新建项目

新建项目的关键是项目建设和建设资金来源。采用 PPP 模式后，由社会资本负责项目的融资和建设，能有效地解决新建项目的关键问题。根据项目实施周期、收费定价机制、投资收益水平、风险分配基本框架和所需要的政府投入等因素，新建项目一般选择 BOT、BOO、BLT 等运作方式。

2. 改建项目

改建项目采用 PPP 模式，需要将原有项目资产转移给社会资本，由社会资本负责项目改建所需资金的筹集以及改建项目的设计、施工、运营。

3. 存量项目

存量项目需要从传统模式转型为 PPP 模式。存量项目是通过了前期调研、设计和建设，但还未完结、未到期结束，并且采用传统模式运作的项目。项目由投资方进行融资、建设，并承担建设期间的风险，在验收合格后移交政府，由政府按约定总价一次性或按比例分期偿还投资方的融资和建设费用。存量项目转型为 PPP 模式，需要将项目资产及项目相关的债务一并转移给社会资本，由社会资本承担债务，继续完成项目。

（三）经营性质

1. 经营性项目

经营性项目是指有明确收费基础，并且经营收费能够完全覆盖投资成本的项目。社会资本获得经营权后，在经营期间，可通过使用者付费方式获得投资回报。经营性项目运作方式见图 2-1。

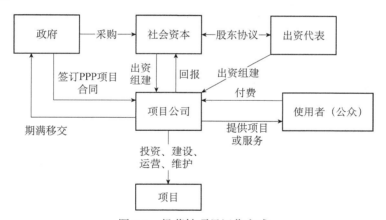

图 2-1　经营性项目运作方式

2. 准经营性项目

准经营性项目是指收费不足以覆盖投资成本，需要政府补贴部分资金或资源的项目。准经营性项目具有收费机制，具有潜在的利润，但由于其建设和运营直接关系到公众的切身利益，而且其产品或服务的价格由代表公众利益的政府确定，具有不明显的经济效益，因此市场运行的结果将不可避免地形成资金缺口，往往无法收回成本。准经营性项目采用 PPP 模式，须考虑社会资本对投资回报要求的关注点，并需要解决社会资本投资回报的来源和途径。政府可通过提供可行性缺口补助或组合资源开发，以增加项目的收益来源。准经营性项目运作方式见图 2-2。

政府可行性缺口补助包含投资补助、价格补贴、无偿划拨土地、提供优惠贷款、贷款贴息、投资入股、放弃投资分红权、授予项目周边商业开发收益权等，可为项目配置资源、

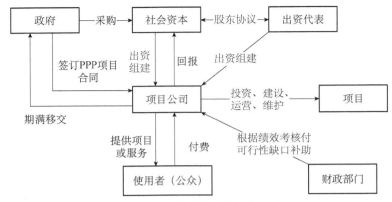

图 2-2　准经营性项目运作方式

提供补助，实现 PPP 项目的合理收益。

　　组合资源开发方式包括将准经营性项目与经营性项目捆绑开发、将准经营性项目与其他资源组合开发、按统一规划项目实施。

　　3. 非经营性项目

　　非经营性项目是指缺乏使用者付费基础，主要依靠政府付费收回投资成本的项目。基础设施项目大多属于非经营性项目，收益来源完全依靠政府付费，可增加运营、维护、租赁等市场运营环节，创新政府付费方式。非经营性项目运作方式见图 2-3。

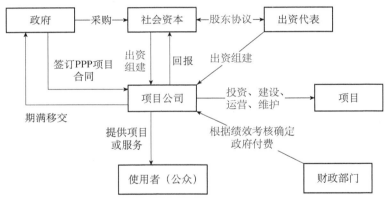

图 2-3　非经营性项目运作方式

（四）产权属性

1. 归属于政府

　　政府拥有项目所有权，便于对项目进行监督管理，同时在一定程度上限制了社会资本对项目资产的处置权限，有利于保障项目资产的安全，维护公共利益。但是，社会资本无法以项目资产进行融资，一般以项目运营权或收益权作为融资条件，这提高了社会资本融资方面的要求。

2. 归属于社会资本

　　项目所有权归属于社会资本，有利于吸引社会资本参与 PPP 项目，社会资本拥有项目所有权就可以在约定范围内自主进行资产抵押、处置等活动,有利于筹集项目所需资金。

（五）运作方式选择

1. 单个运作方式

多数项目按照运作类型、存在状态、经营性质和产权属性等,确定一个运作方式,相应依次确定项目收费定价机制、投资收益水平、风险分配框架、融资结构和期满处置等要点。PPP 项目运作方式的选择见图 2-4。

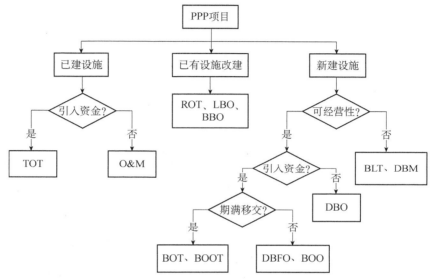

图 2-4　PPP 项目运作方式的选择

LBO 即 lease-build-operate,租赁-建设-运营;BBO 即 buy-build-operate,购买-建设-运营;DBM 即 design-build method,设计-建设模式;DBO 即 design-build-operate,设计-建设-运营;BOOT 即 build-own-operate-transfer,建设-拥有-运营-移交

2. 复合运作方式

复合运作方式是指 PPP 运作方式的多种组合,或在单一 PPP 运作方式的基础上加入股权融资、工程总承包、土地资源开发、专项投资资金等的复合 PPP 运作方式。现实中,单一的运作方式不一定能满足许多投资规模大、建设运营复杂的项目的需求,因此 PPP 模式在实践中不断创新。有些拼盘式项目、多个项目集群适合采用包含多种运作方式的复合运作方式。

二、伙伴选择

伙伴选择是指政府为提供高效优质的基础设施及公共服务,遵循公开、公平、公正和诚实信用原则,通过适宜的采购方式依法择优选择 PPP 项目的合作伙伴。我国大量政策文件对这一环节做出了约定,可见项目的伙伴选择在实践中的受重视程度。由于各方对于 PPP 项目伙伴选择的认识不一致,各类政策文件之间甚至存在冲突。不过,这些冲突主要集中在操作细节层面，并不影响其实质性精神要义。本书只对其中有共性的内容予以阐述。

（一）伙伴选择方式

当前我国虽然对 PPP 项目伙伴选择的性质仍有争议，比如是"采购"还是"招标"，但大体上有共识的伙伴选择方式，包括公开招标、邀请招标、竞争性谈判、竞争性磋商和单一来源采购。地方政府要根据项目所属行业特征、市场主体丰富程度、政府自身能力和选择需求等，依法确定适当的伙伴选择方式。

（二）合作标的内容

PPP 项目的伙伴选择环节有一个经典机制"两标并一标"，它是指对于涉及工程建设、设备采购或服务外包的 PPP 项目，已经依法选定社会资本合作方的，同时合作方依法能够自行建设、生产或者提供服务的，按照《中华人民共和国招标投标法实施条例》第九条规定，合作方的工程建设可以不再进行招标。这项经典的筛选机制极大地激发了工程建设企业参与 PPP 项目投标的热情。因为通过一个 PPP 项目的投标，能免去分标段的工程建设承包投标，有利于实现规模效应。在此基础上，近年实践中又出现一种新的机制"三标并一标"，具体是指将 PPP 项目的土地使用权竞标和投资标的、工程标的合并招标。

（三）资格审查内容

资格审查是对参与竞争的各家市场主体能力和经验进行核实与审查，检查竞争者的信息是否真实、有效和达标，主要从业务资质、财务状况、经营业绩、法律诉讼情况等多方面对市场主体进行考察，排除条件一般或不符合条件的竞争者，以保证投标竞争在较高水平上展开。根据审查时点，资格审查划分为资格预审、资格后审等方式。由于 PPP 项目内容复杂、金额庞大，为减少竞争选择过程的交易成本，通常进行资格预审。《政府和社会资本合作项目政府采购管理办法》（财库〔2014〕215 号）文件要求"PPP 项目采购应当实行资格预审。项目实施机构应当根据项目需要准备资格预审文件，发布资格预审公告，邀请社会资本和与其合作的金融机构参与资格预审，验证项目能否获得社会资本响应和实现充分竞争"。需要说明的是，随着信息化程度的提高，资格审查方式可能在未来发生变化，如改为资格后审或者常规化资格审查等方式。

PPP 项目的资格审查内容须根据 PPP 项目的信息和特点，设置相关审查指标。资格审查的指标分为主体指标和项目指标两类。

1. 主体指标

1）基本信息
注册资本、总资产、净资产、总负债、年销售收入、年净利润、年净现金流。
2）财务指标
净资产收益率、总资产报酬率、资本保值增值率、销售利润率（营业利润率）、成本费用利润率。

3）资产经营

总资产周转率、流动资产周转率、存货周转率、应收账款周转率、不良资产周转率、资产损失比率。

4）偿债能力

资产负债率、已获利息倍数、流动比率、速动比率、现金流动负债比率、长期资产适合率、经营亏损挂账比率。

5）发展能力

销售（营业）增长率、资本积累率、总资产增长率、固定资产增长率、三年利润平均增长率、三年资本平均增长率。

2. 项目指标

1）资质能力

当涉及公开招标面向建设运营型社会资本时，要考虑建设和运营相关的资质。资质指标不应简单地设置企业资质，也要针对关键人员的个人资质做出设置，这样既能保证项目质量，又符合我国对资质管理的趋势。

2）经验业绩

经验业绩如 PPP 项目业绩、融资业绩等，不仅可以设置数量，还可以定义性质、额度、地理位置等。

3. 其他事项

1）资格预审有效的标准

《政府和社会资本合作项目政府采购管理办法》第八条规定："项目有 3 家以上社会资本通过资格预审的，项目实施机构可以继续开展采购文件准备工作；项目通过资格预审的社会资本不足 3 家的，项目实施机构应当在调整资格预审公告内容后重新组织资格预审；项目经重新资格预审后合格社会资本仍不够 3 家的，可以依法变更采购方式。"

2）未参加资格预审亦有机会参与竞标

《政府和社会资本合作项目政府采购管理办法》第九条规定："项目采购文件应当包括采购邀请、竞争者须知（包括密封、签署、盖章要求等）、竞争者应当提供的资格、资信及业绩证明文件、采购方式、政府对项目实施机构的授权、实施方案的批复和项目相关审批文件、采购程序、响应文件编制要求、提交响应文件截止时间、开启时间及地点、保证金交纳数额和形式、评审方法、评审标准、政府采购政策要求、PPP 项目合同草案及其他法律文本、采购结果确认谈判中项目合同可变的细节、以及是否允许未参加资格预审的供应商参与竞争并进行资格后审等内容。"根据这一规定，项目实施机构可根据 PPP 项目的特点和市场竞争状况，允许未参加资格预审的社会投资人参与下一阶段的投标、竞争性谈判或竞争性磋商。同时，应在评审中增加资格审查环节。

3）投资人通过资格预审资格仍可变

《政府和社会资本合作模式操作指南（试行）》第十四条规定："资格预审公告应在省级以上人民政府财政部门指定的媒体上发布。资格预审合格的社会资本在签订项目合同前资格发生变化的，应及时通知项目实施机构。"《政府和社会资本合作项目政府采购管理办法》第六条规定："资格预审合格的社会资本在签订 PPP 项目合同前资格发生变化的，应当通知项目实施机构。"这意味着通过 PPP 项目资格预审的社会投资人在 PPP 项目主合同签订之前，其资格可以发生变化。依据这一规定，如供应商组成联合体参与 PPP 项目竞争，在该联合体通过资格预审后其联合体成员依然可增减和更换，但在其资格发生变化时须履行通知项目实施机构的义务。

第三节　可融资性谋划

可融资性是指 PPP 项目的可研报告、实施方案设计得当，融资结构合理、具有金融市场吸引力、具有市场投资吸引力等。如果可融资性不足，市场主体即便中标，也可能因为逾期未完成融资交割，而被取消中标资格。可融资性也被称作"真做 PPP、做真 PPP"的重要表现形式。PPP 项目的可融资性要考虑项目三大信用组合（项目自身信用、社会资本方信用、政府的信用支持）、项目现金流测算情况和关键财务指标表现等。当一个项目具有可融资性，金融机构就愿意为其提供融资服务，那么投资人的投资意愿会提高，地方政府也更容易找到称心的合作伙伴，因此 PPP 项目的可融资性非常重要。

一、项目信用

（一）项目自身的信用

项目信用是指项目资产或者经营权/收费权的信用，即项目自身的可行性。如果项目技术上可行、项目收益良好、财务可持续、风险可控，那么该项目信用可认为是良好的。比如，20 世纪 90 年代的大量高速公路，项目本身的资产和收费权有很好的信用基础，靠项目本身的资产信用就可以解决融资问题，投资者愿意投资，金融机构也愿意提供融资。项目公司或社会资本需结合项目自身的资产信用情况设计合理的融资方案，避免出现融资难、融资成本高的问题。

PPP 项目的前期谋划和决策可以加强 PPP 模式可行性研究，提高项目自身信用。如果一个项目的可行性既回答了本身的工程、技术、财务的可行性，又回答了投资人和政府关切的交易问题，就有可能找到相对靠谱的投资人。同时，金融机构也更有意愿接手这种项目，提供融资服务。

（二）社会资本方信用

若项目主体即中选市场主体（也称作社会资本方、社会投资者），具备良好的专业技能、管理运营经验、信用水平等，那么项目可融资性相对较高，项目融资方案的可选择性更多。项目主体信用是对项目信用的补充。如果说项目本身的信用不足，那要看投资主体是谁来做，也就是看项目投资主体（城市建设投资公司或社会资本方）的信用。比如，央企一般更容易获得金融机构和投资机构的青睐,这样一来项目资产信用加主体信用就更有可能获得融资。专业能力、经营业绩、投资能力都是项目主体信用的加分项。

可以优选专业化的社会资本方或产业资本方,提高主体信用。专业是社会资本方信用的重要基础,只有专业,才有可能了解项目所处行业领域的技术与经济特点,这是投资决策的前提条件。这既可以是强有力的项目经营能力,如体育场馆的经营属性很强,项目工程和设备非常重要,但工程和设备只是成功的必要条件,不是充分条件,关键还在于运营能力和运营效果;还可以是工程和经营服务高度合一的能力,如高速公路、普通公路、市政道路等,工程和设备基本决定了公共服务的数量和质量,它的可经营性非常弱,高速公路建成之后有没有车跑、能不能赚钱,很大程度上是"听天由命"。综上,把工程建设好是第一步,获得优质的工程和设备后,剩下的运营和维护相对来讲是比较简单的。这也是为什么在 2014 年后推广发起的 PPP 项目中建筑企业投资的积极性比较高,是因为它们具有专业建设能力和资源。

（三）政府的信用支持

如果项目现有的主体信用和资产信用还不够,那可以看第三个信用,即政府的信用支持。政府的信用支持是指合规情况下政府对项目的投资补助、运营补贴、风险分担等,以上因素均有利于项目公司或社会资本的融资。

政府信用支持 PPP 项目融资,是指地方政府在不直接与金融机构发生债权债务关系、不对金融机构承担还贷或担保责任的前提下提供强有力的支持,包括切实做好财政承受能力的论证、做好中期财政规划、定期的项目绩效评价等。

二、预期现金流

预期现金流是根据 PPP 项目财务测算得到的,分为现金流入、现金流出和净现金流。财务测算和评价是指根据国家现行的财税制度和价格体系,并以项目预期的直接费用和效益为依据,通过各种财务分析指标,判断项目的财务可行性,明确项目对财务主体及投资者的价值贡献,为项目决策提供依据。传统工程承包模式是"花别人的钱做别人的事情",而 PPP 模式是"花自己的钱做自己的事",有助于增强责任意识和风险意识,进而提高项目总体收益,力争实现项目的帕累托最优。预期现金流正是建立在社会资本有着强烈责任意识的前提下计算出来的,但是实际现金流还是会发生变化。

（一）数据输入范围

1. 投资数据

投资数据包括投资金额、投入周期、每年投入比例、股权比例等。

2. 融资数据

融资数据包括资本金比例、借款本金、借款期限、年度利息、可用来归还借款的资金及还款期限等。

3. 收支数据

收支数据包括政府付费、使用者付费、运营费用、建设成本分摊、流转税及附加、所得税和利润等。

4. 基准系数

基准系数包括折现率、基准内部收益率、税收比率、建设进度、风险分担率等。

（二）全投资现金流

1. 全投资现金流入

全投资现金流入=补贴收入+销项税+其他收入+回收固定资产余值+回收流动资金

=（可用性服务费+运维绩效服务费−第三方收入）+（可用性服务费+运维绩效服务费）÷（1+增值税税率）×增值税税率+其他收入+回收固定资产余值+回收流动资金

1）补贴收入

补贴收入=财政补贴测算表中的"财政补贴总额"

=可用性服务费+运维绩效服务费−第三方收入（使用者付费）

其中，

可用性服务费=年均建设成本×POWER（（1+折现率），n）（现值 P 求终值 F）×（1+合理利润率）

年均建设成本=资金筹措表中的每年"资金筹措"−"政府方占股"

运维绩效服务费=运营成本×（1+合理利润率）=总成本费用表中的"经营成本（不含税）"×（1+增值税税率）×（1+合理利润率）

总成本费用表中的"经营成本（不含税）"=外购原材料+外购燃料及动力费+工资及福利费+养护费+其他费用

2）销项税

销项税=税费估算表中"销项税额"

=营业收入−不含税价格

=（财政补贴收入+第三方收入）

−（财政补贴收入+第三方收入）÷（1+增值税税率）

=（可用性服务费+运维绩效服务费）

−（可用性服务费+运维绩效服务费）÷（1+增值税税率）

=（可用性服务费+运维绩效服务费）÷（1+增值税税率）×增值税税率

其中，

财政补贴收入=财政补贴测算表中的"财政补贴总额"

=可用性服务费+运维绩效服务费−第三方收入

3）其他收入

其他收入=其他收入估算表中的"其他收入"

4）回收固定资产余值

回收固定资产余值=固定资产折旧与无形资产摊销估算表中计算期最后一年"折旧净值"

5）回收流动资金

回收流动资金=流动资金估算表中计算期最后一年"流动资金"

=流动资产−流动负债

=（应收账款+存货+现金+预付账款）−（应付账款+预收账款）

其中，

存货=原材料+燃料及动力+在产品+产成品

2. 全投资现金流出

全投资现金流出=建设投资+流动资金+经营成本+应纳增值税+进项税+附加税+维持运营投资

1）建设投资

建设投资=资金筹措表中的"建设投资"

2）流动资金

流动资金=流动资金估算表中的"流动资金"

3）经营成本

经营成本=财政补贴测算表中的"运营成本"

=总成本费用表中的"经营成本（不含税）"×（1+增值税率）

4）应纳增值税

应纳增值税=税费估算表中的"应纳增值税"

=当年销项税额−当年进行税额−上一年进项税额留抵额

=（财政补贴收入+第三方收入）÷（1+增值税税率）×增值税税率

−（总成本费用表中的"外购原材料（不含税）"×适用增值税税率

+"外购燃料及动力费（不含税）"×适用增值税税率+"养护费用

（不含税）"×适用增值税税率）−上一年进项税额留抵额

5）进项税

进项税=税费估算表中的"进项税额"

=总成本费用表中的"外购原材料（不含税）"×适用增值税税率+"外购

燃料及动力费（不含税）"×适用增值税税率+"养护费用（不含税）"

×适用增值税税率

6）附加税

附加税=税费估算表中的"附加税"

=城建税+教育附加税+地方教育附加=［应纳增值税×（7%、5%、1%）］

+（应纳增值税×3%）+（应纳增值税×2%）

7）维持运营投资

维持运营投资指的是在运营期投入的以维持项目正常运营的固定资产投资，如设备更新费用、油田的开发费用、矿山的井巷开拓延伸费用等。不同类型和不同行业的项目其投资内容可能不同，如发生维持运营投资应将其列入现金流量表作为现金流出。

3. 净现金流

$$所得税前净现金流=现金流入-现金流出$$
$$所得税后净现金流=所得税前净现金流量-调整所得税$$

其中，

调整所得税=损益表（利润表）中的"息税前利润"×25%
= （利润总额+利息）×25%
= （营业收入-附加税-经营成本-折旧-摊销-维持运营投资+补贴收入）
×25%

累计所得税前（后）净现金流量=上一年累计所得税前（后）净现金流量
+当年所得税前（后）净现金流量

4. 财务指标

IRR（internal rate of return）为净现金流的内部收益率；NPV 为净现金流现值；Pt 为回收期，即（累计净现金流量出现正值的年份数-1）+上年累计净现金流量的绝对值÷当年净现金流量。

（三）资本金现金流[①]

1. 资本金现金流入

资本金现金流入同全投资现金流入，此处略。

2. 资本金现金流出

资本金现金流出=社会资本方资本金+借款本金偿还+借款利息支付+经营成本
+应纳增值税+进项税+附加税+所得税+维持运营投资

其中，

社会资本方资本金=资金筹措表中的"社会资本方占股"
借款本金偿还=借款还本付息估算表中的"借款本金偿还"
=借款总额÷运营期限
借款利息支付=借款还本付息估算表中的"借款本金偿还"
= （期初贷款本息累计+本期贷款）×年贷款利率建设期利息
= （期初贷款本息累计+本期贷款÷2）×年贷款利率
所得税=损益表（利润表）中的"所得税"
=应纳税所得额×25%
= （利润总额-弥补以前年度亏损）×25%
= （营业收入-总成本费用-附加税-弥补以前年度亏损）×25%

---

① 与全投资公式相同的不再列举。

3．净现金流

所得税前净现金流=现金流入-现金流出

所得税后净现金流=所得税前净现金流量-调整所得税

4．财务指标

IRR 为净现金流的内部收益率；NPV 为净现金流现值；Pt 为回收期，即（累计净现金流量出现正值的年份数-1）+上年累计净现金流量的绝对值÷当年净现金流量。

三、关键财务指标

关键财务指标是在 PPP 项目财务测算之后进一步计算得到。财务测算和指标分析非常重要。对于政府方而言，对项目投融资、项目现金流收支和税收等指标进行量化论证，有助于提高地方政府 PPP 项目决策能力，有助于政府方相关部门和人员理解项目内在逻辑关系、计算方式、指标含义，帮助政府方设计招投标指标。对于社会资本方而言，对项目合作期限、建设投入、融资成本、经营收支、风险承担、现金流量和内部收益率等指标进行分析，有利于提高社会资本投资成功概率，帮助社会资本方了解有关指标口径，通过关键指标综合有效地判断项目是否值得参与。

（一）内部收益率

内部收益率是判断社会资本方收益是否合理的核心指标。从收益角度看，内部收益率指标是资金自身的价值增值能力，根据每年现金净流入现值与投资成本计算得出。现金流入一般指息前现金流入，因此，一般来说，内部收益率是包含融资成本在内的资金真实回报率。内部收益率与融资成本的差额，决定了融资是增加了还是降低了投资方的盈利水平。内部收益率指标是将项目各个年度的现金流进行折算对比，更加体现了 PPP 项目跨越多年（一般至少 10 年以上）的时间特性，包含资金时间价值。

根据投入成本的不同，内部收益率可以分为四类。

1．项目内部收益率

现金流与项目全部建设成本进行匹配计算得到的数值。

2．社会资本内部收益率

现金流与社会资本方建设投入成本进行匹配计算得到的数值。

3．项目资本金内部收益率

现金流与项目公司资本金进行匹配计算得到的数值。

4．社会资本方资本金内部收益率

现金流与社会资本方投入项目公司的资本金进行匹配计算得到的数值。

以上四类指标中，社会资本内部收益率是衡量项目带给社会资本方收益率高低的最为合理的财务指标。因为在政府方不考虑项目分成，全部损益和现金流归社会资本方所有的情况下，社会资本内部收益率将现金流与社会资本方投入的成本进行直接配比计算，在口径上精准核算社会资本方的投入和产出之比。在项目投资额有政府投入的情况下，项目内部收益率衡量的是项目总体投入的收益水平，包括政府投入和社会资本投入，并不能直接衡量社会资本方的投资收益。

项目资本金内部收益率和社会资本方资本金内部收益率，均是将计算基数从包括融资在内的全部资金投入缩小至资本金，剔除了融资成本带来的收益率影响，通常会比全项目内部收益率大。同时，两个资本金内部收益率均要将融资成本从现金流中剔除，将投资成本调整为资本金，因此增加了计算的烦琐性。而且，如果计算得到的项目资本金内部收益率高于融资成本，则高出的部分将会成为社会资本方的收益；如果内部收益率低于融资成本，则差额部分将会成为社会资本方收益降低的部分。如以项目资本金内部收益率作为观察判断社会资本方的投资收益率的指标，则不利于社会资本方降低融资成本，会造成逆向激励。

相比之下，项目利润率基于权责发生制进行核算，利润多寡与现金流会产生错位，从而导致时间价值差异，因此，项目利润率不能合理反映项目收益率。

（二）政府付费金额

政府付费金额有多种计算方式。付费计算方式具有多样性，除了因为不同的计算方式可以对应不同的内部收益率外，更主要的原因在于，PPP 项目是政府和社会资本方项目合作，双方可以通过协商采用多种计算方式来确定每年付款的金额多少，只要双方互惠互利、合作共赢、收益合理，且彼此认同接受即可。

1. 等额本金法

《政府和社会资本合作项目财政承受能力论证指引》提供的政府付费金额计算公式，实际上是等额本金公式。其中涉及项目建设全部成本、合理利润率、折现率、补贴周期、内部收益率、年度运营成本和当年使用者付费。付费多少有赖于各个合理利润率、折现率和补贴周期的设定，付费的合理与否应以内部收益率作为判断依据。由于没有细则解释，有关参数或概念存在模糊理解与争议，如实务中政府方、社会资本方和一些其他人员，往往都会对合理利润率参数产生误解。

按照公式计算的政府补贴和项目公司收入，减去公式中的有关成本，得到的利润就应该等于合理利润，或者说按照公式在假设合理利润率的基础上计算出来的利润除以投资成本，就应该与假设的合理利润率一致。但由于一般情况下，项目公司收入（在完全政府付费情况下等于公式计算出来的政府补贴数额，在缺口付费方式下，等于政府补贴加上使用者付费）除因享受税收优惠政策而免于纳税外，还需要缴纳增值税和所得税，因此，计算出来的年度经营利润并不等于公式所确定的合理利润，计算出的合理利润率也不等于公式假设的合理利润率。由于项目可能采用 BOT 或 BOOT 等不同模式，年度投资成本分摊也不等于公式所确定的投资成本，因此，测算出的利润和利润率也不同于公式假设的合理利润和利润率。此外，对社会资本方年均建设成本折现成年度现值的理解也存在分歧，这里的现值看站在哪个时点来理解，如果站在项目开始的时点看此公式，则可以将此理解成社会资本年均建设成本折算到每个年度的终值，但是，站在每个补贴年度看，这句话没有问题，就是将社会资本方年均建设成本按照公式进行折现变成年度现值。从补贴公式看，所有的参数只是按照公式用来计算项目公司补贴年度应该获得政府的补贴数额，无须受累于现值或终值的纠结，公式的根本作用就是提供一种补贴计算方法而已。

2. 等额本息法

等额本息法是将现值折算为未来每期年金值的付费方法。

3. 补贴周期前几年多支付法

补贴周期前几年多支付法是降低短期内政府财政承受压力的方法，是多条等额本息现金流相叠加得到的结果。

（三）资产确认类型

项目资产类型包括金融资产、无形资产和固定资产等。资产的不同类型对费用分摊、现金流和内部收益率均有影响。运营期年度资产摊销额度不同，导致所得税支出不同，从而影响项目公司年度现金流、现金流净现值、内部收益率，并进而影响招投标或磋商指标的设定和谈判价码。

（四）施工利润

社会资本方往往更多的是看施工利润。PPP 项目投资动辄上十亿元、几十亿元乃至百亿元、千亿元以上，资金规模大。建设单位投入的项目资本金往往只有建设总成本的 20%～50%。从资本金角度看，利润率则是投资总额利润率的 2～5 倍，假设建设成本利润率为10%，则资本金利润率可达到 20%～50%，如果建设成本利润率为 20%，则资本金利润率可达到 40%～100%。

施工利润在建设完成后即可获得，因为建设期远远短于运营期，而运营期投资回报（内部收益率）一般在 6%～8%，收益基本上就是只能用来弥补融资成本，远低于建设期的施工利润。而且，运营收益获取的期限漫长，少则 8 年，多则 30 年甚至更长。在社会资本方有钱却无施工资质的情况下，理性的做法是找到缺钱但有施工资质的施工企业，二者需要共享施工利润，组成联合体来参与项目投标、建设与运营。

（五）项目税收贡献

政府付费的 PPP 项目为了吸引社会资本方参与项目合作，需要保持一定的项目收益率水平。政府又想扩大税源，对项目公司进行征税，而征税又必然降低项目收益水平，要想两头兼顾，只能将税收增加到支付额度里。

四、实际现金流的管理

财务测算的数值实际上是为编制方案、物有所值评价和财政承受能力论证提供参考依据；为保证 PPP 项目落地实施，需要与引进社会资本方签订合同，设定有关指标上限，确定有关原则,如招标或磋商时设定年度政府付费、运营成本指标和内部收益率以测算数值为上限,在出现重大意外情况需要增加支出或提高收益时,必须经政府同意或满足触发条件。因此,财务测算是在一系列合理假设的前提下进行的。这些假设与未来实际情况必然存在差异,因此,方案中必须要有建设成本最终以竣工决算审计的数值为准的书面规定。建设成本变化将导致未来政府付费发生变化,运营成本、税收政策与假设也可能不一致,这些变化情况进而会影响项目未来实际的内部收益率。因此,不能指望通过调整投资总额和其他指标,反复多次测算,使测算数值与未来实际完全吻合。

第四节　退　出　决　策

PPP 项目的退出情形是指项目期满终止或未能按照合同约定继续执行而提前终止。由于 PPP 项目合同期长,无论政府方和社会资本方有多聪明、多有经验、多尽职调查,都不可能完全准确预测将来 10～30 年的风险。而且,即使合同中设计了动态风险分担机制,也不可能完全覆盖长期运营期内可能发生的各种情况。例如,英法海峡隧道项目在隧道建成运营数年后由于无法实现预期收入,项目公司身负巨额债务,不得不宣布破产。出于国家安全及其他政治因素考虑,中国的武汉军山长江大桥项目在审批阶段终止了,社会资本只好退出项目。

由于双方各存优势且对项目期望有差异,很多时候,政府或社会资本会因项目的紧迫性或者其他原因被迫做出让步,特别是政府经常由于各种原因被迫让步接受企业的要求。但是,项目实施中也常常因为政府承诺不能兑现或发生其他未识别的风险、合同不完备或公众反对等而出现争议,以致有许多项目不能顺利完成甚至项目参与者中途退出。因此,PPP 项目执行期间必然会出现协议变更等情况,也必须结合退出情形安排触发机制及流程。

一、退出主体

PPP 项目退出主体包含三个层次:第一层是投资者(社会资本)层面的退出,项目本身并没有结束;第二层是政府方层面的退出,往往项目将终止;第三层是项目公司层面的退出,项目将面临终止或转移。现实中更加关注项目退出,特别是非正常退出情形。

(一)投资者(社会资本)层面的退出

PPP 项目所涉及的项目公司大部分属于新设立的非上市公司,但不排除部分项目公司具备条件后上市进行股权交易。项目公司及其股东股权交易事项包括股权转让、置换、赠与、新增、减少等,也包括公开发行募集股份的情形。为保证社会资本的投资积极性、合作效率性、资金流动性,社会资本股权原则上可以进行交易,而且各个股东由于优势不同,各自的投资战略和策略也不同,因此在 PPP 项目合作期限内,必然会产生社会资本股权转让的需求。然而，对影响到项目公司正常运转、使项目建设运营效率降低或进程受阻等违法违纪、损害公众利益、社会资本合理收益的股权交易应进行约束和限制。

（二）政府方层面的退出

政府方导致 PPP 项目提前终止的事由，通常包括发生政府方违约事件和政府方依照合同选择终止两类情形。

（三）项目公司层面的退出

特许期限届满而导致项目特许权协议终止，或者项目主要参与者在获得特许权协议所规定的补偿后，不再享有特许权协议中任何权利以及不必履行特许权协议中任何义务，往往也意味着项目的终止。

二、退出方式

项目退出可以分为主动退出、被动退出和第三方介入退出，结合两种退出主体层次，PPP 项目的退出情形一共有六种情况。

（一）主动退出

主动退出是项目公司或政府方单方面自愿终止特许权协议导致的。

（二）被动退出

项目公司被动退出项目一般是由于项目公司违约、政府违约或者不可抗力事件终止特许权协议。

（三）第三方介入退出

上述两种情况下如果无法达成双方满意的结果，则需要依靠第三方介入来实现退出，如通过争议解决方式。

三、退出情形和补偿

（一）建设内容和投资规模缩减

PPP 项目建设内容和投资规模的缩减将会对项目的履行造成比较大的影响。由于社会资本方负责融资，因此项目规模的缩减对社会资本方的影响更大。如果届时社会资本方向金融机构申请的项目贷款已到位，社会资本就需要承担该部分资金的融资成本，并可能需要就冗余资金的提前还款承担相应的违约金。另外，工程造价下浮率、项目预期收益、项目施工材料成本等方方面面都会受项目投资规模的影响。因此，如果发生项目投资额大幅减少的情形，就可能无法满足社会资本方当初投标时的预期收益，并给其带来较大的风险。

（二）征地拆迁延误

PPP 项目中政府拆迁不力未能按照合同约定按时完成前期工作，以致项目未能按照既定计划开展施工，造成项目施工现场人、材、机长期窝工，导致社会资本方遭受很大的损失。

（三）政府方人事变动

政府换届、出现重大人事变动时，政府推诿责任并损害社会资本的合法权益。比如，某基础设施 PPP 项目的社会资本方在收到中标通知书后、正式 PPP 项目合同签署前，遭遇了地方政府人事变动，地方政府新上任的领导以该项目前期论证不力、不可行为由，单方通知终止该 PPP 项目。

（四）政府方违约

（1）未按合同约定向项目公司付费或提供补助达到一定期限或金额的。
（2）违反 PPP 项目合同约定转让 PPP 项目合同项下义务的。
（3）发生政府方可控的对项目设施或项目公司股份的征收或征用的。
（4）发生政府方可控的法律变更导致 PPP 项目合同无法继续履行的。
（5）其他违反 PPP 项目合同项下义务，并导致项目公司无法履行合同的情形。

当当地政府发生违约行为时，项目公司有权通知当地政府根据项目特许权协议，当地政府已经发生违约行为，如在规定时间内不能采取有效的补救措施，项目公司将单方面终止项目合同。

如果当地政府在接到项目公司的通知后，在一定时间积极采取补救措施，并且在项目公司确认当地政府的补救措施可以使项目公司回到未发生相应事项时基本相同经济地位后，项目将继续进行。

如果即使当地政府在接到项目公司通知后采取了补救措施，但是项目公司认定当地政府的补救措施无法使项目公司回到未发生相应事项时基本相同经济地位，在这种情况下，项目公司将和当地政府在规定时间未采取任何补救措施一样终止特许权协议，并在获得特许权协议中规定的补偿后退出项目。

（五）项目公司违约

当项目公司发生违约行为时，当地政府有权通知项目公司：根据项目特许权协议，项目公司已经发生违约行为，如在规定时间内不能采取有效的补救措施，当地政府将单方面终止项目合同。

如果项目公司在接到当地政府的通知后，在一定时间积极采取补救措施，并且在当地政府确认项目公司的补救措施可以使当地政府回到未发生相应事项时基本相同经济地位后，项目将继续进行。

如果即使项目公司在接到当地政府通知后采取了补救措施，但是当地政府认定项目公司的补救措施无法使当地政府回到未发生相应事项时基本相同经济地位，在这种情况下，当地政府将和当项目公司在规定时间未采取任何补救措施一样终止特许权协议，并在获得特许权协议中规定的补偿后退出项目。

（六）不可抗力事件

当不可抗力事件发生后，当地政府与项目公司可以共同协商解决办法。如果在一定时间内当地政府与项目公司双方对不可抗力事件产生的后果的解决办法达成一致，项目可以继续进行。如果在一定时间内无法达成一致，当地政府与项目公司任何一方都有权向另一方发出通知，单方面终止项目特许权协议。项目特许权协议终止后，项目公司获得特许权协议中规定的补偿后退出项目。

◀ 课后习题 ▶

1. 结合 PPP 适用范围理论框架，自选一个基础设施项目进行适用范围评价。
2. PPP 项目的方案设计需要从哪几方面开展谋划和决策？
3. PPP 项目的可融资性要从哪几方面提升信用？
4. PPP 项目的退出有哪几种情形？

第三章　PPP 项目合同管理

【教学目的】

　　PPP 项目合同管理是整个项目管理的核心工作。本章主要讲解 PPP 项目合同的基本情况、体系结构和管理要点等内容。本章需要学生掌握 PPP 项目合同订立的意义和 PPP 项目合同的特征，熟悉 PPP 项目合同体系，了解 PPP 项目合同管理要点，包括签约要点、履约要点、争议解决要点及项目终止处理方式等内容。

第一节　PPP 项目合同概论

一、PPP 项目合同订立的意义

　　订立 PPP 项目合同是整个项目的核心环节，具有两层含义。

　　第一层含义具有广义性质，它是指 PPP 项目各参与方之间为建立长期合作伙伴关系而签订一系列合同的行为。这里的各参与方不仅仅指政府方和社会资本方，还包括两方之间的股权合作协议、社会资本方获得授权后的外部委托协议等，这一系列合同组成了 PPP 项目合同体系。

　　第二层含义具有狭义性质，它是指 PPP 项目合同双方的签订行为。其中，PPP 项目合同是政府方的实施机构和社会资本方的项目公司就 PPP 项目的具体合作内容签订的一份有关整个项目实施的合同。PPP 项目合同是整个 PPP 项目其他相关合同产生的基础，也是 PPP 项目合同体系的核心。订立 PPP 项目合同之后，意味着双方就项目合作建立了具有法律效力的权利义务长期约束关系。

二、PPP 项目合同的特征

（一）期限很长

　　PPP 项目合同的期限通常在 10～30 年，相对于一般的合同而言，长期合同关系是其显著特征。在合作期内，政府和社会资本之间的权利义务甚至合作主体都可能发生变化，因此，PPP 项目合同需要尽可能明确政府方和社会资本方在合作期内各自的权利、义务，合同的内容应尽可能全面且具有前瞻性，同时需要兼顾灵活性。同时，考虑到 PPP 项目的生命周期较长，在合同订立时既要充分考虑项目全生命周期内的实际需求，保证合同内容的完整性和相对稳定性，也要合理设置一些关于期限变更、内容变更、主体变更的灵活调整机制，为未来合同执行预留调整和变更空间。为了更好地应对项目实施过程中可能发生的各种情势变更，付费机制项下一般也需要设置一定的变更或调整机制。

（二）利益共享

政府部门和市场主体之间客观上存在目标差异，前者主要关注公众利益和公共服务能力，后者主要关注商业回报。任何一方都难以靠自身实现各自目标，PPP 恰好提供了双方走向合作的天然载体。PPP 中公共部门与私人部门并不是简单分享利润，还需要控制私人部门可能的高额利润，即不允许私人部门在项目执行过程中形成超额利润，主要通过在 PPP 合同中对社会资本方的回报机制进行明确，且约定超额利润的分配方式。

（三）风险分担

采用 PPP 模式并不意味着政府部门可以将所有风险都转移给私人部门，很多实际项目都表明政府也需要主动承担一定的风险，才能达到风险的合理分担，降低风险管理成本。政府承担风险主要通过权利义务的界定和付款机制的确定来实现，也就是说，风险分担是通过合同条款来定义的。在合同组织阶段，政府和项目公司首先就 PPP 合同进行谈判，确定双方的权利和义务，以及服务定价和调整机制。在签订 PPP 合同之后，项目公司再与其他专业分包商/放贷方/保险方等进行合同谈判，将自己无法控制的风险转移给对该风险更有控制力的第三方。

（四）结构复杂

PPP 合同由一系列相关合同组成，这些合同共同构成一个"合同群"。PPP 合同是复合型合同，由一组合同组成，且各合同之间相互联系，一个合同重要条款的变化会影响其他合同的权利义务变动。PPP 合同群中包括 PPP 合同、融资合同、担保合同、股东协议等。在 PPP 合同群中，PPP 合同是核心合同，是合同群中其他合同的基础。

（五）按效付费

PPP 项目以运营为核心、以绩效为导向，PPP 合同中政府付费与项目绩效考核结果挂钩，强化项目产出绩效对社会资本回报的激励约束效果，防止政府对项目各项支出承担无条件的支付义务。根据我国现有政策规定，如果"项目建设成本不参与绩效考核，或实际与绩效考核结果挂钩部分占比不足 30%，固化政府支出责任的"，这类 PPP 项目将不得入库①。按效付费条款能防止 PPP 项目提前锁定政府对建设成本的无条件支付义务，也能规避项目运营绩效考核约束被软化的风险。

---

① 参见财政部的《关于规范政府和社会资本合作（PPP）综合信息平台项目库管理的通知》。

三、PPP 项目合同的内容

PPP 合同体系主要包括 PPP 项目合同、特许经营合同、项目融资合同、设计-采购-施工合同、运营服务合同、原料供应合同、产品采购合同和保险合同等。项目合同是约束政府和社会资本方权利义务最为核心的法律文件。一个典型项目的 PPP 合同，应包含以下主要部分。

（一）合同主体条款

合同主体条款包括项目的实施机构、中选的社会资本方各自的法律适格性，特许经营权的授予；需要设立项目公司的，还需要明确政府方出资代表，政府方和社会资本方出资比例、股权结构和决策程序。

（二）合同标的条款

有新建项目内容的，须说明建设规模和服务标准；涉及存量资产做 PPP 项目的，应对存量资产按照《中华人民共和国企业国有资产法》的相关规定进行评估。

（三）时间相关条款

时间相关条款涉及建设期、运营期和合作期的时长和调整，还可能包括试运营、缺陷责任期、质量保修期。

（四）价款相关条款

价款相关条款包括项目总投资、建安费用、运营维护成本、年度可用性服务费、年度缺口补贴、建设期利息、税费承担等各自的范围和计算标准；具有收益的项目，还应该约定收费标准和调价机制。

（五）前期责任条款

前期责任条款包括政府方的供地义务、审批义务、提供基本建设条件义务等，以及社会资本方的融资落实义务、供应商和承包商选定义务等。

（六）监管、评价与考核条款

监管、评价与考核条款包括项目日常监管、竣工验收、临时接管、绩效考核、移交考核等。

（七）风险转移条款

风险转移条款包括建设期保函、缺陷责任期保函、运营维护期保函和法律规定的强制性保险及双方约定购买的商业保险等。

（八）其他合同一般条款

其他合同一般条款包括合同的生效、违约、解除与终止以及争议解决条款等。

第二节　PPP 项目合同体系

一、PPP 项目合同体系的基本概念

PPP 项目合同体系是指政府和社会资本之间建构权利义务关系的一系列合同安排。由于一个 PPP 项目往往涉及很多合同，而各个合同之间通常存在着一定的"传导关系"，因此，了解 PPP 项目的合同结构有助于更加全面和准确地把握 PPP 项目决策和实施。PPP 项目合同结构通常由主合同（PPP 项目合同）和各类附件合同（股东协议、工程承包合同、运营服务合同、原料供应合同、产品或服务购买合同、融资合同和保险合同等）组成。其中，PPP 项目合同是整个 PPP 项目合同结构的核心。

PPP 项目合同体系之间的结构关系并非一成不变。由于各个项目参与方之间的权利义务关系会随着项目的实际进展发生变化，因此 PPP 项目合同结构也会发生相应的变化。比如，在初期的合同签订阶段，PPP 项目合同作为整个合同结构的基础和核心，其具体条款不仅会直接影响到项目公司股东之间的协议内容，还会影响项目公司与融资方的融资合同以及与保险公司的保险合同等其他合同的内容。而且，PPP 项目合同中的一些约定还可能通过工程承包或产品服务购买等方式，间接影响到工程承包合同、原料供应合同、运营服务合同和产品或服务购买合同等。但是，到了合同履行阶段，合同关系的传导方向可能发生逆转。比如，分包合同履约出现的问题，可能会影响到总承包合同的履行，进而最终影响到 PPP 项目合同的结构，即政府和社会资本方之间的权利义务关系。

二、PPP 项目合同体系的组成

（一）PPP 项目合同

PPP 项目合同是政府方与社会资本方依法就 PPP 项目合作所订立的合同。其目的是在政府方与社会资本方之间合理分配项目风险，明确双方权利义务关系，保障双方能够依据合同约定合理主张权利，妥善履行义务，确保项目全生命周期内的顺利实施。PPP 项目合同是其他合同产生的基础，也是整个 PPP 项目合同体系的核心。

在项目初期阶段，项目公司尚未成立时，政府方会先与社会资本方签订意向书、备忘录或者框架协议，以明确双方的合作意向，详细约定双方有关项目开发的关键权利义务。待项目公司成立后，由项目公司与政府方重新签署正式 PPP 项目合同，或者签署关于承继上述协议的补充合同。在 PPP 项目合同中通常也会对 PPP 项目合同生效后政府方与项目公司及其母公司之前就项目所达成的协议是否会存续进行约定。

（二）股东协议

股东协议由项目公司的股东签订，用以在股东之间建立长期的、有约束力的合约关系。股东协议通常包括以下主要条款：前提条件，项目公司的设立和融资，项目公司的经营范围，股东权利，履行 PPP 项目合同的股东承诺，股东的商业计划，股权转让，股东会、董事会、监事会组成及其职权范围，股息分配，违约、终止及终止后处理机制，不可抗力，适用法律和争议解决等。

项目投资人订立股东协议的主要目的在于设立项目公司，由项目公司负责项目的建设、运营和管理，因此项目公司的股东可能会包括希望参与项目建设和运营的承包商、原料供应商、运营商、融资方等主体。在某些情况下，为了更直接地参与项目的重大决策、掌握项目实施情况，政府也可能通过直接参股的方式成为项目公司的股东（但政府通常并不控股和直接参与经营管理）。在这种情形下，政府与其他股东相同，享有作为股东的基本权益，同时也需履行股东的相关义务，并承担项目风险。股东协议除了包括规定股东之间权利义务的一般条款外，还可能包括与项目实施相关的特殊规定。

（三）工程承包合同

项目公司一般只作为融资主体和项目运营管理者而存在，本身不一定具备自行设计、采购、建设项目的条件，因此可能会将部分或全部设计、采购、建设工作委托给工程承包商，签订工程承包合同。项目公司可以与单一承包商签订总承包合同，也可以分别与不同承包商签订合同。承包商的选择要遵循相关法律法规的规定。

由于工程承包合同的履行情况往往直接影响 PPP 项目合同的履行，进而影响项目的贷款偿还和收益情况，因此，为了有效转移项目建设期间的风险，项目公司通常会与承包商签订一个固定价格、固定工期的"交钥匙"合同，将工程费用超支、工期延误、工程质量不合格等风险全部转移给承包商。此外，工程承包合同中通常还会包括履约担保和违约金条款，进一步使承包商妥善履行合同义务。

（四）运营服务合同

根据 PPP 项目运营内容和项目公司管理能力的不同，项目公司有时会考虑将项目全部或部分的运营和维护事务外包给有经验的专业运营商，并与其签订运营服务合同。个案中，运营维护事务的外包可能需要事先取得政府的同意。但是，PPP 项目合同中约定的项目公司的运营和维护义务并不因项目公司将全部或部分运营维护事务分包给其他运营商实施而豁免或解除。

PPP 项目的期限通常较长，在项目的运营维护过程中存在较大的管理风险，可能因项目公司或运营商管理不善而出现项目亏损。因此，项目公司应优先选择资信状况良好、管理经验丰富的运营商，并通过在运营服务合同中预先约定风险分配机制或者投保相关保险来转移风险，确保项目平稳运营并获得稳定收益。

（五）原料供应合同

有些 PPP 项目在运营阶段对原料的需求量很大、原料成本在整个项目运营成本中占比较大，同时受价格波动、市场供给不足等影响，又无法保证能够随时在公开市场上以平稳价格获取，继而可能会影响整个项目的持续稳定运营，如燃煤电厂项目中的煤炭。因此，为了防控原料供应风险，项目公司通常会与原料的主要供应商签订长期原料供应合同，并且约定一个相对稳定的原料价格。

在原料供应合同中，一般会包括以下条款：交货地点和供货期限、供货要求和价格、质量标准和验收、结算和支付、合同双方的权利义务、违约责任、不可抗力、争议解决等。除上述一般性条款外，原料供应合同通常还会包括原料供应条款，即要求供应商以稳定的价格、稳定的质量品质为项目提供长期、稳定的原料。

（六）产品或服务购买合同

在 PPP 项目中，项目公司的主要投资收益来源于项目提供的产品或服务的销售收入，因此保证项目产品或服务有稳定的销售对象，对于项目公司而言十分重要。因 PPP 项目付费机制的不同，项目产品或服务的购买者可能是政府，也可能是最终使用者。以政府付费的供电项目为例，政府的电力主管部门或国有电力公司通常会事先与项目公司签订电力购买协议，约定双方的购电和供电义务。此外，在一些产品购买合同中，还会包括"照付不议"条款，即项目公司与产品的购买者约定一个最低采购量，只要项目公司按照最低采购量供应产品，不论购买者是否需要采购该产品，均应按照最低采购量支付相应价款。

（七）融资合同

从广义上讲，融资合同可能包括项目公司与融资方签订的项目贷款合同、担保人就项目贷款与融资方签订的担保合同、政府与融资方和项目公司签订的直接介入协议等多个合同。其中，项目贷款合同是主要的融资合同。

在项目贷款合同中一般会包括以下条款：陈述与保证、前提条件、偿还贷款、担保与保障、抵销、违约、适用法律与争议解决等。同时，出于贷款安全性的考虑，融资方往往要求项目公司以其财产或其他权益作为抵押或质押，或由其母公司提供某种形式的担保或由政府作出某种承诺，这些融资保障措施通常会在担保合同、直接介入协议以及 PPP 项目合同中予以具体体现。

需要特别强调的是，PPP 项目的融资安排是 PPP 项目实施的关键环节，鼓励融资方式多元化、引导融资方式创新、落实融资保障措施，对于增强投资者信心、维护投资者权益以及保障 PPP 项目的成功实施至关重要。

（八）其他合同

PPP 项目中可能还会涉及其他合同，如与专业中介机构签署的投资、法律、技术、财务、税务等方面的咨询服务合同，以及保险合同。其中，保险合同可能涉及的种类包括货物运输险、工程一切险、针对设计或其他专业服务的职业保障险、针对间接损失的保险、第三者责任险等。

第三节　PPP 项目合同管理要点

一、签约管理要点

（一）项目合作范围

项目合作范围用以明确约定在项目合作期限内政府与项目公司的合作内容和边界，是 PPP 项目合同的核心条款。根据项目的不同，双方合作内容包括基础设施和公共服务项目的融资、投资、设计、建设、运营、维护和移交等全部或部分。无论采用何种运作方式，"运营"是社会资本方在 PPP 项目中必须承担的职责，也是 PPP 项目合作范围中必有的一部分，且社会资本方取得项目回报也应当与绩效考核进行挂钩。

双方应在合同签订阶段明确合作范围，以减少后期的扯皮推诿。对于的确无法明确的内容，需要设立灵活调整机制，为后续的确认提供依据。

（二）项目排他性授权

将项目排他性授权给社会资本方，是政府部门在公共产品和服务领域引入市场机制的重要安排。排他性授权分为项目层面的排他和区域层面的排他两个层次。

1. 合作领域的排他

PPP 项目合作范围本身的排他性为 PPP 合同的应有之义，作为 PPP 合同的签订双方，政府方与社会资本方就项目范围内的合作理应具有排他性，政府方不得将 PPP 合同项下全部或部分内容与其他任何一方进行合作，当然，出于强调和明确之意，通常会在项目合同中对该等合作范围本身的排他性进行明确约定。除约定排他性权利本身外，对排他性的例外情形也加以原则约定，通常将一方严重违约视为例外情形。

2. 合作区域的排他

对于项目收入与项目使用量相关的 PPP 项目，为保障社会资本方的预期收益，通常会在 PPP 合同中约定区域排他条款，社会资本方在该特定区域内对合作范围内合作事宜具有排他性权利。

区域排他中的区域设置通常采用两种方式，一种为明确的四至范围，另一种则为行政区域范围，如以某市/区/县的行政区划作为项目合作的区域范围。第一种方式范围明确，无须赘述。第二种方式中则涉及未来行政区划范围变更对项目所产生的影响这一问题。通常，未来行政区域范围扩大的，对扩大的区域类似于前文所述的标的项目范围的变更，应由政府方通过适当采购程序重新选择社会资本方，但可赋予社会资本方一定的优先权；未来行政区域范围缩小的，应综合考虑项目情况由双方进行协商，导致社会资本方收益缩减的，政府方应给予相应补偿。

需要注意的是，PPP 项目中的区域排他权与普遍服务义务相互对应、紧密关联。区域排他对社会资本方来说不仅是权利，也是一种强制性的义务，在 PPP 合同中应当明确，享有区域排他权的社会资本方应履行在该区域内对应的普遍服务义务，同时，应当对应约定，如社会资本方拒绝或难以满足普遍服务的要求，则政府方有权突破区域排他权的约定。

（三）项目合作期限

合作期限一般指 PPP 项目合作的有效期，通常自 PPP 项目合同签署时开始至合同期满或提前终止时结束。PPP 项目合同条款需要包含合作期限的确定、期限的延长和期限的结束等内容。

合作期限不宜过短，如我国一般规定不少于 10 年。项目合作期限足够长才能有效激励社会资本参与公共产品和服务供给。这是因为足够长的期限才有可能让社会资本在合作期限内收回前期投入的成本，也能对各阶段的投入成本进行整合优化。同时，合作期限也必须要有最长期限，如我国一般规定不超过 30 年。项目合作期限过长会导致项目的不确定性进一步提高，30 年是一个经验数据，既符合项目设施的投入产出生命周期，也符合项目管理者自身的生命周期，因此 30 年是一个较为常见的 PPP 项目合同期限。

合作期限的延长相关条款属于项目合同中常规的可调整机制，有必要在 PPP 项目合同中做出约定。合作期限的延长主要适用于"非社会资本方应承担风险"而导致的社会资本方产生损失情形，合作期限的延长被视作政府方对社会资本方作出的补偿，可以依据合同约定的情形直接授予。同时，在出现"不可抗力"等"由双方共同承担的风险"的情形时，在双方达成一致的情况下，也可以将延长合作期限作为一种补偿措施。此外，基于其他情形的合作期限延长属于项目合同中非常规的条款。此时，律师事务所可以介入为这种特殊情形给出法律意见书。

（四）项目合作起点

双方在签订合同前，还需要明确双方的合作起点，包括项目立项工作、施工报建手续、前期工作费用等内容的分担。

1. 项目立项工作

项目立项分为审批、核准、备案等方式。在合同签订环节，项目的立项方式往往已经确立。双方应在合同中清晰约定项目立项的各个环节工作由谁负责，以及相应责任的承担或共担。

2. 施工报建手续

项目的施工报建手续是指办理项目开工相关的一系列手续，包括办理建设相关许可证、工程安全监督、工程质量监督等手续，并最终获得建筑工程施工许可证。PPP 项目合同中需要约定施工报建手续的分工。由于 PPP 项目引入市场主体之后存在项目法人变更情况，有必要在合同中约定施工报建手续的分工和责任。通常，PPP 项目合同中约定由项目法人负责办理建设工程规划许可证、建设用地规划许可证、土地使用证等，而工程安全监督、工程质量监督以及建筑工程施工许可证的申领工作由建设单位负责办理。为便于施工报建工作的顺利开展，PPP 项目合同中通常会约定由政府方给予必要的协助。

3. 前期工作费用

前期工作费用是指 PPP 项目开工建设以前所发生的各项工作费用。项目前期工作费用主要分为两个部分。第一部分是社会资本方确定前已经发生的费用，第二部分是社会资本方确定后发生的费用。PPP 项目合同中需要约定前期工作费用的承担或共担方式。第一部分费用可由政府方自行承担或在采购阶段明确约定由社会资本方承担。第二部分费用通常由社会资本方承担，计入项目总投资。

（五）多个子项目的情形

针对包含多个子项目的 PPP 项目，需要针对每个子项目约定不同的"建设期"和"移交期"。现实中，多个子项目可以按以下两种方式来管理。

1. 统一进入运营期

约定所有子项目全部竣工或完工时间作为"建设期"的结束，所有子项目统一进入运营期。这种情形下，预设全部子项目统一进入运营期，而实际上各个子项目竣工进入运营期的时点会有所不同，因此，对于较早竣工可运营的子项目可设置临时运营期。临时运营期是指该子项目竣工进入运营的时点与最后一个子项目竣工进入运营的时点之间的时期。在临时运营期内，社会资本方应根据合同约定履行基本的维修、养护、运营责任。其运维费用及合理利润应计入整个项目的运维服务费中，所产生的收入也应计入整个 PPP 项目服务费中进行核算。不过，整个项目的可用性付费、运维付费的核算与支付仍待项目全部进入运营期后开始。

2. 分别进入运营期

约定每个或几个子项目竣工后分别进入运营期。这种情形下，运营期还可区分为"各自开始、统一结束"和"各自开始、各自结束"两种情形。其中，第一种情形即该 PPP 项目中的全部子项目同时结束运营期，第二种情形即该 PPP 项目下的各子项目运营期分别计算、分别结束。上述期限的设置安排均与社会资本方开始获得付费的起始时间及获得付费的期间密切相关，因此需要在进行相应的财务测算后根据项目实际情况具体确定。

二、履约管理要点

（一）履约阶段划分

根据 PPP 项目所处阶段，PPP 项目合同中将双方的合作分为"建设期"和"运营期"两个阶段。其中，"建设期"可以在合同中约定自项目合同签署之日起算，也可以约定自开工日起算，至项目竣工验收之日为止。"运营期"一般自竣工验收之日的次日起，至合作期限届满或者运营期届满之日为止，或者也可以另行约定。

由于运营开始日是政府方向社会资本方付费或社会资本方向使用者收费的起始日期，因此有必要明确"运营开始日"的定义和生效条件。运营开始日的确定有以下四种情形。

（1）常见的运营开始日为工程竣工验收合格后的次日。

（2）对于港口、公路和航道的 PPP 项目，因其具有完工验收的环节，运营开始日则可为工程完工验收合格后的次日。

（3）对于可能造成重大或轻度环境影响的 PPP 项目，因其具有竣工环保验收的环节，运营开始日则可为环保验收合格后的次日。

（4）对于要求取得特别运营许可的 PPP 项目，运营开始日则可为取得运营许可的当日。

（二）履约责任划分

1. 社会资本方的责任

PPP 项目合同通常会明确约定由社会资本方承担项目运营的责任。为确保社会资本方切实履行运营责任，PPP 项目合同会明确要求社会资本方强制购买运营期保险、提供运营期履约担保，编制应急预案、运营维护计划、中长期经营计划和年度经营计划、年度运营情况报告并报政府方备案，编制运营维护手册并报政府方审查。在有些项目中，PPP 项目合同还会明确要求社会资本方将运营维护手册作为 PPP 项目合同的附件。

在我国 PPP 项目中，政府方可允许社会资本方将运营分包给具有相关资质和能力的第三方。但是，需要在 PPP 合同中明确约定社会资本方应取得政府的书面同意后方可将运营外包，且社会资本方的责任和义务并不因此而免除。换言之，社会资本方仍需承担 PPP 合同约定的责任和义务。

2. 政府方的责任

在 PPP 模式下，政府的角色由公共产品和公共服务的直接提供者转变为社会资本方的合作者和 PPP 项目的监管者。PPP 项目合同通常会明确约定政府方除履行法定的行政监管职责外，还应依据合同约定履行对社会资本方在运营期间履约情况的监督和检查、绩效考核和中期评估等职责。

在一些 PPP 项目中，项目与外部条件相配套或衔接后方可投入运营。针对该类项目，因政府方更具有控制力，PPP 项目合同通常约定由政府方保障项目正常运营所需实现的外部条件。

（三）履约范围和内容

社会资本方负责运营的项目设施范围应在 PPP 项目合同中予以明确约定，分为新建类项目竣工验收后所形成的资产、项目合作期限内新投资所形成的资产和政府方移交给社会资本方的存量资产等情形。

社会资本方负责运营的服务内容也应在 PPP 项目合同中予以明确约定，而运营内容应根据项目属性来合理确定。世界银行提到，一些国家将 PPP 模式的使用权集中于某些特定的行业。这种集中性可以说明政府希望优先支持一些投资领域，与此相对，有些国家会明确规定哪些行业或行业内的服务不得使用 PPP 模式。这些服务有时被称为核心服务，即那些仅可由政府部门提供的服务。

国际上，PPP 实践较为成熟的国家大多对运营内容进行了区分。比如，英国早期将社会资本方提供的运营维护分为"硬服务"与"软服务"，其中"硬服务"指维修、能源管理、全生命周期下的更新等，"软服务"指日常资产维护，如清洁、餐饮服务、安保、合同管理、保险服务、接待等；澳大利亚政府通常保留提供核心服务的责任，这里的核心服务是指那些对服务使用者有特殊责任的服务，如卫生和教育，而私人部门主要负责提供非核心服务，这里的非核心服务包括基础设施相关的维护、清洁、安保、建筑相关服务及其他配套支持服务；新加坡私营企业可以提供的服务包括"辅助和/或非核心的运营服务"，其"辅助服务"与澳大利亚的"非核心服务"、英国的"软服务"内涵基本一致，是指"维护设施并提供非核心职能"，而"核心服务"是指"设施建成后的核心公共服务"。

（四）服务标准约定

1. 普遍服务

普遍服务是指要向所有对象提供的无差别服务。《中华人民共和国行政许可法》对此有明确规定，"取得直接关系公共利益的特定行业的市场准入行政许可的被许可人，应当按照国家规定的服务标准、资费标准和行政机关依法规定的条件，向用户提供安全、方便、稳定和价格合理的服务，并履行普遍服务的义务"。同时，《基础设施和公用事业特许经营管理办法》也对此做了明确规定，"特许经营者应当对特许经营协议约定服务区域内所有用户普遍地、无歧视地提供公共产品或公共服务，不得对新增用户实行差别待遇"。针对直接关系公共利益的 PPP 项目，社会资本方在履行 PPP 项目合同时，应满足普遍服务的提供标准。

2. 持续服务

持续服务是指在没有特殊情况下应向公众持续提供服务。为此，PPP 项目合同通常约定因项目检修等而暂停服务需要获得政府方的书面同意后方可实施。而且，对于一些直接关系民生的服务，社会资本方还应履行法定的持续服务供给义务。比如，《城镇排水与污水处理条例》规定"城镇污水处理设施维护运营单位不得擅自停运城镇污水处理设施，因检修等原因需要停运或者部分停运城镇污水处理设施的，应当在 90 个工作日前向城镇排水主管部门、环境保护主管部门报告"；《城市供水条例》规定"城市自来水供水企业和自建设施对外供水的企业，应当保持不间断供水。由于工程施工、设备维修等原因确需停止供水的，应当经城市供水行政主管部门批准并提前 24 小时通知用水单位和个人"。

三、争议管理要点

PPP 项目合同的争议解决机制是指自 PPP 合同签订之日起，至 PPP 项目移交质保期届满且 PPP 合同各方权利义务履行完毕之日止的期间，PPP 合同各方为实施 PPP 合同而产生的争议所适用的解决机制。违约和提前终止条款是 PPP 项目合同中的重要条款之一，通常会规定违约事件、终止事由以及终止后的处理机制等内容。

（一）违约情况认定

在 PPP 项目合同中，通常会明确约定可能导致合同终止的违约事件，这些违约事件通常是由合同一方违反 PPP 项目合同中的重大义务引起的。

违约事件的发生并不直接导致项目合同终止。在 PPP 项目合同中通常会规定通知和补救程序，即如果在 PPP 项目合同履行过程中发生违约事件，未违约的合同相对方应及时通知违约方，并要求违约方在限期内进行补救，如违约方在该限期内仍无法补救的，则合同相对方有权终止 PPP 项目合同。

还有一种特殊情形，即在 PPP 项目合同中规定了融资方介入权或者政府、融资方和项目公司三方签署了直接介入协议的情形下，项目公司违约事件发生且在限期内无法补救时，还会允许融资方或其指定的第三方进行补救。

实践中，不同的 PPP 项目合同对于违约事件的界定方式可能不同，通常包括概括式、列举式以及概括加列举式三种，其中概括加列举式在 PPP 项目合同中更为常见。通过列举的方式可以更加明确构成违约事件的情形，从而避免双方就违约事件认定产生争议。为此，在 PPP 项目合同起草和谈判过程中，双方应对哪些事项构成违约事件进行认真判别，并尽可能地在 PPP 项目合同中予以明确约定。

1. 政府方违约事件

在约定政府方违约事件时，应谨慎考虑这些事件是否处于政府方能够控制的范围内并且属于项目项下政府应当承担的风险。常见的政府方违约事件包括以下内容。

（1）未按合同约定向项目公司付费或提供补助达到一定期限或金额的。

（2）违反合同约定转让 PPP 项目合同项下义务。

（3）发生政府方可控的对项目设施或项目公司股份的征收或征用的。

（4）发生政府方可控的法律变更导致 PPP 项目合同无法继续履行的。

（5）其他违反 PPP 项目合同项下义务，并导致项目公司无法履行合同的情形。

2. 项目公司违约事件

常见的项目公司违约事件包括但不限于以下内容。

（1）项目公司破产或资不抵债的。

（2）项目公司未在约定时间内实现约定的建设进度或项目完工或开始运营，且逾期超过一定期限的。

（3）项目公司未按照规定的要求和标准提供产品或服务，情节严重或造成严重后果的。

（4）项目公司违反合同约定的股权变更限制的。

（5）未按合同约定为 PPP 项目或相关资产购买保险的。

（二）提前终止情况

在 PPP 项目合同中，可能导致项目提前终止的事由通常包括以下内容。

（1）政府方违约事件。发生政府方违约事件，政府方在一定期限内未能补救的，项目公司可根据合同约定主张终止 PPP 项目合同。

（2）项目公司违约事件。发生项目公司违约事件，项目公司和融资方或融资方指定的第三方均未能在规定的期限内对该违约事件进行补救的，政府方可根据合同约定主张终止 PPP 项目合同。

（3）政府方选择终止。由于 PPP 项目涉及公共产品或服务供给，关系社会公共利益，因此 PPP 项目合同中，政府方应当享有在特定情形下单方面决定终止项目的权利。但在 PPP 项目实践中，政府方的此项权利应当予以明确限定，以免被政府方滥用，打击社会资本参与 PPP 项目的积极性；同时，政府方在选择终止时需要给予项目公司足额的补偿。

（4）不可抗力事件。发生不可抗力事件持续或累计达到一定期限，任何一方可主张终止 PPP 项目合同。

（三）争议解决方式

1. 非诉的解决方式

在 PPP 项目实施过程中，各方不可避免地会就合同没有约定或约定不明事项、不可预见的风险或违约事项产生争议。此时，若轻易启动诉讼、仲裁等方式解决争议，不但会破坏 PPP 项目各方合作关系，而且无法高效解决争议，甚至损害公共利益。为解决此类问题，国内外的 PPP 合同标准文本及相关法律规定多为 PPP 合同争议设置了灵活的替代争议解决机制。由于各国的法律体系及 PPP 项目情况不同，各国的诉前争议解决机制亦各有特点，但其设立的初衷均为促进 PPP 项目合作方之间的沟通交流。

在友好协商的基础上平等、高效、快捷地解决争议，推进 PPP 项目的实施，保障公共利益不受损害并创造更高的社会价值。PPP 项目诉前争议解决机制主要包括协商、调解、专家裁决等。比如，《政府和社会资本合作项目通用合同指南（2014 年版）》规定，项目合同可约定采用调解方式解决争议，并明确调解委员会的组成、职权、议事原则，调解程序，费用的承担主体等内容。《PPP 项目合同指南（试行）》则规定，对于 PPP 项目中涉及的专业性或技术性纠纷，也可以通过专家裁决的方式解决。负责专家裁决的独立专家，可以由双方在 PPP 项目合同中予以委任，也可以在产生争议之前共同指定。专家裁决通常适用于对事实无异议、仅需要进行某些专业评估的情形，不适用于解决那些需要审查大量事实依据的纠纷，也不适用于解决纯粹的法律纠纷。

2. 诉讼或仲裁的解决方式

《政府和社会资本合作模式操作指南（试行）》规定"在项目实施过程中，按照项目合同约定，项目实施机构、社会资本或项目公司可就发生争议且无法协商达成一致的事项，依法申请仲裁或提起民事诉讼"。《政府和社会资本合作项目政府采购管理办法》规定"项目实施机构和中标、成交社会资本在 PPP 项目合同履行中发生争议且无法协商一致的，可以依法申请仲裁或者提起民事诉讼"。同样，《政府和社会资本合作项目通用合同指南（2014 年版）》指出"协商或调解不能解决的争议，合同各方可约定采用仲裁或诉讼方式解决。采用仲裁方式的，应明确仲裁事项、仲裁机构"。

四、项目终止处理

在 PPP 项目合同中，不同事由导致的终止，在终止后的处理上也会有所不同。一般来讲，通常会涉及回购义务和回购补偿两方面的事项。

（一）回购义务

在 PPP 项目终止后，政府可能并不一定希望全盘回购已经建成或者正在建设的项目设施。但如果政府方选择不回购该项目，对于项目公司而言可能是非常重大的风险。因为项目公司不仅将无法继续实施该项目并获得运营回报，甚至无法通过政府回购补偿收回前期投资。鉴于此，在 PPP 项目合同中，对于回购的规定一般会比较谨慎。

实践中，通常只有在项目公司违约导致项目终止的情形下，政府才不负有回购的义务而是享有回购的选择权，即政府可以选择是否回购该项目。但对于一些涉及公共安全和公众利益的、需要保障持续供给的 PPP 项目，也可能在合同中约定即使在项目公司违约导致项目终止的情形下，政府仍有回购的义务。

（二）回购补偿

根据项目终止事由的不同，项目终止后的回购补偿范围也不相同，在具体项目中，双方应对补偿的金额进行合理的评估。

对于政府方违约事件、政策调整以及政府方选择终止导致的项目合同终止，一般的补偿原则是确保项目公司不会因项目提前终止而受损或获得额外利益。补偿的范围一般可能包括如下内容。

（1）项目公司尚未偿还的所有贷款。

（2）项目公司股东在项目终止之前投资项目的资金总和。

（3）因项目提前终止所产生的第三方费用或其他费用（如支付承包商的违约金、雇员的补偿金等）。

（4）项目公司的利润损失。

对于项目公司违约事件导致的项目合同终止，如果政府有义务回购或者选择进行回购，政府需要就回购提供相应补偿。常见的回购补偿计算方法包括市场价值方法、账面价值方法等。

由于不可抗力属于双方均无过错的事件，因此对于不可抗力导致的终止，一般的原则是由双方共同分摊风险。通常来讲，补偿范围一般会包括未偿还融资方的贷款、项目公司股东在项目终止前投入项目的资金以及欠付承包商的款项；补偿一般会扣除保险理赔金额，且不包括预期利润损失。

◀ 课后习题 ▶

1. PPP 项目的合同特征有哪些？

2. PPP 项目合同体系的主要组成部分有哪些？

3. 在我国，为何 PPP 项目的合同期限介于 10～30 年？

4. 了解合同争议的一般解决方式。

第四章　PPP项目融资管理

【教学目的】

　　PPP 项目融资管理对于项目的落地实施具有重要意义。本章主要讲解 PPP 项目融资管理的基本概念、资金来源、方案设计和金融机构参与 PPP 项目的途径等内容。本章需要学生掌握项目融资的基本概念和主要特征，熟悉 PPP 项目资金来源和融资管理内容，了解各类金融机构参与 PPP 项目的途径和模式，加深对 PPP 项目融资管理的认识，提高融资实务操作的能力。

第一节　项目融资概论

一、基本概念

　　项目融资是指为一个项目建造或生产开展的融资，其借款人通常是为建设、经营该项目或为该项目融资而专门新设立的独立法人，其还款资金来源主要依赖项目未来产生的收入，一般不具备其他还款来源。可见，即使项目实际运作失败，项目融资的债权人也只能要求以项目本身的资产或盈余还债，而对项目以外的其他资产无追索权。

　　在我国，项目融资业务可按照《项目融资业务指引》的相关规定开展。这里的项目通常是一个大型固定资产项目，如基础设施、大型公共设备设施等，包括在建项目和已建项目的再融资。项目融资的借款人应按照国家关于项目资本金制度的要求，合理确定项目贷款金额，为项目配备合适的项目资本金。通常，贷款人应将符合抵质押条件的项目资产或预期收益等作为项目融资的增信手段。

二、主要特征

　　项目融资的主要特征：项目融资的投资决策由项目发起人（企业或政府）作出，项目发起人与项目法人（项目公司）并非一体，而项目的债务融资风险由新成立的项目公司承担。项目能否还贷，仅仅取决于项目是否有财务效益及其所依托的项目资产，因此项目融资又称"现金流量融资"。项目只能以自身的盈利来偿还债务，并以自身的资产作为债务追索的对象。对于此类项目的融资，必须认真设计债务和股本的结构，以使项目的现金流量足以还本付息，所以又称为"结构式融资"。

在实际操作中，纯粹无追索权项目融资是无法做到的。由于项目自身的盈利状况受到多种不确定性因素的影响，仅仅以项目自身的资产和未来现金流量为基础进行负债融资，债权人的利益往往难以保障，因此往往采用有限追索权融资方式，即要求由项目以外的与项目有利害关系的第三者提供各种形式的担保。

三、项目融资与公司融资的区别

公司融资又称企业融资，是指以现有企业为基础进行融资并完成项目的投资建设。公司融资的基本特点是以现有公司为基础开展融资活动，进行投资决策，承担投资风险和决策责任。对于现有企业的设备更新、技术改造、改建、扩建，均属于公司融资类的项目。项目融资和公司融资是目前国际上两种主要的融资方式，两者主要在项目的组织方式、债务资金的安排方式及风险结构的设计等方面存在较大区别。

（一）信用基础不同

项目融资与公司融资有很大区别，前者以项目未来现金流作为信用保障，后者以主体过去经营状况作为信用保障。公司融资的债务资金虽然也多用于项目投资，但债务人是公司而不是项目。公司融资以企业自身的信用条件为基础，通过银行贷款、发行债券等方式，筹集资金用于企业的项目投资。债权人不仅对项目的资产进行债务追索，还可以对公司的全部资产进行追索，因而对于债权人而言，债务的风险程度相对较低。

项目融资以项目自身的信用条件为基础。还本付息能力与项目未来的现金流状况有密切联系。项目融资必须充分考虑项目自身的情况，也要考虑主体的能力和所处的区域环境。

（二）债务主体不同

项目融资方式中通常要新设立项目公司，来作为融资的主体和载体。项目公司也被称作 SPV，只负责和项目有关的经营业务。项目公司通常也成为项目融资的债务人，是还本付息的追责对象。

公司融资方式中通常不需要新设立公司。在这种融资方式下，债权人主要考察的是公司或企业自身的信用情况，而不以项目为主要依据。因此，公司融资必须充分考虑企业整体的盈利能力和信用状况，整个公司的现金流量和资产都可用于偿还债务。

（三）资料详尽程度不同

项目融资必须充分考虑相关法律框架，包括国家在项目融资领域内的法律体系，以及指导各类项目融资结构的合同规范体系。项目融资需要提供详尽的合同框架体系，包括法律、商务、财务、股权、融资协议等方面，需要反映项目自身特点和亮点。项目融资相关的合同框架包括建设合同、运营及管理/维护合同、项目公司与政府或其附属机构签订的特许协议合同、贷款合同、股东协议、购买合同、担保合同等。

第二节　PPP 项目的资金来源

PPP 项目的资金来源有很多种类别，除项目主体的自有资金之外，还有银行资金、保险资金、PPP 产业基金、信托资金等。目前，我国 PPP 项目的资金来源以银行资金为主要形式。

一、银行资金

银行资金是指银行以一定利率将资金贷放给资金需要者，并约定归还期限。银行贷款是 PPP 项目使用最多的债权融资模式。可参与我国 PPP 项目融资的银行有国际银行、政策性银行及商业银行等。

（一）国际银行

国际银行贷款具有利息低、还款期长的特点，对规模较大、经济周期较长的 PPP 项目非常有利，但它对贷款项目的要求很高，一般的 PPP 项目不符合贷款要求。典型的国际银行有世界银行和亚洲开发银行。

（二）政策性银行

政策性银行不同于传统银行的地方在于，它可以为 PPP 项目提供中长期的银行贷款以及国家重点扶植领域的特殊信贷支持和长期优惠利率贷款。政策性银行贷款一般要求是国家明确给予政策支持和指导的国家重点项目，贷款条件较严苛，大多数的地方性 PPP 项目不符合贷款条件。

（三）商业银行

商业银行是目前我国最大的金融机构群体，是 PPP 项目最重要的资金来源，目前商业银行主要通过发行贷款、发行债券、银行理财、夹层基金来为 PPP 项目提供资金。

1. 发行贷款

商业银行在对 PPP 项目或实施主体的资信状况、现金流、增信措施等进行审核的基础上，可以为 PPP 项目公司提供形式包括项目贷款、银团贷款、流动性贷款等的贷款类融资服务。

2. 发行债券

商业银行具有较强的债券发行及销售能力，其在符合监管条件的基础上可以为 PPP 项目公司提供短期融资券、中期票据、非公开定向债券融资工具等债券类融资工具的承销服务。

3. 银行理财

银行的理财资金可以以信托贷款、资管委托贷款、资产证券化业务的形式与其他金融机构合作，借助信托计划、专项资产管理计划、租赁等方式参与 PPP 项目的融资，也可以直接参与 PPP 项目融资。

4. 夹层基金

夹层基金是一种风险和回报介于债务融资与股权融资之间的融资形式，夹层基金包括提供次级贷款和发行优先股等方式。商业银行参与夹层基金，通常是与其传统信贷业务进行结合，目前来说，商业银行参与夹层基金的重要形式为银行参与各类 PPP 基金或者城市发展基金。

二、其他资金

(一) 保险资金

保险资金是指来自保险公司的资金，在 PPP 项目中的表现主要有保险股权投资计划、债权投资计划、资产支持计划等形式。

(二) 证券资金

证券资金是指来自证券机构的资金，在 PPP 项目中常用的有基础设施 REITs、资产证券化等方式。

(三) 信托资金

信托资金由信托机构依照规定，制订发行信托计划募集资金，并以募集的信托资金对审定的单位和项目发放贷款。相较于银行贷款等方式，信托贷款的优势在于具有灵活性，在放贷、本息偿还方面都能根据实际情况由双方约定；信托贷款的劣势在于信托资金的募集成本较高，导致 PPP 项目使用信托资金的成本要高于银行贷款等融资方式。

(四) 产业基金

产业基金是指一种对未上市企业进行股权投资和提供经营管理服务的利益共享、风险分担的集合投资制度。PPP 产业基金是指专门投资与 PPP 项目有关企业的产业投资基金。产业基金的本质是一种私募基金。

根据基金发起人的不同，可以将其归纳为三种模式。

1. 省级政府出资成立引导基金

由省级政府先出资成立引导基金，再吸引金融机构出资，双方合作成立产业基金母基金。

2. 金融机构联合地方国企发起设立基金

由金融机构联合地方国企发起成立有限合伙基金，一般由金融机构做 LP（limited partner，有限合伙人）的优先级，地方国企或平台公司做 LP 的劣后级，金融机构指定的股权投资管理人做 GP（general partner，普通合伙人）。在这种模式下，整个融资结构是以金融机构为主导的。

3. 实业资本发起设立基金

有建设运营能力的实业资本发起成立产业基金，在与政府达成框架协议后，通过联合银行等金融机构成立有限合伙基金，用来对接项目。

第三节　PPP 项目的融资方案设计

一、融资安排

（一）基本概念

PPP 项目的融资安排是指在已确定建设方案并完成投资估算的基础上，结合项目实施组织和建设进度计划，建构融资方案，进行融资结构、融资成本和融资风险等方面的分析，并由此优化融资方案的一系列融资前活动。科学合理的融资安排对于鼓励融资方式多元化、引导融资方式创新、落实融资保障措施，以及增强投资者信心、维护投资者权益和保障 PPP 项目的成功实施至关重要。

PPP 项目的融资安排主要由项目公司负责，若未设立项目公司则由中选的社会资本方负责。项目公司或社会资本方应及时开展融资安排工作，政府部门应做好监督管理工作，特别是防范隐性地方政府债务。

为保持项目融资的灵活性和项目的可持续性，PPP 项目还会允许开展再融资，即允许项目公司或社会资本方在一定条件下对项目进行再融资的规定。启动再融资的条件则是：①再融资应增加项目收益且不影响项目的实施；②签署再融资协议前须经过政府的批准；③政府方有权利分享再融资带来的财务费用节约。

（二）主要内容

PPP 项目的融资安排通常以融资方案为产出形式。融资方案要包含项目设计、建设、运营、维护、移交等各个环节的资金支持情况。项目公司或社会资本方应尽量规避融资结构不合理、金融市场不健全、可融资性低等带来的融资风险。如逾期未能完成融资，社会资本方的中标资格可能会被取消。

PPP 项目的融资安排主要包括股权融资和债权融资两大方面。这两个方面分别对应于两种性质的资金。相应地，PPP 项目的融资方主要包括银行、保险、信托等金融机构和私募基金等其他非金融机构。PPP 项目的融资安排如图 4-1 所示。

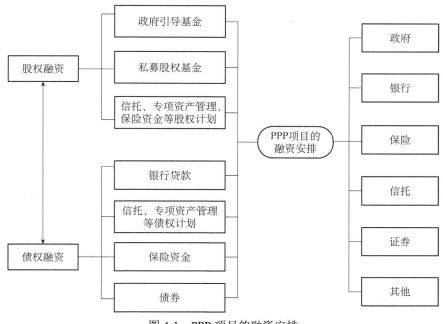

图 4-1　PPP 项目的融资安排

二、融资管理

（一）基本概念

PPP 项目的融资管理重点在于项目公司或社会资本方是否能够向 PPP 项目实施机构递交实施项目所需的有关融资文件及其他证明文件,用以证明项目公司建设项目所需的全部股本资金和债务资金已经到位, 或已完成融资手续。相关证明包括项目公司验资报告,项目公司银行账户余额证明,金融机构提供的融资、贷款协议,以及与贷款协议配套的抵押、质押证明等。

（二）主要内容

1. 社会资本独资项目

社会资本方独资项目会建立由社会资本方与实施机构共管的项目公司账户,避免相关股本金到位后,被轻易地移作他用。不过, 社会资本方独资的项目应尽量给予社会资本方更多的灵活性和自主性,政府方主要做好监管工作。

2. 政府和社会资本合资项目

政府方和社会资本方合资的项目,在合资合营协议中需对项目公司最初股权比例及最终股权比例进行明确约定。为充分发挥社会资本的资金实力及融资优势,降低融资成本,项目建设中社会资本自身即可为项目公司提供足够的资金支持（超出股本金部分）或提供股东担保进行融资的,原则上在项目竣工验收后,社会资本与政府资本双方需根据在融资工作过程中所承担的责任义务情况对项目公司最终股本金进行核定。在融资管理中需对融资文件进行仔细审查，若实际由项目公司承担了担保义务（一般情况下，出于为项目融资的目的，项目公司可以抵押、质押本项目的收费权和在项目公司名下的全部资产、设施及设备），不可作为调增初始股权比例的依据。

三、融资合同

（一）基本概念

融资合同包括项目公司或社会资本与融资方签订的项目贷款合同、担保人就项目贷款与融资方签订的担保合同、政府与融资方和项目公司签订的直接介入协议等多个合同。

（二）主要内容

项目贷款合同是最主要的融资合同，主要包括以下条款：陈述与保证、前提条件、偿还贷款、担保与保障、抵销、违约、适用法律与争议解决等。

担保合同是融资方出于贷款安全性的考虑，往往要求项目公司以其财产或其他权益作为抵押或质押，或由其母公司提供某种形式的担保所签订的合同。如果项目公司以项目资产、其他权益（如运营期的收费权）或社会资本以其所持有的与项目相关的权利（如其所持有的项目公司股权）为担保向融资方申请融资，融资方在主张其担保债权时可能会导致项目公司股权以及项目相关资产和权益的权属变更。因此，融资方要先确认 PPP 项目合同中已明确规定社会资本和项目公司有权设置上述担保，并且政府方可以接受融资方行使主债权或承担债务所可能导致的法律后果，以确保融资方权益能够得到充分有效的保障。

项目的提前终止可能会对融资方债权的实现造成严重影响，因此融资方通常希望在发生项目公司违约事件且项目公司无法在约定期限内补救时，可以自行或委托第三方在项目终止前对项目进行补救。为了保障融资方的这项权利，融资方通常会要求在 PPP 项目合同中或者通过政府、项目公司与融资方签订的直接介入协议对融资方的介入权予以明确约定。

四、融资交割

（一）基本概念

融资交割是指项目公司或社会资本为达到项目建设融资的目的签署并向融资方提交了所有融资文件，并且融资文件要求的就项目获得资金的所有前提条件得到满足或被豁免。

完成融资交割是 PPP 项目合同最重要的前提条件，只有确定项目公司或社会资本及融资方能够为项目的建设运营提供足够资金的情况下，项目的顺利实施才有一定保障。

（二）主要内容

社会资本或项目公司未按照 PPP 项目合同约定完成融资的，政府可提取履约保函直至终止项目合同；遇系统性金融风险或不可抗力的，政府、社会资本或项目公司可根据项目合同约定协商修订合同中相关融资条款。

此外，当项目出现重大经营或财务风险，威胁或侵害债权人利益时，债权人可依据与政府、社会资本或项目公司签订的直接介入协议或条款，要求社会资本或项目公司改善管理等。在直接介入协议或条款约定期限内，重大风险已解除的，债权人应停止介入。

第四节　金融机构参与 PPP 项目的途径

一、银行机构

（一）银行机构以信贷方式参与 PPP 项目

银行参与项目投融资是通过信贷资金实现的。在传统模式下银行只能获取既定的利息收入，而不具有项目的经营权和分红权。其介入项目的具体方式为：政府通过组建地方投融资平台，在公开市场上发行公司债券等债券，而债券背后涉及的项目多为公共基础设施建设或公益性项目；银行等金融机构购入城投公司发行的债券，有效解决地方政府融资问题。

商业银行信贷参与 PPP 项目主要有两种方式：其一是直接对 PPP 项目进行投资，交易的相对面是政府或特定公共机构；其二是向 PPP 项目中标公司进行贷款，从而实现对 PPP 项目的间接参与。在项目投融资活动实际运行当中银行普遍青睐间接参与 PPP 项目的方式，其挑选的交易方通常为实力强大的企业，如央企、国企等。这样一来，即使 PPP 项目营运不理想而产生亏损，也不会对这些企业的还款能力造成太大影响，这是对资金风险的初步保障。需要特别强调的是，银行通过信贷模式参与 PPP 项目的本质与传统模式并无差异，单纯做出形式上的改变而已。银行信贷受到的相关单位的监管较为严格，需要承担的责任也较重，因此对以这种方式进行融资的项目来说，其安全性要优先于收益性，更追求资金稳定。

（二）银行机构以投贷联动模式参与 PPP 项目

投贷联动模式是指商业银行在放出贷款的同时，对所参与的项目进行股权投资。在这种模式下，商业银行既放出贷款成了 PPP 项目的债权人，又发动了投资银行资金的参与。商业银行成为拥有分红权的 PPP 项目股东，有权直接参与 PPP 项目的建设和运营。这对商业银行来说，有助于保障资金的安全性。

由于相关部门对商业银行开展股权投资的监管十分严格，商业银行往往更倾向于以银行贷款或间接方式参与 PPP 项目。那些具有控股财团的商业银行更具有优势，他们可以通过集团化活动避开一些监管约束。集团下属的专业金融部门能通过其丰富的经验积累和出色的项目团队关注 PPP 项目实施情况，这样有利于商业银行自身把控项目风险。通常，债权人与股东方的风险偏好和策略方向往往大相径庭，而投贷联动模式能将两者有机结合，建立统一体。商业银行不仅能够利用其在信息、渠道、产品等方面的突出优势成为 PPP 项目的发起人，以更高的战略眼光来审视投资项目，还能够凭借其稳健的风评系统和调查手段在项目风险控制方面发挥重要作用。投贷联动模式适用于需要金融机构介入运营管理的 PPP 项目，这类项目具有乐观的发展前景和盈利水平，但是资金安全性相对较弱。

（三）银行机构通过理财资金参与 PPP 项目

商业银行通过银行理财参与 PPP 项目，包括直接模式和间接模式两种。其中，直接模式是银行理财资金通过理财直接工具对接 PPP 项目公司。理财直接工具是由商业银行作为发起管理人设立并在合格的投资者之间公开交易的投资载体。由于理财直接工具是资产证券化在不具备完全发展条件下的产物，当前理财直接工具尚有较多局限性，且资金流动性较弱。通常，达到要求的企业更倾向于采用发债方式为 PPP 项目进行融资。间接模式是运用银行理财资金购入其他金融机构资金管理产品，主要包括信托计划、资管计划等。商业银行在间接模式下的监管约束较小，既无须过分担心资金不良风险也无须承担沉重的经营压力，此时商业银行只需要做风评和风控，使资产合理匹配即可，因此间接模式是更多商业银行愿意使用的方式。

（四）银行机构通过基金参与 PPP 项目

通过设立 PPP 基金等私募股权基金的方式为 PPP 项目融资的模式更加适合子项目多、内容综合且融资需求大的 PPP 项目。PPP 基金是形态较为特别的私募股权基金，它经常作为夹层基金，即分配顺位介于银行债权与社会资本方股权的一种基金。这类项目资金规模庞大，仅由少数几家企业和银行难以完成，因此需要从社会上广泛募集资金以弥补缺口。在该模式下，银行一方面直接为产业基金提供资金支持，获得利息收入或分红；另一方面通过理财资金间接购买产业基金，从中获得管理费收入。

（五）银行机构通过提供综合金融服务方式参与 PPP 项目

商业银行除了为 PPP 项目和项目公司提供融资服务之外，还可以为 PPP 项目提供一系列的相关服务。拥有集团背景的商业银行能提供多种金融服务，在这种模式上有着得天独厚的优势。商业银行通过调动集团下属各公司，既有机会充分发挥自身优势参与 PPP 项目的全过程，也可以以与集团银行组成联合体的形式成为社会资本方。这种综合服务模式很受大型 PPP 项目的地方政府青睐。比如，某大型银行集团与重庆市政府通过合作多个高速公路 PPP 项目建立了良好的"银政合作"关系。

二、信托机构

（一）信托机构直接投资 PPP 项目

信托机构直接投资 PPP 项目的运作方式是信托公司与其他机构合作成立临时的项目公司，通过临时项目公司汇总资金进行股权投资，主要的投资方式是发行长期信托计划等，通过这些投资方式参与项目融资，投资收益通过项目盈利的分红得到。PPP 项目往往回收期较长且收益相对较低，需要从降低信托资金成本入手，可以选择与银行、证券、保险等金融机构展开合作的路径，以实现较低的资金成本。

某地博览会 PPP 项目的融资主要是以信托机构为主导进行融资的。该项目的总投资为 34 亿元，其中项目资本金为 10 亿元。项目资本金的 60%（6 亿元）由信托公司通过发行项目投资集合资金信托计划来募集。如此一来，当地政府只需要出资项目资本金的 40%（4 亿元）。信托公司一方面获得了项目公司 60% 的股权，享有相应的经营收益权利，是典型的股权信托投资；另一方面信托计划中来自银行的理财资金还能让信托公司获得管理费收入。

（二）信托机构通过基金参与 PPP 项目

信托机构通过基金参与 PPP 项目的运作方式是信托公司与政府等合作共同设立产业基金公司，信托公司作为社会资本方参与项目资金的募集并对项目进行日常的经营管理以及对资金使用过程进行监督。信托机构在基金中通常为优先级投资人，而社会资本方为劣后级投资人。

（三）信托机构以股权和债权联动的方式参与 PPP 项目

信托公司作为社会资本方的其中一员，以股权和债权联动的方式为项目融资。信托公司可以将所需资金分为两部分，一方面采用债权融资，另一方面采用股权融资。其中，信托公司在项目建设初期持有优先级的股权。当项目达到一定期限之后，信托公司的股权可以由合作伙伴或项目经营方通过回收股权的方式来实现退出。这一模式有助于解决 PPP 项目回收期长、不利于资金周转的问题。

三、保险机构

（一）保险机构通过保险资管计划参与 PPP 项目

保险机构采用保险资管计划的形式投资 PPP 项目，主要分为保险一般类资管、保险组合式资管两个类型。其中，保险一般类资管是指保险资产管理公司作为管理人，向投资人发售标准化产品份额来募集资金的金融工具，根据《关于保险资产管理公司开展资产管理产品业务试点有关问题的通知》相关规定开展业务；保险组合式资管是指多种基础资产类别和规模比例组合形成的融资金融工具，还可分为单一型、固定收益类、权益类、另类以及混合类等类型，与 PPP 项目直接相关的有基础设施投资计划、股权投资计划、资产支持计划等产品，根据《关于加强组合类保险资产管理产品业务监管的通知》相关规定开展业务。

（二）保险机构采用直接股权投资或者间接股权投资的方式参与 PPP 项目

这种模式是指委托人将其保险资金委托给受托人，由受托人按委托人意愿以自己的名义设立投资计划，为受益人利益或特定目的而进行资金管理的行为，根据《保险资金投资股权暂行办法》《保险资金间接投资基础设施项目管理办法》相关规定开展业务。

四、证券机构

（一）证券机构通过承销发行债券参与 PPP 项目

这种模式是指证券机构为 PPP 项目公司提供债券承销发行等投行融资业务。其中，项目收益债是较为适用于 PPP 项目的融资方式，它是指由项目实施主体或其实际控制人发行，与特定项目相联系的债券。项目收益债所募集资金专门用于指定项目的投资与建设，其债券本息偿还资金完全或基本完全来源于项目建成后的运营收入。项目收益包括但不限于公共项目直接费用收入、公共产品销售收入、政府政策性补贴等。

（二）证券机构通过发行资管计划参与 PPP 项目

这种模式也称作券商资产管理计划，主要分为通道模式、财务投资人模式、参与联合体模式三种类型。其中，通道模式是指证券机构通过资管计划为 PPP 项目进行公司融资，成为银行资金或保险资金的有力屏障和疏通渠道，有助于灵活适应地方政府的公共项目投融资资金需求。财务投资人模式是指将资金存量和流量都很大的银行理财及保险资金以纯粹资金投资方的形式参与 PPP 项目的融资方式，这类资金的优势是还款期限很长、毁坏率很低、收益不少、现金流超级稳定，其投资需求与 PPP 项目特点高度契合，从资产搭配的角度进行 PPP 项目投融资活动，证券机构纯粹变为资金投资方，在有增信手段护体的情况下，固定收益是最直接干脆、最不难走量的理想选择。参与联合体模式是指证券机构作为社会资本方联合体一份子的融资方式，在以技术为主导的社会联合体内，证券机构担当联合体内融资发起人的关键角色。

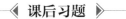 课后习题 ◀▶

1. 哪些机构能为 PPP 项目提供融资？
2. PPP 项目融资的资金来源有哪些？
3. PPP 项目融资的主要方式是什么？
4. 简述各类金融机构参与 PPP 项目的路径。

第五章 PPP项目风险管理

【教学目的】

　　由于PPP项目具有周期长、资金大等特点，在项目全生命周期中具有很高的不确定性，有必要重视PPP项目风险管理。本章结合了风险的理论研究及实践应用，需要学生掌握风险管理的基本概念、主要环节，熟悉PPP项目的风险识别、评估和应对方式方法，了解中国情境下的PPP项目风险清单、评估结果及其应对措施，提高PPP项目实践的应用能力。

第一节 风险管理概论

一、风险的内涵

（一）基本概念

　　风险一词来源于西方经济理论，是指事物变化存在多种结果的可能性。这些结果事先全部知晓，但最后结果并不确定，存在一定的概率分布。风险主要有两层含义：一层含义是强调风险带来的收益不确定性，另一层含义是强调风险带来的损失不确定性。当风险表现为收益不确定性时，风险发生后可能带来损失、获利或是无损失也无获利，这属于广义风险。当风险表现为损失不确定性时，风险发生后只能表现为损失，没有从风险中获利的可能性，这属于狭义风险。风险一般和收益成正比，风险偏好型组织为了获得更高的收益，会倾向于选择高风险，而稳健型组织会侧重于考虑安全性。

（二）风险的组成要素

1. 风险因素

　　风险因素是指促使某一特定风险事故发生或增加其发生可能性或扩大其损失程度的原因或条件。它是风险事故发生的潜在原因，是造成损失的内在或间接原因。例如，对于建筑物而言，风险因素是指其所使用的建筑材料质量、建筑结构稳固程度等；对于一个人而言，风险因素是指身体健康状况、年龄等。

根据性质不同，风险因素可分为有形风险因素与无形风险因素两种类型。

有形风险因素也称实质风险因素，是指某一标的本身所具有的足以引起风险事故发生或增加损失机会或加重损失程度的因素。例如，一个人的身体状况；某一建筑物所处的地理位置、所用的建筑材料的性质；地壳的异常变化；恶劣的气候；疾病传染等都属于实质风险因素。人类对于这类风险因素，有的可以在一定程度上加以控制，有些在一定时期内还是无能为力。在保险实务中，由实质风险因素引起的损失风险，大都属于保险责任范围。

无形风险因素是与人的心理或行为有关的风险因素，通常包括道德风险因素和心理风险因素。其中，道德风险因素是指与人的品德修养有关的无形因素，即人们不诚实、不正直或有不轨企图，故意促使风险事故发生，以致引起财产损失和人身伤亡的因素，如投保人或被保险人的欺诈、纵火行为等都属于道德风险因素。在保险业务中，保险人对投保人或被保险人的道德风险因素所引起的经济损失，不承担赔偿或给付责任。心理风险因素是与人的心理状态有关的无形因素，即人们疏忽或过失以及主观上不注意、不关心、心存侥幸，以致增加风险事故发生的机会和加大损失的严重性的因素。例如，企业或个人投保财产保险后产生了放松对财务安全管理的思想，出现物品乱堆放、吸烟后随意抛弃烟蒂等行为，这些都属于心理风险因素。道德风险因素与心理风险因素均与人密切相关，因此，这两类风险因素合并称为人为风险因素。

2. 风险事故

风险事故也称风险事件，是指造成人身伤害或财产损失的偶发事件，是造成损失的内在或直接原因，是损失的媒介物，即风险只有通过风险事故发生才能导致损失。

风险事故和风险因素有区别。比如，某事件是造成损失的直接原因，那么它是风险事故，而在其他条件下，如果它是造成损失的间接原因，它便成为风险因素。例如，下冰雹路滑发生车祸，造成人员伤亡，这里冰雹是风险因素；冰雹直接击伤行人，这里冰雹是风险事故。

3. 风险损失

风险损失是指非故意的、非预期的、非计划的经济价值的减少。风险损失通常分为两种形态，即直接损失和间接损失。其中，直接损失是指风险事故导致的财产本身损失和人身伤害，这类风险损失又称为实质损失；间接损失则是指由直接损失引起的其他损失，包括额外费用损失、收入损失和责任损失。在风险管理实践中，风险损失主要分为四个类型，分别是实质损失、额外费用损失、收入损失和责任损失等。

二、风险特征

（一）风险的一般特征

1. 客观性

风险是一种不以人的意志为转移，独立于主观意识之外的客观存在。无论是自然界的物质运动，还是社会发展的规律，都是由超过人们主观意识的事物客观因素和客观存在的规律决定的。人们只能在一定的范围内改变风险形成和发展的条件，降低风险事故发生的概率，减少损失程度，而不能彻底消除风险。

2. 普遍性

风险是普遍存在的，随时随地都可能发生。在全球化大背景下，空气、水、食物链等自然条件使风险变得无边界，供应链、跨国贸易等因素虽然使各国经济联系变得紧密，但是，跨境人员流动、物质交换的频繁发生，将会导致环境、健康、安全等风险的发生，这些风险甚至突破地域的限制。在互联网时代，市场主体的行为同质化、同构化、同向化严重，更容易产生各种风险的交叠共振。

3. 不确定性

风险的不确定性包括风险是否发生的不确定性、风险发生时间的不确定性和风险发生结果的不确定性。风险是否发生的不确定性是指风险代表了未来某种损失的可能性，在某种情况下，风险可能发生，也可能不发生。风险发生时间的不确定性是指从总体上看，有些风险是必然要发生的，但何时发生却是不确定的。例如，生命风险中，死亡是必然发生的，这是人生的必然现象，但是具体到某一个人何时死亡，在其健康时却是不可能确定的。风险发生结果的不确定性是指风险带来的损失程度具有不确定性。

4. 可测性

个别风险的发生是偶然的，不可预知的，但通过利用统计方法对大量独立风险事件进行观察可以发现，大量风险事件的发生往往呈现出一定的规律性。利用统计资料对风险发生的概率和损失程度进行分析，并构造损失分布的模型，就可实现对风险的观测和预测。

5. 可变性

一方面，风险性质会因各种因素变化而有所变化。另一方面，风险事件发生与否和造成损失程度如何，是与面临风险的主体的行为及决策紧密相关联的，同一风险事件对不同的行为者会产生不同的风险，而同一行为者由于决策或采取的措施不同也会带来不同的风险结果。

（二）PPP 项目风险的独特特征

1. 阶段性

PPP 项目涉及不同阶段的全生命周期，相应的项目风险表现出阶段性特征，即 PPP 项目在筹划、融资、建设、运营、移交等不同阶段面临不同的风险。有些风险只可能在特定阶段发生，有些风险则可能在全过程出现。比如，在筹备阶段，政治风险较大，收益风险可以忽略；在融资阶段，资金风险和建造风险较大，运营风险尚未出现，而法律风险、不可抗力风险等将一直贯穿 PPP 项目的始终。

2. 偶然性

PPP 项目涉及的参与者众多，每个参与者的主观意识都不同，而每个 PPP 项目所处的客观环境也不尽相同。这导致 PPP 项目风险存在着较高不确定性。因此，过往的经验难以准确全面指导一个 PPP 项目风险的识别、评估和应对。不仅如此，由于 PPP 项目周期长、资金投入量大、个别风险持续时间久，风险出现的概率大，风险受各种因素影响而改变的可能性大，风险存在偶然性。而且，在较长周期内有些因素一直无法预知，这也会造成 PPP 项目风险的偶然性增加。

3. 复杂性

PPP 项目的组织结构、融资渠道和运营模式等较为复杂，这使得每个 PPP 项目均复杂多样。由于 PPP 项目涉及的机构多，包括政府、企业、项目公司、承建方、金融机构、运营商、保险机构等，因此各参与方在合作过程中面临着复杂的关系和协调工作。这使得不同项目的风险识别、评估和应对受到不同阶段、不同参与者、不同情境等多方面影响。

三、风险管理原则

风险管理是指组织在充分了解所面临的风险基础上，运用各种手段和措施，对风险进行控制和处理。风险管理内容包含将积极因素产生的影响最大化和使消极因素产生的影响最小化两个方面，主要分为识别、评估和应对三个环节。在实践中，风险管理要遵循全员参与、动静结合和事前预防与事中控制相结合等原则。

（一）全员参与原则

风险管理的成功离不开组织成员的共同参与。项目各级人员的充分沟通与参与，有助于实现风险管理的针对性和有效性。全员参与原则强调风险管理活动应当全员参与、全过程开展风险识别，全员进行风险管理交底与培训，确保风险管理的理念和要求能内化为组织中个体的行为准则。

（二）动静结合原则

对项目风险的管理既要做好对特定风险事件发生概率和损失情况的静态评估，依据风险管理指导书和风险管理计划书，编制项目风险检查表，通过检查表对项目风险进行有效管控，也应当从整体上对风险事件发生所引起的连锁反应和关联效应进行动态考察，动静结合，避免风险因素的进一步扩散。

（三）事前预防与事中控制相结合原则

事前预防、事中控制和事后处理共同构成了风险管理的三道防线。事前预防强调要最大限度地将风险管理关口前移，通过事先制定风险管理的制度体系，规范管理的各项行为，及时识别和预警风险清单，实现超前管控；事中控制要对事前预防环节所识别的相关风险事项和关键风险点进行实时监控和分析；事后处理是在风险事件发生后进行应急处置将风险事件带来的影响降到最低。

四、风险管理流程

（一）风险识别

风险识别是通过对风险事件发生的影响、原因、后果等进行识别分析，确认有可能会影响项目进展的风险，并记录每个风险所具有的特点，并形成风险列表。除了识别可能发生的风险事件外，对风险事件可能的原因、后果等也应进行识别和分析。

（二）风险评估

风险评估是指在风险分析的基础上，进一步综合考虑风险发生的概率、损失的幅度以及其他因素，评估分析风险发生的可能性及其影响，确定该风险事件的风险等级。风险分析根据风险类型等信息对风险识别步骤中所识别出的风险进行定性与定量分析，从而对风险发生的可能性和影响程度进行进一步的描述分析和判断。风险分析方法包括定量方法、定性方法以及定性与定量相结合的方法。此外，风险评估也可以评估风险和风险之间的相互作用，并评定项目可能产出结果的范围等。

（三）风险应对

在确认风险发生概率及其影响程度的基础上，根据风险性质和决策主体的风险承受能力，可进一步确定相应的应对步骤，对项目进程中风险所产生的变化作出反应，从而有助于改变风险事件发生的可能性或者后果。风险应对的措施一般包括风险规避、风险转移、风险承受、风险分担等。

第二节　PPP 项目风险识别

一、概念和方法

（一）基本概念

风险识别是指"识别单个项目风险以及整体项目风险的来源，并记录风险特征的过程"（美国项目管理协会，2018）。风险识别活动的参与者主要包括项目经理、项目团队成员、项目风险专家、客户、项目团队外部的主题专家、最终用户、其他项目经理、运营经理、相关方和组织内的风险管理专家等。其中，项目团队成员的参与尤为重要，借助风险识别可以提升每个项目团队成员对已识别单个项目风险、整体项目风险以及相应风险应对措施的"主人翁"意识。

风险识别是一个不断迭代和更新改进的过程。无论是单个项目风险还是整体项目风险的级别都可能随着项目进展而发生变化。因此，风险识别应当在整个项目生命周期内不断迭代，迭代的频率和每次迭代中各利益相关方的参与程度视情况而异，并应在风险管理计划中予以明确。

（二）常用方法

风险识别的常用方法及各自定义，如表 5-1 所示。

表 5-1　风险识别的常用方法及各自定义

风险识别方法	定义
文件审查	对项目文档（包括各种计划、假设条件、以往的项目文档、协议和其他信息）进行结构化审查。项目计划的质量以及这些计划与项目需求和假设之间的匹配程度，都可能是项目的风险指示器
头脑风暴	头脑风暴的目的是获得一份综合的项目风险清单。通常由项目团队开展头脑风暴，团队以外的多学科专家也经常参与其中。在主持人的引导下，参加者提出各种关于项目风险的主意。头脑风暴可采用畅所欲言的传统自由模式，也可采用结构化的集体访谈方式。可用风险类别（如风险分解结构中的）作为基础框架，然后依风险类别进行识别和分类，并进一步阐明风险的定义
德尔菲法	德尔菲法是组织专家达成一致意见的一种方法。项目风险专家匿名参与其中。组织者使用调查问卷就重要的项目风险征询意见，然后对专家的答卷进行归纳，并把结果反馈给专家做进一步评论。这个过程反复几轮后，就可能达成一致意见。德尔菲法有助于减轻数据的偏倚，防止任何个人对结果产生不恰当的影响
专家访谈	访谈有经验的项目参与者、干系人或相关主题专家，有助于识别风险
SWOT 分析	这种技术从项目的每个优势（strength）、劣势（weakness）、机会（opportunity）和威胁（threat）出发，对项目进行考察，把产生于内部的风险都包括在内，从而更全面地考虑风险。首先，从项目、组织或一般业务范围的角度识别组织的优势和劣势。其次，通过 SWOT 分析识别出由组织优势带来的各种项目机会，以及由组织劣势引发的各种威胁。这一分析也可用于考察组织优势抵消威胁的程度，以及机会克服劣势的程度
风险核对单	可以根据以往类似项目和其他来源的历史信息与知识编制风险核对单，也可用风险分解结构的底层作为风险核对单。风险核对单简单易用但无法穷尽，所以应注意不要用风险核对单取代必要的风险识别努力。同时，团队也应该注意考察未在核对单中列出的事项。另外，风险核对单要随时调整，以便增减相关条目。在项目收尾过程中，应对风险核对单进行审查，并根据新的经验教训改进风险核对单，供未来项目使用
根本原因分析	根本原因分析是发现问题、找到其深层原因并制定预防措施的一种特定技术
因果图/影响图	因果图，又称石川图或鱼骨图，用于识别风险的起因。影响图，用图形方式表示变量与结果之间的因果关系、事件时间顺序及其他关系
系统或过程流程图	系统或过程流程图用于显示系统各要素之间的相互联系及因果传导机制
场景假设分析	每个项目及其计划都是基于一套假想、设想或假设而构建的。假设分析是检验假设条件在项目中的有效性，并识别由其中的不准确、不稳定、不一致或不完整导致的项目风险

资料来源：《项目管理知识体系指南（PMBOK）：第 6 版》

二、风险分类

PPP 项目风险众多，主要可以按以下四个方式进行分类。

（一）按风险来源分类

PPP 项目风险可以来自参与方，包括来自项目本身，如设计、资金、人员等，也包括来自项目外部环境，如气候、自然灾害、经济政治环境等。按照风险来源分类，有助于使项目各参与方明确哪些风险是来自自身的、可以控制的,以提前采取措施来避免或减少此类风险;同时有助于了解哪些风险是由外部环境引起的、不可控制的,以提醒各参与方积极准备并做好预案,防止此类风险发生时出现难以应对的情形。

（二）按风险类别分类

项目风险种类繁多,就 PPP 项目而言,按照风险类别可以分为政治风险、经济风险、建造风险、财务风险、运营风险等。其中,政治风险可能出现在政策法律的变更、项目审批的延误、政府不作为、税收提高以及其他政治上的不可抗力因素等;经济风险主要包括资金风险、汇率、利率以及通货膨胀所产生的风险等;建造风险表现为项目受各种因素的影响,不能按照约定的时间交工,出现工期延误或者交工以后验收没有通过、质量不满足规范或工程的预定指标等,还包括拆迁延误、超出预算、承包方违约、项目公司违约及其他环境不可抗力等;财务风险的大小与债务偿还的能力相关,主要表现在基础设施经营的收入不足以支付债务和利息,而造成债权人诉诸法律,甚至导致项目公司破产,影响整个项目的进展;运营风险主要受监管情况、施工质量、财务状况、组织管理等方面的影响。

（三）按领域类别分类

PPP 项目主要集中在基础设施领域。在基础设施领域的众多项目类别中,PPP 项目既有相同的风险,又有不同领域类别所具有的特定风险。比如,电厂项目面临发电量的影响和电力传输的故障;高速公路面临车流量的影响和其他路线的竞争;综合管廊面临管线入廊的协调和综合管理的问题;污水处理厂面临经营收费和环境保护的问题;医养结合项目面临新模式探索和人员合理利用的问题等。针对不同 PPP 项目,风险识别可结合领域类型,对风险进行更加深入和准确的识别把握。

（四）按项目阶段分类

PPP 项目从决策开始到运营的全生命周期,主要包括决策、融资、建设以及运营等四个阶段。决策阶段是决定项目能否顺利实施的重要阶段,它需要完成编制项目建议书、进行项目可行性研究、决定项目是否可以采用 PPP 模式等诸多准备事项,每一件都有一定的风险。融资阶段决定了项目公司是否能获得项目的实施权以及是否具有足够的资金保障项目顺利实施,这一阶段的风险多与招标和融资有关,且具有关键性的影响。建设阶段项目开始正式建设,这一阶段的风险多与工程项目本身有关,如设计变更、质量管理、工程进度等。运营阶段即项目正式开始特许经营直至运营期结束,在项目公司成本收回过程中,可能面临运营收益、运营成本、维护成本、运营管理的一系列风险。

三、风险清单

（一）常见风险因素

在中国的 PPP 项目实践中,常见风险有 37 个,包括政府行为引发的、社会资本方行为引发的、市场和环境变化引发的各方面因素。这 37 个常见风险因素及其含义解释，如表 5-2 所示。

表 5-2　常见风险因素及其含义解释

序号	风险因素	含义解释
1	政府干部腐败	政府干部的腐败行为将直接增加项目公司在关系维持方面的成本，同时也加大了政府在将来的违约风险
2	政府干预	政府干预项目建设/运营活动，影响私营投资者的自主决策权
3	征用/公有化	中央或地方政府强行没收项目
4	政府信用	政府不履行或拒绝履行合同约定的责任和义务而给项目带来直接或间接的危害
5	第三方延误/违约	除政府和私营投资者，其他项目参与者拒绝履行合同约定的责任和义务或者履行时间延误
6	政治/公众反对	各种原因导致公众利益得不到保护或受损，从而引起政治甚至公众反对项目建设所造成的风险
7	法律及监管体系不完善	现有 PPP 立法层次较低、效力较差、相互之间存在某些冲突、可操作性差等造成的危害
8	法律变更	法律法规及其他政府宏观经济政策的变化引起项目成本增加、收益降低等后果
9	利率风险	指市场利率变动的不确定性给 PPP 项目造成的损失
10	外汇风险	包括外汇汇率变化风险和外汇可兑换风险
11	通货膨胀	指整体物价水平上升，货币的购买力下降，会导致项目成本增加等其他后果
12	政府决策失误和过程冗长	程序不规范、官僚作风、缺乏 PPP 的运作经验和能力、前期准备不足和信息不对称等会造成政府决策失误和过程冗长
13	土地获取风险	土地所有权获得困难、土地取得成本和时间超过预期，使项目成本增加或项目延期
14	项目审批延误	项目需经过复杂的审批程序，花费时间长和成本高，且批准之后，对项目的性质和规模进行必要商业调整非常困难
15	合同文件冲突/不完备	合同文件出现错误、模糊不清、设计缺乏弹性、文件之间不一致，产生风险分担不合理、责任与义务范围不清等风险
16	融资风险	包括融资结构不合理、金融市场不健全、融资的可及性等因素引起的风险，其中主要的表现形式是资金筹措困难
17	工程/运营变更	前期设计的可建造性差、设计错误或含糊、规范标准变化、合同变更、业主变更等引发的工程/运营变更
18	完工风险	表现为工期拖延、成本超支、项目投产后达不到设计时预定的目标，从而导致现金流入不足，不能按时偿还债务等
19	供应风险	指原材料、资源、机具设备或能源的供应不及时
20	技术风险	指所采用技术不成熟、难以满足预定的标准和要求，或者适用性差，迫使私营机构追加投资进行技术改造
21	气候/地质条件	指项目所在地客观存在的恶劣自然条件，如气候条件、特殊的地理环境和恶劣的现场条件等
22	运营成本超支	由政府强制提高产品或服务标准、利率和汇率变动、不可抗力等非运营因素和运营管理差等运营因素导致运营成本超支
23	市场竞争（唯一性）	指政府或其他投资人新建或改建其他项目，导致对该项目形成实质性的商业竞争
24	市场需求变化（非竞争因素导致）	排除唯一性风险以外，由宏观经济、社会环境、人口变化、法律法规调整等其他因素导致的市场需求变化
25	收费变更	包括 PPP 产品或服务收费价格过高、过低或者收费调整没有弹性，会导致项目公司的运营收入不如预期

续表

序号	风险因素	含义解释
26	费用支付风险	指基础设施项目的经营状况或服务提供过程中受其他因素影响，会导致用户（或政府）费用不能按期按量地支付
27	配套基础设施风险	指项目相关的基础设施不到位引发的风险
28	残值风险	投资者过度使用设备、技术条件等资源，造成特许期满移交时，项目设备材料折旧所剩不多，影响项目的继续运营
29	招标竞争不充分	包括招投标程序不公正、不公平、不透明，招标项目信息不充分或不够真实，缺少足够的竞标者，市场主体恶性竞争、故意压低价格竞标等风险
30	特许经营人能力不足	特许经营人能力不足会导致建设、运营生产力低下
31	不可抗力风险	合同一方无法控制，在签订合同前无法合理防范，情况发生时又无法回避或克服的事件或情况
32	组织协调风险	项目公司的组织协调能力不足，导致项目参与各方的沟通成本增加、产生矛盾冲突等
33	税收调整	包括中央或者地方政府的税收政策变更
34	环保风险	政府或社会团体对项目的环保要求提高导致项目的成本提高、工期延误或其他损失
35	私营投资者变动	各项目股东之间发生冲突或其他原因导致投资者发生变动，如中途退出等，从而影响项目的正常运营
36	项目测算方法主观	特许期、服务价格的设置与调整、政府补贴等项目参数的测算过于主观，使项目没有达到理想的效果
37	项目财务监管不足	放贷方和政府对项目公司的资金运用和项目的现金流监管不足，导致发生项目资金链断裂等变故

资料来源：根据柯永建和王守清所著《特许经营项目融资（PPP）：风险分担管理》一书整理而得

（二）风险因素分类

风险因素通常较为错综复杂，对风险因素进行一定的分类，有助于更好理解和管理。理论上风险因素按影响层次可划分为国家级、市场级和项目级风险。

国家层级风险是指在国家层面的政治、人文、社会、环境等方面存在的潜在风险，如政治和宏观经济的稳定性、国家对私有/外国财产的保护、国家应对经济危机的能力、市场规则改变、对股息/红利的分配限制等。

市场层级风险是指全球或者国家的 PPP 项目相关市场中的潜在风险，包括公司在当地市场的技术优势和劣势、市场资源的稀缺性、市场规则的复杂性，以及政府对建筑产业的政策和态度等。

项目层级风险是指某一具体 PPP 项目可能遭遇的潜在风险，如不合理的工程设计、现场施工安全、不恰当的质量控制手段和环境保护等。

在前述的 37 个中国 PPP 项目风险中，国家级风险 14 个、市场级风险 7 个、项目级风险 16 个，如表 5-3 所示。

表 5-3　常见风险因素的分类归纳

序号	风险因素	层级
1	政府干预	国家
2	政府决策失误和过程冗长	国家

序号	风险因素	层级
3	政府干部腐败	国家
4	法律及监管体系不完善	国家
5	项目审批延误	国家
6	政府信用	国家
7	环保风险	国家
8	法律变更	国家
9	税收调整	国家
10	土地获取风险	国家
11	政治/公众反对	国家
12	不可抗力风险	国家
13	气候/地质条件	国家
14	征用/公有化	国家
15	融资风险	市场
16	利率风险	市场
17	通货膨胀	市场
18	外汇风险	市场
19	市场需求变化（非竞争因素导致）	市场
20	第三方延误/违约	市场
21	市场竞争（唯一性）	市场
22	工程/运营变更	项目
23	项目测算方法主观	项目
24	运营成本超支	项目
25	完工风险	项目
26	私营投资者变动	项目
27	配套基础设施风险	项目
28	合同文件冲突/不完备	项目
29	招标竞争不充分	项目
30	项目财务监管不足	项目
31	收费变更	项目
32	组织协调风险	项目
33	费用支付风险	项目
34	特许经营人能力不足	项目
35	供应风险	项目
36	残值风险	项目
37	技术风险	项目

资料来源：根据柯永建和王守清所著《特许经营项目融资（PPP）：风险分担管理》一书整理而得

四、示例：基于中国 16 个典型案例识别的 PPP 项目风险

（一）案例清单

自 20 世纪 80 年代以来，中国有一些 PPP 项目或多或少地出现了问题。这里选取的项目主要涉及高速公路、桥梁、隧道、供水、污水处理和电厂等领域，基本涵盖了我国 PPP 模式应用的硬件设施领域。16 个案例的主要情况如表 5-4 所示。

表 5-4　16 个案例的主要情况

编号	项目名称	出现的情况
1	江苏某污水处理厂	出现谈判延误、融资失败
2	吉林某污水处理	政府回购
3	上海某水厂	政府回购
4	北京某水厂	外资撤资
5	湖南某电厂	没收保函
6	天津某垃圾焚烧发电厂	政府所承诺补贴数量没有明确定义
7	山东某污水处理项目	重新谈判
8	浙江某跨海大桥	出现竞争性项目
9	福建某大桥	因故仲裁
10	山东某发电项目	运营过程中收益减少
11	廉江合资供水厂	闲置至今，谈判无果
12	福建泉州某大桥	出现竞争性项目，运营困难
13	湖北某污水处理厂	整体移交
14	上海某隧道	政府回购
15	辽宁某水厂	合同变更
16	北京某高速公路	运营初期收益不足

（二）风险归纳

结合以上案例及其出现的主要问题，概括得出的中国 PPP 项目典型风险主要包括以下 13 个方面。

1. 法律变更风险

法律变更风险是指采纳、颁布、修订、重新诠释法律或规定而导致项目的合法性、市场需求、产品/服务收费、合同协议的有效性等元素发生变化，从而给项目的正常建设和运营带来损害，甚至直接导致项目的中止和失败的风险。PPP 项目涉及的法律法规比较多，虽然在我国实践了数十年，但我国 PPP 项目仍处在起步阶段，相应的法律法规不够健全，很容易出现这方面的风险。例如，江苏某污水处理厂采用 BOT 融资模式，原先计划于 2002 年开工，但由于 2002 年 9 月《国务院办公厅关于妥善处理现有保证外方投资固

定回报项目有关问题的通知》的颁布，项目公司被迫与政府重新就投资回报率进行谈判。上海某水厂项目和上海某隧道项目也遇到了同样的问题，均被政府回购。

2. 项目审批延误风险

项目审批延误风险是指由于项目的审批程序过于复杂，花费时间过长和成本过高，且批准之后，对项目的性质和规模进行必要商业调整非常困难，给项目正常运作带来威胁。比如，某些行业一直存在成本价格倒挂现象，市场化之后引入的外资或私人资本需要通过提价来实现预期收益。多数公用事业价格采用政府指导价或政府定价，需要建立听证会制度，通过征求消费者、经营者和有关方面意见来论证其必要性和可行性，这一过程很容易造成审批延误风险。例如，2003 年南京水价上涨方案在听证会上未获通过；上海市人民代表大会代表提出反对水价上涨的议案曾造成上海水价改革措施迟迟无法落实实施。这类风险曾造成多个外国水务公司从中国市场撤出的现象。

3. 政府决策失误和过程冗长风险

政府决策失误和过程冗长风险是指由政府的决策程序不规范、官僚作风、缺乏 PPP 的运作经验和能力、前期准备不足和信息不对称等造成项目决策失误和过程冗长。例如，山东某外资污水处理项目因当地政府对 PPP 的理解和认识有限，政府对项目态度的频繁转变而进行了较长时间的项目合同谈判。而且，污水处理价格是在政府对市场价格和相关结构不了解的情况下签订的，价格较高，政府了解以后又要求重新谈判降低价格。此项目中项目公司利用政府知识缺陷和错误决策签订不平等协议，从而引起后续谈判拖延，面临政府决策失误和过程冗长的困境。上海、北京等地的一些外资水厂项目也存在同样问题。

4. 政治/公众反对风险

政治/公众反对风险是指因某种原因公众利益得不到保护或受损，从而引起政治甚至公众反对项目建设所造成的风险。例如，水厂的水价上涨因关系到公众利益，遭到了来自公众的反对，政府为了维护社会安定和公众利益也反对涨价。

5. 政府信用风险

政府信用风险是指政府不履行或拒绝履行合同约定的责任和义务而给项目带来直接或间接的危害。例如，在吉林某污水处理厂项目中，社会资本方与地方出资代表曾签署合同并设立公司。然而，当地排水公司开始拖欠污水处理费，市政府也废止了相关管理办法。该案例的政府信用风险实际上来自不合理的合同条款：一是水量问题，合同约定当地自来水公司在水厂投产的第一年每日购水量不得少于 6 万立方米，且不断递增，而当年当地的消耗量约为 2 万立方米，巨大的量差使合同履行失去了现实的可能性；二是水价问题，合同规定起始水价为 1.25 元人民币，水价随物价指数、银行汇率的提高而递增，而当地每立方米水均价为 1.20 元，此价格自 1999 年起未有变化。类似地，我国其他地区的污水厂项目也或多或少地遇到过同样问题。

6. 不可抗力风险

不可抗力风险是指合同一方无法控制，在签订合同前无法合理防范，情况发生时，又无法回避或克服的事件或情况，如自然灾害或事故、战争、禁运等。例如湖南某电厂于 20 世纪 90 年代中期由国家计划委员会批准立项，西方某跨国能源投资公司为中标人，项目所在地省政府与该公司签订了特许权协议，项目前期进展良好。但中国驻南斯拉夫大使馆遭遇不幸事件，造成国际政治形势突变，这使得投标人在国际上或中国的融资都变得困难。项目公司因此最终没能在延长的融资期限内完成融资任务，省政府按照特许权协议规定收回了项目并没收了中标人的投标保函，之后也没有再重新招标，从而导致了外商在本项目上的彻底失败。在江苏某污水处理厂项目关于投资回报率的重新谈判中，也因遇到非典中断了项目公司和政府的谈判。

7. 融资风险

融资风险是指由融资结构不合理、金融市场不健全、融资的可及性等因素引起的风险，其中最主要的表现形式是资金筹措困难。PPP 项目的一个特点就是在招标阶段选定中标者之后，政府与中标者先草签特许权协议，中标者要凭草签的特许权协议在规定的融资期限内完成融资，特许权协议才可正式生效。如果在给定的融资期内中标者未能完成融资，将会被取消资格并没收投标保证金。在湖南某电厂的项目中，中标者就因没能完成融资而被没收了投标保函。

8. 收益不足风险（包括收费变更、费用支付风险等）

收益不足风险是指项目运营后的收益不能满足收回投资或达到预定的收益。例如，在天津某垃圾焚烧发电厂项目中，天津市政府提供了许多激励措施，如果因部分规定而收益不足，天津市政府承诺提供补贴。但是政府所承诺补贴数量没有明确定义，项目公司承担了市场收益不足的风险。另外北京某高速公路建成之初，由于相邻的辅路不收费，较长一段时间内高速车流量不足，也出现了收益不足风险。类似问题在浙江某跨海大桥以及福建某大桥的项目中也存在。

9. 市场竞争（唯一性）风险

市场竞争（唯一性）风险是指政府或其他投资人新建或改建其他项目，导致对该项目形成实质性的商业竞争而产生的风险。市场竞争（唯一性）风险出现后往往会带来市场需求变化风险、市场收益风险、信用风险等一系列的后续风险，对项目的影响是非常大的。例如，浙江某跨海大桥项目开工未满两年，相隔仅 50 公里左右的另一座大桥已在加紧准备当中，其中一个原因可能是当地政府对浙江某跨海大桥的高资金回报率不满，致使项目面临唯一性风险和收益不足风险。福建省的一个大桥项目也有类似的遭遇，福州市政府曾承诺，保证在 9 年之内从南面进出福州市的车辆全部通过收费站，如果因特殊情况不能保证收费，政府出资偿还外商的投资，同时保证每年 18% 的补偿。但是 2004 年 5 月 16 日，福州市二环路三期正式通车，大批车辆绕过该项目大桥的收费站，公司收入急剧下降，投资收回无望，而政府又不予兑现回购经营权的承诺，只得走上仲裁庭。该项目中，投资者遭遇了市场竞争（唯一性）风险及其后续的收益不足风险和政府信用风险。国内其他大桥和高速公路项目也遇到过类似风险，出现了市场竞争（唯一性）风险，并导致市场收益不足。

10. 配套基础设施风险

配套基础设施风险指项目相关的基础设施不到位引发的风险。在这方面,湖北某污水处理厂项目是一个典型案例。社会资本方以 BOT 方式承建该污水处理厂项目,建设期两年,经营期 20 年,经营期满后无偿移交给代表当地国资委持有国有资产的产权代表。但一期工程建成后,配套管网建设、排污费收取等问题迟迟未能解决,导致工厂一直闲置,最终该厂整体移交当地市水务集团。

11. 市场需求变化(非竞争因素导致)风险

市场需求变化(非竞争因素导致)风险是指排除市场竞争(唯一性)风险以外,宏观经济、社会环境、人口变化、法律法规调整等其他因素使市场需求发生变化,导致市场预测与实际需求之间出现差异而产生的风险。例如,在山东某发电项目中,项目公司的建成后运营较为成功。然而山东电力市场的变化和国内电力体制改革对运营购电协议产生了重大影响:第一是电价问题,1998 年根据国家计划委员会签署的谅解备忘录,项目已建成的一期、二期电厂获准了 0.41 元/千瓦时这一较高的上网电价,而在 2002 年 10 月,电厂新机组投入运营时,山东省物价局批复的价格是 0.32 元/千瓦时,这一电价不能满足项目的正常运营;第二是合同中规定的"最低购电量"也受到威胁,2003 年开始,山东省将以往项目与当地电力集团间的最低购电量 5500 千瓦时减为 5100 千瓦时。由于合同约束,当地电力集团仍须以"计划内电价"购买 5500 千瓦时的电量,价差由当地电力集团掏钱填补,这无疑打击了当地电力集团购电的积极性。类似市场需求变化情况在浙江某跨海大桥项目、福建大桥项目、福建泉州大桥项目和北京某高速项目中也都出现过。

12. 收费变更风险

收费变更风险是指 PPP 产品或服务收费价格过高、过低或者收费调整不弹性、不自由导致项目公司的运营收入不如预期而产生的风险。例如,由于电力体制改革和市场需求变化,山东某发电项目的电价收费从项目之初的 0.41 元/千瓦时变更到了 0.32 元/千瓦时,使项目公司的收益受到严重威胁。

13. 政府干部腐败风险

政府干部腐败风险主要指政府干部采用不合法的影响力要求或索取不合法的财物,而直接导致项目公司在关系维持方面的成本增加,同时也加大了政府在将来的违约风险。

第三节　PPP 项目风险评估

一、概念和方法

(一)基本概念

风险评估是对已识别出的风险进行描述和分析,主要明确风险发生概率和可能造成的损失程度。只要我们识别出的风险因素较为全面、掌握的信息准确可靠、评估分析方法使用得当，那么就能得出较为可信的风险评估结论，能为风险应对提供基本依据。由于风险包含三个层面，分别是有哪些风险、风险发生概率及其带来的后果，因此风险重要程度的评估不能单独考虑风险因素的发生概率或者危害程度。借鉴工程管理领域中常用的风险重要性指标，风险重要程度通过发生概率和影响程度相乘而得，即将风险发生概率和风险影响程度评估结果进行加权得到。

风险发生概率评估旨在确定每个潜在风险发生的可能性，并调查风险对项目目标所产生的潜在影响。一般可以将其分为五类，分别是"极高""高""中""低""极低"。评估风险发生的概率时，一般考虑以下三个方面：①与风险相关的资产的变现能力（主要指变现难易程度）。资产变现能力越强，则风险发生的概率越高，反之，风险发生的概率越低。②经营管理中人工参与的程度。人工参与程度越高，自动化程度越低，则风险发生的概率就越高，反之，风险发生的概率就越低。③经营管理中是否涉及大量的、繁杂的人工计算。凡是涉及大量的、繁杂的人工计算，风险发生的概率就高，反之，风险发生的概率就低。

风险影响程度评估主要指风险对目标实现的负面影响程度，风险对目标实现的负面影响程度也可以分为五类，分别是"极大""大""中""小""极小"。风险影响程度是相对某一个既定目标而言的，所以在进行影响程度分析前，必须明确风险分析相对应的目标是什么。如果风险对于目标的实现，将会产生直接的、决定性的影响，就属于风险影响程度大；反之，如果风险对于目标的实现，只是产生间接、非决定性的影响，就属于风险影响程度小。

（二）主要方法

1. 定性方法

定性方法是指评估并综合分析风险的发生概率和影响，对风险进行优先排序，从而为后续分析或行动提供基础的过程。风险定性分析的主要作用是使项目经理能够降低项目的不确定性级别，并重点关注高优先级的风险。实施风险定性分析需要根据风险发生的可能性，以及风险发生之后对项目目标产生的影响来评估风险的优先级。为规划的风险快速建立优先级有利于为实施定量风险评估打下基础。根据项目管理知识体系指南，风险定性分析常用的方法包括以下几种，如表 5-5 所示。

表 5-5 风险定性分析常用的方法

分析方法	定义
风险概率和风险影响评估	风险概率评估旨在调查每个具体风险发生的可能性。风险影响评估旨在调查风险对项目目标（如进度、成本、质量或性能）的潜在影响，既包括威胁所造成的消极影响，也包括机会所产生的积极影响
概率和影响矩阵	通常用查询表或概率和影响矩阵来评估每个风险的重要性和所需的关注优先级。根据概率和影响的各种组合，该矩阵把风险划分为低、中、高风险。描述风险级别的具体术语和数值取决于组织的偏好
风险数据质量评估	风险数据质量评估是评估风险数据对风险管理的有用程度的一种技术。它考察人们对风险的理解程度，以及风险数据的准确性、质量、可靠性和完整性
风险分类	可以按照风险来源（如使用风险分解结构）、受影响的项目工作（如使用工作分解结构）或其他有效分类标准（如项目阶段）对项目风险进行分类，以确定受不确定性影响最大的项目区域。风险也可以根据共同的根本原因进行分类

续表

分析方法	定义
风险紧迫性评估	可以把近期就需要应对的风险确定为更紧迫的风险。风险的可监测性、风险应对的时间要求、风险征兆和预警信号，以及风险等级等，都是确定风险优先级应考虑的指标。在某些定性分析中，可以综合考虑风险的紧迫性及从概率和影响矩阵中得到的风险等级，从而得到最终的风险严重性级别
专家判断	可借助专家判断来评估风险的概率和影响。专家通常是那些具有新近类似项目经验的人。专家判断经常可通过风险研讨会或访谈来获取。应该注意专家的偏见

资料来源：《项目管理知识体系指南（PMBOK）：第 6 版》

2. 定量方法

定量方法是指就已识别风险对项目整体目标的影响进行定量分析的过程。风险定量分析的主要作用是对风险信息进行定量化以支持项目决策，并降低项目的不确定性。风险定量分析可以用于评估所有潜在风险对项目总体目标的影响，也可以为单个风险分配优先级。实施风险定量分析通常在风险定性分析之后。根据项目管理知识体系指南，风险定量分析常用的方法包括以下几种，如表 5-6 所示。

表 5-6　风险定量分析常用的方法

分析方法	定义
访谈	访谈利用经验和历史数据，对风险概率及其对项目目标的影响进行量化分析。所需的信息取决于所用的概率分布类型。例如，有些常用分布要求收集最乐观（低）、最悲观（高）与最可能情况的信息
概率分布	在建模和模拟中广泛使用的是连续概率分布，代表着数值的不确定性，如活动的持续时间和项目组成部分的成本的不确定性。不连续分布用于表示不确定性事件，如测试结果或决策树的某种可能情景等
敏感性分析	敏感性分析用于确定对项目具有最大的潜在影响的潜在风险。通过把所有其他的不确定因素固定在基准值，考虑每个因素的变化对目标产生多大程度的影响。可以用龙卷风图来表示敏感性分析的结果。龙卷风图的 X 轴表示风险因素与输出之间的相关性，龙卷风图的 Y 轴表示基准值的各种不确定性因素
预期货币价值（expected monetary value，EMV）分析	预期货币价值分析是当某些情况在未来可能发生或不发生时，计算平均结果的一种统计方法（不确定性下的分析）。机会的预期货币价值通常表示为正值，而威胁的预期货币价值则表示为负值。预期货币价值是建立在风险中立的假设之上的，既不避险，也不冒险。把每个可能结果的数值与其发生的概率相乘，再把所有乘积相加，就可以计算出项目的预期货币价值。这种技术经常在决策树分析中使用
建模和模拟	可通过建模和模拟的方法来分析各方面的不确定性对项目潜在目标的影响。通常采用蒙特卡洛模拟的方法。在模拟时，需从变量的概率分布中随机抽取数值作为输入，经过反复多次运算后得到对某特定目标的概率分布直方图。对成本风险的估算还需用到成本估算，对进度风险的估算还需用到进度网络图和持续时间估算工作表
专家判断	可邀请具有相关经验的专家识别风险对于进度和成本的潜在影响，估算风险的概率。专家也可在数据解释中发挥作用，如识别各种分析工具的优劣势以及适用性

资料来源：《项目管理知识体系指南（PMBOK）：第 6 版》

二、示例：中国 PPP 项目风险评估

（一）风险发生概率

风险发生概率的评估可以采用德尔菲法进行问卷调查，采用利克特量表的方式邀请专家进行匿名打分。已有研究对中国 PPP 项目风险发生概率的评估结果如表 5-7 所示。

表 5-7　中国 PPP 项目的风险发生概率

风险因素	平均	标准差	排序
政府干预	3.87	0.72	1
政府决策失误和过程冗长	3.70	0.63	2
融资风险	3.52	0.62	3
利率风险	3.50	0.72	4
通货膨胀	3.48	0.69	5
政府干部腐败	3.48	0.91	6
法律及监管体系不完善	3.46	0.96	7
外汇风险	3.37	0.85	8
项目审批延误	3.33	1.06	9
工程/运营变更	3.30	0.81	10
市场需求变化（非竞争因素导致）	3.30	0.87	11
政府信用	3.30	1.07	12
项目测算方法主观	3.28	0.75	13
运营成本超支	3.24	0.82	14
完工风险	3.22	0.92	15
私营投资者变动	3.20	0.78	16
第三方延误/违约	3.11	0.71	17
配套基础设施风险	3.11	0.9	18
合同文件冲突/不完备	3.11	0.92	19
招标竞争不充分	3.09	1.07	20
项目财务监管不足	3.07	0.68	21
收费变更	3.07	0.88	22
组织协调风险	3.04	0.89	23
环保风险	2.93	0.77	24
法律变更	2.91	0.94	25
费用支付风险	2.89	0.85	26
税收调整	2.80	0.75	27
土地获取风险	2.80	0.88	28
特许经营人能力不足	2.70	0.99	29
供应风险	2.67	0.7	30
市场竞争（唯一性）	2.67	0.97	31
政治/公众反对	2.57	1.09	32
残值风险	2.52	0.91	33
不可抗力风险	2.48	0.96	34
气候/地质条件	2.43	0.98	35
技术风险	2.37	0.83	36
征用/公有化	2.26	0.88	37

注：按 1～5 依次为极低、低、中、高、极高进行打分

从表中可以看出，发生概率最大的前十个风险因素是"政府干预""政府决策失误和过程冗长""融资风险""利率风险""通货膨胀""政府干部腐败""法律及监管体系不完善""外汇风险""项目审批延误""工程/运营变更"。其中，"政府干预""政府决策失误和过程冗长""政府干部腐败""法律及监管体系不完善""项目审批延误"属于国家级风险；"融资风险""利率风险""通货膨胀""外汇风险"属于市场级风险；"工程/运营变更"则属于项目级风险。这可能是由于中国正处于 PPP 发展的阶段，相关的法律和市场体制都尚未成熟，故国家级风险和市场级风险的发生概率比项目级风险的发生概率要大。

（二）风险影响程度

风险影响程度的评估可以采用德尔菲法进行问卷调查，采用利克特量表的方式邀请专家进行匿名打分。已有研究对中国 PPP 项目风险影响程度的评估结果如表 5-8 所示。

表 5-8　中国 PPP 项目风险影响程度的评估结果

风险因素	平均	标准差	排序
政府干预	3.89	0.71	1
政府信用	3.85	0.97	2
融资风险	3.80	0.69	3
特许经营人能力不足	3.74	1.00	4
市场需求变化（非竞争因素导致）	3.72	0.83	5
政府决策失误和过程冗长	3.67	0.60	6
项目测算方法主观	3.63	0.68	7
征用/公有化	3.59	1.07	8
项目财务监管不足	3.57	0.62	9
法律变更	3.57	0.81	10
收费变更	3.57	0.89	11
政府干部腐败	3.52	0.81	12
完工风险	3.50	0.81	13
土地获取风险	3.50	0.96	14
配套基础设施风险	3.48	0.81	15
费用支付风险	3.48	0.91	16
不可抗力风险	3.46	0.91	17
运营成本超支	3.41	0.86	18
利率风险	3.37	0.68	19
合同文件冲突/不完备	3.37	0.83	20
项目审批延误	3.37	0.95	21
市场竞争（唯一性）	3.37	1.00	22
外汇风险	3.35	0.74	23
私营投资者变动	3.33	0.70	24

续表

风险因素	平均	标准差	排序
法律及监管体系不完善	3.33	0.82	25
通货膨胀	3.26	0.77	26
招标竞争不充分	3.22	1.05	27
环保风险	3.20	0.75	28
第三方延误/违约	3.17	0.61	29
税收调整	3.17	0.77	30
工程/运营变更	3.15	0.89	31
供应风险	3.13	0.69	32
组织协调风险	3.13	0.81	33
政治/公众反对	3.13	1.00	34
气候/地质条件	3.07	0.90	35
技术风险	3.07	1.04	36
残值风险	2.67	0.97	37

注：按 1~5 依次为极小、小、中、大、极大进行打分

从表中可以看出，影响程度最大的前十个风险因素是"政府干预""政府信用""融资风险""特许经营人能力不足""市场需求变化（非竞争因素导致）""政府决策失误和过程冗长""项目测算方法主观""征用/公有化""项目财务监管不足""法律变更"。其中，"政府干预""政府信用""政府决策失误和过程冗长""征用/公有化""法律变更"属于国家级风险；"融资风险"和"市场需求变化（非竞争因素导致）"属于市场级风险；而其余三个风险包括"特许经营人能力不足""项目测算方法主观""项目财务监管不足"则属于项目级风险。

（三）风险重要程度的评估结果

1. 风险重要程度排序表

风险重要程度的评估可以通过风险发生概率和风险影响程度的两个得分分值相乘得到。已有研究对中国 PPP 项目风险重要程度的排序如表 5-9 所示。

表 5-9　中国 PPP 项目风险重要程度的排序

序号	风险因素	层级	层级排序	总体排序
1	政府干部腐败	国家	4	6
2	政府干预	国家	1	1
3	征用/公有化	国家	13	34
4	政府信用	国家	3	4
5	第三方延误/违约	市场	6	26
6	政治/公众反对	国家	12	33
7	法律及监管体系不完善	国家	5	9

序号	风险因素	层级	层级排序	总体排序
8	法律变更	国家	7	20
9	利率风险	市场	3	8
10	外汇风险	市场	5	11
11	通货膨胀	市场	4	10
12	政府决策失误和过程冗长	国家	2	2
13	土地获取风险	国家	8	25
14	项目审批延误	国家	6	14
15	合同文件冲突/不完备	项目	7	18
16	融资风险	市场	1	3
17	工程/运营变更	项目	9	21
18	完工风险	项目	2	12
19	供应风险	项目	14	32
20	技术风险	项目	15	36
21	气候/地质条件	国家	14	35
22	运营成本超支	项目	3	13
23	市场竞争（唯一性）	市场	7	29
24	市场需求变化（非竞争因素导致）	市场	2	5
25	收费变更	项目	4	15
26	费用支付风险	项目	12	24
27	配套基础设施风险	项目	5	16
28	残值风险	项目	16	37
29	招标竞争不充分	项目	10	22
30	特许经营人能力不足	项目	11	23
31	不可抗力风险	国家	11	31
32	组织协调风险	项目	13	27
33	税收调整	国家	10	30
34	环保风险	国家	9	28
35	私营投资者变动	项目	8	19
36	项目测算方法主观	项目	1	7
37	项目财务监管不足	项目	6	17

从表中可以看出，国家级风险多数排序更靠前，市场级风险次之，项目级风险最靠后。这与实际情况较为吻合，也是学术研究的普遍观点。

2. 风险重要程度象限图

风险重要程度还可以通过象限图的形式来呈现，其中风险发生概率和风险影响程度作为两个维度将象限图分为四个象限。其中，落在第一和第四象限的风险影响程度大于一般情况，落在第一和第二象限的风险发生概率大于一般情况。还可以绘制曲线来进一步划分象限图。其中，实曲线可以表示风险重要程度为一般情况的临界线，即风险发生概率和风险影响程度均为一般情况时的风险因素组合；虚曲线为风险重要程度排序前十的临界线，如图 5-1 所示。

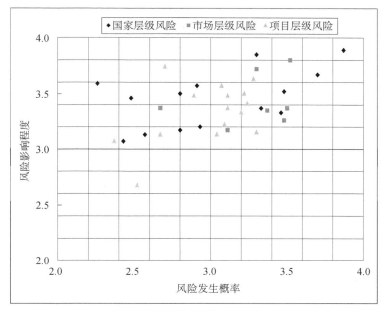

图 5-1　风险的发生概率和影响程度的象限表示
收费变更和项目财务监管不足两个因素重叠，故项目级风险显示为 15 个
资料来源：根据柯永建和王守清所著《特许经营项目融资（PPP）：风险分担管理》一书整理而得

图 5-1 显示，中国 PPP 项目风险因素大部分都落在实曲线的上方。这表明，大部分风险因素的重要程度都大于一般情况。而且，多数风险的影响程度取值要大于发生概率取值。具体而言，"政府干预"风险发生概率和风险影响程度的得分都是最高的，这反映出专家认为中国政府对 PPP 项目的干预较多是 PPP 项目不确定性的重要起因。此外，"外汇风险""项目审批延误""工程/运营变更"属于影响程度小但发生概率很大的风险，"特许经营人能力不足""征用/公有化""项目财务监管不足"和"法律变更"属于发生概率小但一旦发生影响程度很大的风险，也有必要予以关注。

第四节　PPP 项目风险应对

一、风险应对策略

常见的风险应对策略包括风险规避、风险减轻、风险转移、风险自留。其中，前三种策略主要用于应对可能给项目带来消极影响的风险，而且，风险规避和风险减轻策略常被用来处理影响很大、后果很严重的风险。第四种策略还可以用来应对可能给项目带来积极影响的风险。

（一）风险规避策略

对管理者来说，在识别风险的基础上，总希望尽可能地回避或分散风险，但何种风险能够回避，要视具体情况而定。因为有的风险（如系统风险）无法回避，只有政府才有可能通过制定政策和利用多种管理手段进行宏观调控。对另外一些风险，如签订合同风险，我们事前可以采取各种灵活多样的措施和方法，尽可能地回避。

（二）风险减轻策略

这种策略是采取各种措施，减少风险实现的可能性引起的损失，这是一种积极的策略，但前提条件是面临的风险可以控制。可控制的风险有两种：①纯风险。这种风险只给单位带来损失，风险越大，损失也越大，但风险可以控制，如为了减少工程质量事故的发生，可采取各种安全措施，增加安全设施，使风险降低到最小。②投机风险。这种风险可能带来较大的效益，既不想放弃风险效益，又不愿意随风险损失，而风险的可控性虽存在，但比较难把握。这时应该制定各种应变措施，咨询专家意见，并做可行性研究和综合分析，从而抑制风险。比如，工程采购中应用最新先进技术可以有效地降低成本，但有较大的风险，而采用传统技术，成熟可靠又安全，风险小。

（三）风险转移策略

用技术和经济手段把风险转移给他人承担：事先向保险公司投保，风险发生后，由保险公司承担损失，或要求社会有关部门提供担保，风险发生时由担保部门提供补偿，这种转移需有协议或法律依据作保证。由专家评标、进口设备由代理机构代理采购、由审价单位进行决算审价都是转移风险的策略，可以降低风险。

（四）风险自留策略

对一些无法避免和转移的风险采取现实的态度，在不影响大局的前提下，自己来承担风险，这就是风险自留策略。一般在以下几种情况下采取风险自留策略：①面临不可避免的风险，如来自自然界和人类冲突的意外风险、意外事故风险等，这时只能自己承受；②风险已经发生，而且没有转移出去，只能做善后处理，采取措施弥补损失；③面临的是可以转移的风险，但转移成本太高，不如自己承担，如向保险公司购买火灾保险，但保险费太高，不如自己承担花费小。

二、风险应对措施

对于 PPP 项目而言，公共部门和私人部门针对 PPP 项目风险的应对措施主要通过合同条款中的各方权利义务界定而得以实施。常见的中国 PPP 项目风险应对措施，如表 5-10 所示。

表 5-10　常见的中国 PPP 项目风险应对措施

编号	风险因素	风险应对措施
1	政府干部腐败	政府部门在特许权协议中做出保证，如在广西某电厂项目中，广西壮族自治区人民政府声明政府部门在项目中既未要求或收到过不合法的报酬或佣金，也未在将特许权协议授予项目公司方面行使或利用过任何不合法的影响。但是腐败往往不是公开的，因此很难使用合同语言阻止腐败的发生。此外，即使合同条款有效，条款的执行也将是一个问题。故建议在争议解决/赔偿机制等相关条文中涉及该项风险
2	政府干预	住房和城乡建设部提供的特许经营协议示范文本明确指出政府部门不得干预项目内部管理事务，除非协议条款的执行受到影响。但是，该条款的执行也是个问题。故建议私营投资者在确定特许权协议时明确政府部门在其参与的事务中的参与时点和方式，且在争议解决/赔偿机制等相关条文中涉及该项风险
3	征用/公有化	在住房和城乡建设部所提供的特许经营协议示范文本中，关于项目"终止"的条件和程序已经有了较为明确的界定，因此在实际操作中，该风险的重要性已经不是很突出。特别值得提醒的是，私营投资者切勿利用政府部门的暂时无知或者对项目的迫切要求而签订不平等条约或者违反中央长期发展目标的项目条件，因为这会加大该风险的发生概率
4	政府信用	可以在特许权协议中要求政府部门作出相应声明和保证，如在国家体育场项目中，北京市政府明示作为一方当事人的各项目文件项下的义务，依照合同条款，对于北京市政府而言是有效、有约束力并可强制执行。私营投资者可采取的其他措施包括与政府打好交道、争取更高一级政府的支持和建立与政府部门共享获益的机制等
5	第三方延误/违约	特许权协议中应明确规定双方在工程或其他任何部分与所规定的质量或安全要求严重不符时，有权自己进行或令第三方进行必要的纠正，根据实际情况，有权就延误或违约事件向第三方（和/或对方）提出索赔
6	政治/公众反对	项目公司负责调解，政府方予以配合，如果"政治/公众反对"的具体归责对象是项目公司，即因为项目公司操作不当（如偷排污水造成环保事故、除臭工艺不当等）引起的公众反对，则由此事件导致的项目损失将不得到赔偿，如果具体归责对象是政府部门（如选址规划不当等），则私营投资者有权要求恢复到风险事件之前的经济地位，如果没有具体归责对象，则由双方商议共同承担损失。建议在特许权协议中的赔偿机制内容中清楚地描述上述要求的权利义务分摊以及赔偿前提条件和操作过程
7	法律及监管体系不完善	与其他风险不同，该风险主要造成的危害包括合法操作程序无法完全适应 PPP 项目（如现行招投标法的相关规定对基础设施 PPP 项目采购不具备兼容性）、今端纠纷处理无法可依（如项目参与者双方谈判地位不平等）等问题，很难通过特许权协议中的条文来界定，故建议协议方面可以将争端解决程序、双方的权利义务等关键内容描述清楚，尽可能减少该风险所导致的危害
8	法律变更	在特许权协议中明确说明，当已发生或即将发生的法律变更对项目的正常运营产生影响时，任何一方可致函另一方，表明对其可能造成后果的意见，包括对项目运营的任何必要变动、是否需对协议的条款进行任何变更以适应法律变更、导致的任何收益损失、导致的项目成本变动等，并应提出实施变动的全面具体的办法。在收到任何一方发出的任何通知后，双方应在可能的情况下尽快进行讨论并达成一致意见
9	利率风险	利率风险对于私营投资者的影响是通过财务费用来作用的，可以在价格调整公式上对利率变化加以调整。私营投资者可以通过相应的金融工具来规避利率风险，这比政府更有控制力，因此建议设置一个界限值，当利率变化大于该界限值时，调价公式才起作用
10	外汇风险	在使用外资情况下，特许经营权授予方应明确项目公司、建设承包商和运营维护承包商在中国境内开立、使用外汇账户，向境外账户汇出资金等事宜和条件。与利率风险类似，双方应该设置一个界限值，当汇率变化大于该界限值时，可以通过调价公式来调整价格收费，从而实现双方共同承担重大的汇率变化
11	通货膨胀	通货膨胀对项目的直接影响是导致项目成本的增加，通常可以在调价公式设置相应的调整系数。例如，在北京某水厂的定价结构中，运营水价的固定部分从第四个运营年 1 月 1 日起调整，此后每两年调整一次，每次调整后的固定部分水价适用于随后的两个运营年度。调价公式的主要参考依据是中国综合物价指数，如果综合物价指数大于 10%，则按 10%计算

编号	风险因素	风险应对措施
12	政府决策失误和过程冗长	在特许权协议中将设置相应的前提条件，如在国家体育场项目中，双方规定在协议项下所享有的权利与承担的义务，前提条件包括北京市政府已获得了其作为一方签署本协议所必需的一切批准、协议项中提及的北京市政府前期工程已经完成等。前提条件的设置可以有效防止政府决策过程冗长所带来的危害，而私营投资者与政府部门的充分沟通，以双方互赢为目标地进行项目条件的谈判设置，也可以尽量减少政府决策失误而避免增加将来的政府信用风险
13	土地获取风险	PPP 项目的土地使用一般是通过行政划拨方式，项目公司在特许经营期内无须缴纳土地相关费用。为了避免土地获取延误对项目现金流产生影响，可以在特许权协议中将土地的获取设为特许权协议生效的前提条件
14	项目审批延误	可以在特许权协助中明确要求政府部门协助项目公司完成相应的审批程序，尽量提前列出所有需要的批准，整理出合理的申报顺序和所需的材料
15	合同文件冲突/不完备	在特许权协议中设置诚信谈判声明和程序说明，当发生严重不利于项目正常运营的事件，且该事件在协议中没有明确的处理办法说明时，双方将秉承诚意进行协商，若双方未能达成一致意见，则进行争议解决程序
16	融资风险	要求项目公司做出融资手续完成的保证，政府部门还可以在特许权协议中明确要求私营投资者完成融资工作的期限，交付所签署的融资文件复印件及其他相关证明文件，并将融资文件副本的提交设置为政府部门付费义务的先决条件
17	工程/运营变更	一般而言，项目公司有权对已获批准的项目工程/运营设计提出改动，但是建议双方在特许权协议中明确工程建设和运营变更的通知、答复、确认、批准、实施等过程的流程和期限
18	完工风险	应该明确设计、建设过程中的定期进度、质量检查的期限和流程，以期适时对建设过程进行监督管理，并应明确延误事件发生后的应对方案。私营投资者可以通过施工总承包等方式将完工风险转移给更为专业的承包商
19	供应风险	在特许权协议中明确甲方的主要责任应包括如期输送符合质量规定的材料等，如在城市污水处理项目中，应确保在整个特许经营期内，收集和输送污水至污水处理项目交付点，如期达到协议规定的基本水量和进水水质
20	技术风险	在项目前期对项目范围、规模、前景等项目条件进行合理测算，选择最为合适的技术方案，并在特许权协议中明确规定所选用的方案、应遵循的技术规范和要求等技术细节
21	气候/地质条件	在特许权协议中明确说明，当发生的合理勘测外的气候/地质问题（如工程建设用地上发现考古文物、化石、古墓及遗址、艺术历史遗物及具有考古学、地质学和历史意义的任何其他物品）影响到项目的执行时，有关的进度日期应相应延长，同时，甲方应选择支付补偿金，或相应延长特许经营期
22	运营成本超支	在特许权协议中明确说明，政府部门有权对私营投资者的经营成本进行监管，并对其经营状况进行评估。政府部门为了提高项目的吸引力，会允许私营投资者在因非自身原因造成的经营成本发生重大变动时，政府部门核实后向有关部门提出调整意见
23	市场竞争（唯一性）	在特许权协议中必须明确规定，在特许经营期内，对于新的竞争性开发项目或对某一现有竞争性项目进行改扩建，政府部门或其下属政府机原则上将不予批准
24	市场需求变化（非竞争因素导致）	设置一个界限值，当市场需求减少超过界限值，政府部门可以通过调整收费等方式给予私营投资者全部或部分补偿；当市场需求增加超过界限值，私营投资者按照事先约定返回全部或部分收益，从而实现双方对该风险的共担。此外，对于水业项目，建议双方约定供水方有年限或取或付义务，或取或付水平对应的水费，一般情况下应满足私营投资者支付运营成本和偿还本息的要求
25	收费变更	在特许权协议中明确调价原则和公式。但是对于国内许多公用事业而言，价格调整往往需要通过公开的价格听证程序，故建议特许权协议中明确说明当价格无法调整时，政府部门可以通过补贴等其他方式对投资者做出合理的补偿
26	费用支付风险	在特许权协议中明确费用的支付时间表和延期付款责任，保证私营投资者支付运营成本和还本付息，建立月度和半年费用最低支付水平和年底结算的机制，要求付款方建立费用特别账户，提高费用支付保证度
27	配套基础设施风险	与土地获取风险类似，为了避免配套基础设施延误对项目现金流产生影响，可以在特许权协议中将配套基础设施的齐全设为特许权协议权利义务生效的前提条件

续表

编号	风险因素	风险应对措施
28	残值风险	在特许权协议中明确要求私营投资者在运营阶段的定期维护，明确移交前的交接工作，明确移交的范围、资产标准等
29	招标竞争不充分	由于目前特许经营的法律建设尚未完善，从现有法律和法规层面来看，对于特许经营招投标的操作过程是否必须适用公开招标模式等问题，目前尚无明确答案。公开招募、协议转让、直接委托等其他方式将有可能成为今后特许经营项目实施可选择的其他途径。但是这个风险发生在特许权协议签订之前，故无法通过协议条文来预防
30	特许经营人能力不足	在特许权协议中明确规定构成项目公司违约事件的范围（如项目公司发生债务危机，在实际完工日的当日或之前没有实现实际完工，没有按照协议规定进行运营、维护和修理等能力不足的表现），以及发生这些违约事件之后政府部门应该采取的通知、答复、处理等措施
31	不可抗力风险	在特许权协议中需要明确对不可抗力事件作出定义，明确发生不可抗力事件之后的应对措施，如明确相应的赔偿计算方法、支付程序等，此外也需要明确不得声称为不可抗力的事件
32	组织协调风险	在很多行业中（如电力能源行业），项目中的供应、承购、运输等多个环节的合作伙伴是政府相关部门和下属企业，因此私营投资者在项目谈判时，可以争取政府部门在项目建设和运营过程中协助项目公司协调与项目设施场地周边所涉及的有关单位的关系
33	税收调整	私营投资者可以要求政府部门尽最大努力使项目公司有权根据国内有关法律、法规、规章获得税收优惠，并给予签约级政府在其权限范围内的地方税收优惠
34	环保风险	特许权协议中一般都要求项目公司在项目的建设、运营和维护中应遵守环境保护的法律、法规的规定。因环保问题所遭受或产生的损害、费用、损失，根据归责原则，由过错归属的那一方作出相应的赔偿
35	私营投资者变动	在过往 PPP 项目中，有许多私营投资者将参与 PPP 模式作为取得工程建设合同的台阶。因此，建议在特许权协议中明确规定未经政府部门的事先书面同意，项目公司不得转让其在协议项下的全部或任何部分权利或义务
36	项目测算方法主观	在签署特许权协议之前，建议投资者已为项目公司（及其他人）的利益进行了必要的调查及检查，包括对项目设施场地进行细致而全面的检查、评估，以确定与项目有关的风险及实施状况令项目公司满意；在签署协议时，建议投资者切勿依赖由政府部门作出的或提供的陈述、信息或数据
37	项目财务监管不足	建议在特许权协议中明确说明，政府部门需要对投资者特许经营过程实施监管，包括产品和服务质量、项目经营状况和安全防范措施，以及协助相关部门核算和监控企业成本等。此外，鼓励公众参与监督，及时将产品和服务质量检查、监测、评估结果和整改情况以适当的方式向社会公布。及时受理公众对乙方的投诉，并进行核实处理

三、风险分担

针对中国 PPP 项目风险建立风险分担矩阵时，有必要结合中国情境下的 PPP 项目各参与方风险偏好来开展。由于中国是发展中国家，其法律环境和市场制度还不是十分完善，因此为保证 PPP 项目的正常运作，政府方有必要承担更多风险责任。相比之下，在市场制度更为健全的发达国家，PPP 模式应用要尽可能地赋予社会资本方更多自主性，这样可以将更多风险转移给社会资本，以及将相应收益权利也转移给社会资本方。但是，目前在中国情境下，政府的责任和风险意识还是 PPP 项目成功的关键。中国情境下 PPP 项目风险分担矩阵如表 5-11 所示。

表 5-11　中国情境下 PPP 项目风险分担矩阵

序号	风险因素	政府	私营	共担
1	政府干部腐败	√		

序号	风险因素	政府	私营	共担
2	政府干预	√		
3	征用/公有化	√		
4	政府信用	√		
5	第三方延误/违约			√
6	政治/公众反对			√
7	法律及监管体系不完善	√		
8	法律变更	√		
9	利率风险			√
10	外汇风险			√
11	通货膨胀			√
12	政府决策失误和过程冗长	√		
13	土地获取风险	√		
14	项目审批延误	√		
15	合同文件冲突/不完备			√
16	融资风险		√	
17	工程/运营变更		√	
18	完工风险		√	
19	供应风险		√	
20	技术风险		√	
21	气候/地质条件			√
22	运营成本超支		√	
23	市场竞争（唯一性）	√		
24	市场需求变化（非竞争因素导致）			√
25	收费变更			√
26	费用支付风险			√
27	配套基础设施风险	√		
28	残值风险		√	
29	招标竞争不充分	√		
30	特许经营人能力不足		√	
31	不可抗力风险			√
32	组织协调风险		√	
33	税收调整	√		
34	环保风险			√
35	私营投资者变动		√	
36	项目测算方法主观			√
37	项目财务监管不足			√

（一）政府部门承担的风险

政府部门承担的风险主要参照风险归责原则来确定，共有 13 个，分别是 10 个国家层级风险、1 个市场层级风险和 2 个项目层级风险。这些风险中，大部分风险的起源和归责对象是政府方，如腐败、政府干预、政府信用等因素，也有个别风险是较为复杂的情况。比如，"征用/公有化"风险是指中央或地方政府强行没收项目，虽然没收项目的主体是中央或地方政府，但是其原因可能是该项目的部分具体合约条款违反中央政策和方向，也可能是负责项目的地方官员的违规操作，或者私营投资者利用合作政府对项目或者 PPP 的认识不足而签订了不公平条约，因此该风险的归责对象应该视项目的具体情况而定。同理，"招标竞争不充分"风险的归责对象也取决于项目过程中的过错来源。之所以将这两个风险归为由政府方来承担，是因为政府对于它们的控制力相较于社会资本更强。

（二）社会资本承担的风险

社会资本适合承担的风险主要参照风险损失原则来确定，共有 10 个，分别是 1 个市场层级风险和 9 个项目层级风险。不过，这些风险的发生的来源不完全是社会资本方。比如，完工风险、供应风险的发生来源可能是施工单位和供应商，他们都是社会资本的委托方。再如，融资风险可能受宏观经济环境的影响更多。

（三）双方共同承担的风险

双方适合共担的风险共有 14 个，分别是 4 个国家层级风险、5 个市场层级风险和 5 个项目层级风险。双方共同承担风险主要有以下特点：①双方都不能完全独立控制；②双方对于风险事件的发生都有部分责任；③风险事件发生所带来的后果对双方都可能产生影响。

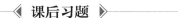

◀ 课后习题 ▶

1. 风险有什么内涵？
2. 中国 PPP 项目失败的主要因素有哪些？
3. PPP 项目风险分成哪几个层级？
4. PPP 项目风险分担的主体有哪几方？

第六章 PPP 项目绩效评价

【教学目的】
PPP 项目绩效评价是通过目标设定、过程控制、动态评估、激励各参与方等方式来促进 PPP 项目的产出水平，从而实现高质量的公共产品和服务供给。本章主要讲解 PPP 项目绩效评价相关内容，需要学生掌握绩效评价基础知识，熟悉 PPP 项目的绩效目标设定、关键指标设定，了解 PPP 项目绩效评价体系的构建，提高对 PPP 项目绩效管理的认识和实践能力。

第一节 绩效评价概论

一、基本概念

（一）绩效

绩效是指组织、团队或个人，在一定的资源、条件和环境下，完成任务的出色程度，是对目标实现程度及达成效率的衡量与反馈。有研究认为，有关绩效的定义主要有三种视角。

1. 结果论视角

有学者从结果论视角理解，指出绩效是指工作的结果，即通过对结果的界定来表示工作要求的类型和水平。因为这些工作结果与组织的战略目标、顾客满意感及所投资金的关系最为密切，绩效结果相关的概念包括：职责、关键结果领域、结果、任务及事务、目的和目标、生产量、关键成功因素等。

结果论视角的绩效定义出现较早，在实际运用中也比较常见。不过，有学者认为，结果论视角的绩效也存在一些弊端，如许多工作结果可能会受到与工作无关的其他因素影响，过度关注结果会导致忽视重要的过程等。

2. 行为论视角

从行为论视角理解，绩效是指一套与组织目标相互关联的行为，主要针对那些有助于组织目标实现的行为，常被称作"工作绩效"。有学者指出，工作绩效还可以分为任务绩效（task performance）和周边绩效（contextual performance），其中，"任务绩效"是与对工作正式规定的内容直接关联的绩效，而"周边绩效"是除了工作的目标、职责和结果等正式规定的内容之外的一些超职责行为。

行为论视角的绩效定义除关注与绩效直接关联的行为之外，还关注超越职责的行为。这些超职责行为虽然不与正式规定的工作内容直接联系，但从长期来看，对组织战略目标实现有重要意义。

3. 综合体视角

把结果和行为结合起来看，绩效是指结果和行为的综合体。这个视角认为两方面都不应被忽视，既要注重工作结果，也要关注工作行为和过程。这意味着不仅要看做什么，还要看如何做。有学者认为，行为由从事工作的人表现出来，将工作任务付诸实施，行为是达到绩效结果的条件，其本身也是结果，并且能与结果分开进行判断。绩效不仅要考查做事的结果，还要考核做事的过程（行为），两方面互相补充、支撑。

（二）绩效评价

在企业管理领域，有研究认为绩效评价是"对企业占有、使用、管理与配置经济资源的效果进行的评判"。对项目而言，绩效评价是指基于项目利益相关者的利益，围绕预期目标对项目多个维度的进展情况作出分析和评价。绩效评价包括评价项目的行为过程，也包括项目的行为结果，即项目在多大程度上达到了预期目标或实现了预期价值。PPP 项目绩效评价要结合评价目标和项目属性，选择适当的评价体系来开展项目绩效评价。

（三）绩效管理

绩效管理是在绩效评价的基础上开展的针对特定目标的管理活动。绩效管理与绩效评价密不可分。已有研究认为，要想进一步提高绩效，就需要在绩效评价的基础上重视绩效管理，从较为单一的绩效评价活动扩展至一系列相互关联的绩效管理活动，而绩效管理体系建构应建立在相应绩效评价、评估及考核的基础上。绩效管理的应用非常广泛，形成了内涵非常丰富的绩效管理体系。

1. 人力资源和企业管理领域

绩效管理在这一领域主要是指管理组织绩效的系统。以往研究认为，绩效管理主要包括绩效计划、绩效改进、绩效考查等环节。具体而言，先通过绩效计划系统地阐述组织预期和战略，然后开展商业过程重组等活动进行绩效改进，接着按照一定标准衡量并评估绩效等。人力资源系统中，绩效管理也被一些学者理解为"一系列以员工为中心的干预活动"，由绩效计划、管理绩效、绩效考核、奖励绩效四个环节连续循环构成。

2. 公共管理领域

公共管理领域的绩效管理最初由美国政府引入，20世纪的新公共管理运动将其推广至了全球范围并使其得到了持续性的发展。有学者认为，绩效管理可以被当作一种克服官僚主义、改进公共部门绩效的管理工具，由部门绩效的战略规划，年度绩效计划，持续性绩效管理，绩效评估、报告和信息利用等环节构成，相比企业绩效管理更加强调公平和公正，以提高政府的管理和服务水平为目标。

3. 公共项目管理中的绩效管理

已有研究认为，项目绩效管理也是一个持续的交流过程，督促项目组内的成员完成各自的角色职责及个人绩效，从而提升项目组的绩效，最终保证项目目标的最终完成和项目的结果达到或超出预期。

一般来说，国际上常按照资金来源及社会效益影响的不同将工程项目分为公共项目和私人项目，有学者指出公共项目是代表公众意志的政府行为，政府是工程项目的最终业主，而公共项目管理的绩效改善是"绩效评价—绩效改善途径—绩效评价"螺旋上升的过程，绩效评价是绩效改善的依据，绩效改善是绩效评价的目的。对 PPP 项目而言，一些学者认为绩效管理要重视项目是否满足了公共性目标（如在制定绩效目标时要考虑公众满意度等），同时还要合理地回应社会资本方的商业诉求；由于 PPP 项目具有一定的复杂多变性，管理者需要在项目初期全面地了解项目利益相关者关心的内容，并且在项目实施的过程中灵活地管理绩效。

二、主要内容

3E 评价是早期较为经典的绩效评价内容，包括经济（economy）、效率（efficiency）、效益（effectiveness）。以往研究指出，经济指投入成本的降低程度，在实践中，它通常用通过向低成本投入的转移而节省的资金来量度；效率是指一种活动或一个组织的产出与其投入之间的比率，最常用的效率指标是劳动生产率和单位成本；效益是指产出对最终目标实现所做贡献的大小。对效益的测定往往比较困难，但效益评价关注的是项目的实际效果，尤其在公共项目绩效评价中，是十分重要的一部分，通常通过设定中间指标（如居住满意度），对它作出推断。因此，有学者认为对一个项目的绩效进行测定评价，需要四个方面的信息：成本、投入、产出、效果。

4E 评价的提出，源于人们发现 3E 评价具有局限性。20 世纪 70 年代，美国联邦政府曾试图通过颁布法案等方式使公共部门绩效评估系统化、规范化、经常化，在建立政府绩效评价体系的过程中，有学者发现 3E 体系下的评价指标对公平、平等、民主和福利等软指标的重视程度不足，还应通过公平性（equity）评价维度来体现政府受公众委托所应考虑的社会整体利益。有研究认为 4E 评价理论包括经济（economy）、效率（efficiency）、效益（effectiveness）、公平（equity），根据 4E 评价理论，公共项目的绩效评价可以概括为：公共项目的主体如政府机构、投资方，或经委托的独立第三方利用专门的评价方法，依据制定的标准和程序，系统、客观地对整个项目的经济性、效率性、效益性和公平性进行评价，并通过对评价结果的分析，有针对性地改进项目实施方案、提高项目效率和公共服务质量。

对于 PPP 项目，也有学者提出新的绩效评价内容相关的理论，由于政府和社会资本双方在 PPP 项目中本质上是伙伴关系，初衷是通过资源互补共同创造价值，因此不能仅按照 3E 原则评价，还应增加伙伴绩效（partner performance）评价维度，以伙伴关系为出发点，以"3E+P"评价 PPP 项目的绩效并对双方进行约束。

三、主要方法

（一）平衡计分卡

平衡计分卡（balanced score card，BSC）是围绕组织的长期战略目标，从财务指标、客户、内部经营过程、学习与创新四个方面衡量组织绩效。有学者认为，由于这四个方面之间存在相互驱动的因果关系，基于它们进行衡量有助于实现组织长期战略目标。

（二）关键绩效指标

关键绩效指标（key performance indicators，KPI）是一种重要的绩效考核工具，是通过对组织内部某一流程的输入端、输出端的关键参数进行设置、取样、计算、分析，衡量流程绩效的一种目标式量化管理指标。以往研究认为，KPI 方法通过对目标的层层分解，把企业的战略目标分解为可运作的各级目标（包括团队、个人目标等）及量化考核，可以很好地帮助进行价值评价和行为引导。

（三）胜任力模型

胜任力模型是指达成某一绩效目标的一系列不同胜任力要素的组合，是一种胜任力结构。有学者认为，胜任力模型展示了那些与绩效最为相关的行为，而基于胜任力的绩效管理体系在信息采集中采用了一个非常有效的方法，即 360 度反馈（全面收集来自被评估者、被评估者的上级/下级以及外部客户的反馈信息），阐明了工作中所需的行为，二者结合在一起确保了完成任务和怎样完成之间的平衡。

（四）绩效三棱镜法

按照三棱镜的物理关系，绩效三棱镜是指以利益相关者的需求和贡献为两个底面，以战略、流程和能力为三个侧面，所形成的绩效评价方法。已有研究认为，项目应从利益相关方的需求出发，制定战略、流程，并通过能力建设实现对利益相关方的贡献。

（五）物元分析法

物元分析法是指依托一个多指标性能参数的评判模型来开展绩效评价的方法。有学者指出应首先确定物元，即确定评价对象；其次，确定经典域和节域，即各指标不同评价等级的取值范围；最后，计算出各指标实际值与不同等级取值范围的关联度以确定指标值的所属等级，再结合权重，就可以得出该物元的评价级别。

（六）标杆管理法

标杆管理法是指参照标杆管理的方式来开展绩效评价，标杆管理是指企业为提高竞争力而进行的一种持续不断的学习过程，学习的对象可以是行业中的强手，也可以是企业内的先进单位。以往研究指出，标杆管理同样也适用于公共管理等非营利部门，将所要考核的对象与具有相同或相似情况的优秀部门（单位）进行比较，分析差距，制定目标，提高部门的绩效水平。

对于具体的操作实行，有学者将标杆管理归纳为一个五阶段循环的流程：①决定向标杆学习什么；②组成标杆学习团队；③选定标杆学习对象；④搜集及分析资讯；⑤采取改革行动。

第二节　PPP 项目的绩效目标设定

一、理论基础

（一）目标设定理论

目标设定理论（theory of goal setting）于 20 世纪 60 年代正式被提出，影响目标设定的机制主要来自四个方面：①引导个体注意并努力趋近与目标有关的行动；②设置较高的目标来为个体提供更大的动力；③参与者面对难以实现的目标可能会延长用于努力的时间；④目标可能导致与任务相关的知识和策略的唤起、发现及使用，从而影响行动。

（二）PPP 项目目标的特征

PPP 项目目标的特征在于要准确识别政府和社会资本双方的共同目标和价值。由于 PPP 项目的合作双方有着明显不同的目标追求，有学者指出 PPP 项目目标应是各参与方的共同目标，也是各利益相关者的共同价值，不是单纯的经济利益诉求，也不能仅由政府部门或市场主体来决定。因此要考虑各利益相关者的目标和价值需求，为 PPP 项目的绩效目标设定、评估、反馈和调整提供基础，促进项目绩效管理的开展及项目绩效的提高。

（三）PPP 项目各方的目标分析

在 PPP 项目全生命周期中，能够影响 PPP 项目实施与最终完成的团体或者个人、PPP 项目的实施和最终完成对其有影响的团体或者个人被称为 PPP 项目的利益相关者，他们有着不同的目标，以往研究认为在 PPP 项目绩效管理中引入目标管理的目的在于能有效激励各个利益相关者。

因此，有学者指出，对于特定的 PPP 项目，设定 PPP 项目绩效目标的前提，是结合项目的具体情况和特征，对利益相关者进行准确界定，再分析他们的价值需求和利益目标，在此基础上进一步设定 PPP 项目的绩效目标、开展绩效管理。在 PPP 项目中，利益相关者的范围随着项目的开展而动态变化，如图 6-1 所示。不同生命周期阶段的利益相关者在对其所处阶段产生影响的同时也会对相邻的阶段产生影响，即利益相关者的影响不只限于其自身所处的阶段。

PPP项目全生命周期阶段					
决策	规划	建造	运营	移交	继续运营直至报废
• 中央政府 • 地方政府 • 相关行政部门 • 参与投标的各社会资本 • 各个咨询单位 • 项目周边的社区、群众和用户 • 媒体 • 研究机构	• 中央政府 • 地方政府 • 相关行政部门 • 中标的社会资本方 • 咨询单位 • 融资机构 • 设计方 • 施工方 • 项目周边的社区、群众和用户 • 媒体 • 研究机构	• 各级政府 • 相关行政部门 • PPP项目协议签约方 • 咨询单位 • 投资方 • 设计方 • 施工方和分包方 • 供应商 • 项目周边的社区、群众和用户 • 媒体 • 研究机构	• 各级政府 • 相关行政部门 • PPP项目协议签约方 • 咨询单位 • 投资方 • 设计方和施工方 • 项目维护方 • 运营商 • 项目周边的社区、群众和用户 • 媒体 • 研究机构	• 各级政府 • 相关行政部门 • PPP项目协议签约方 • 咨询单位 • 投资方 • 审计方 • 相关法律机构 • 项目周边的社区、群众和用户 • 媒体 • 研究机构	• 各级政府 • 相关行政部门 • 运营商 • 咨询单位 • 项目维护方 • 拆除方 • 垃圾处理方 • 相关法律机构 • 项目周边的社区、群众和用户 • 媒体 • 研究机构

图6-1 PPP 项目全生命周期的利益相关者分析
资料来源：根据《基础设施特许经营 PPP 项目的绩效管理与评估》整理而得

二、PPP 项目的绩效目标设定步骤

绩效目标设定是 PPP 项目绩效管理过程中追求最优价值必经的首要程序，而最优价值应集成利益相关者不同的需求，基于最优价值的 PPP 项目绩效目标应当使基础设施充分满足政府部门战略规划和任务的需求、社会资本方长期发展和获得收益的需求（如成本目标、进度目标和盈利目标）以及社会大众对高质量公共设施和服务的需求。绩效目标反映了利益相关者对 PPP 项目的期望，是对 PPP 项目产出的期望。

有学者认为，项目成功可以看作 PPP 项目各个利益相关者所共同认可的总期望，PPP 项目的成功受到不同因素的影响，利益相关者对 PPP 项目的理解及对 PPP 项目的期望会出现分歧，因此需要通过 PPP 项目不同的绩效目标去细化并阐明，并且，在设定绩效目标之后，需进一步明确 PPP 项目的绩效水平，即 PPP 项目的绩效目标能够被完成的程度。

有研究指出，在构建 PPP 项目绩效目标系统框架时，应先识别绩效目标，并考虑如何集成所有利益相关者的利益，将其融入决策过程中；再为这些不同的绩效目标选择合适的水平，以激励利益相关者共同努力达到目标，明确的绩效目标可以帮助政府和社会资本建立清晰的合作关系，促进可持续发展的 PPP 模式，使政府和社会资本双方在 PPP 项目中都能满足项目预算目标和各种规划目标。以往研究识别出的绩效目标如下。

PO1　工程项目有可靠的质量

PO2　达到预算目标

PO3　可以提供高质量的公共服务

PO4　项目的及时完工甚至提前完成

PO5　缓解了政府部门财政方面的紧缺与限制

PO6　为社会提供更为迅速、便捷和廉价的服务

PO7　可以满足公众对更多公共设施的需求

PO8　全生命周期的成本降低

PO9　推动基础设施的商业化

PO10　将风险转移给社会资本方

PO11　促进了区域性的经济发展

PO12　可以从公共服务中获得长期而稳定的收益

PO13　提高技术水平，并获得技术转移

PO14　政府部门可以获得超越原有要求的额外的设施与服务

PO15　承包商可以获得政府的支持以及政策优惠

结合相关研究，可以看到，在上述绩效指标中，识别出的绩效目标首先应满足传统工程绩效目标的要求，包括关注质量提高（PO1）、进度控制（PO4）、成本节约（PO3 和 PO8）；同时，从 PPP 项目本质而言，致力于提供更好的公共服务（PO2 和 PO6）是非常重要的绩效目标。对于政府部门而言，通过与社会资本方的合作，可以缓解财政压力过大和约束较强的问题（PO5），也能满足社会公众日益增长的更多更好的公共设施与公共服务的需求（PO7），还可以转移一些较高的技术及商业风险给社会资本方（如建造过程中的风险、运营管理的风险和市场经营的风险）（PO10）；对政府而言，社会资本的引入可以带来商业化的管理技巧（PO9）、地方经济的发展（PO12）和一些额外的设施和服务（PO14），从而推动社会福利最大化和公平化。对于社会资本方，PPP 项目重要的吸引力在于其可以提供可靠的现金流（PO11）；为了有效维持这样的现金流，社会资本方应和与政府部门建立长期稳定而良好的合作关系，从而获得政府的支持（PO15）；而技术创新和进步（PO13）是达成绩效目标的重要支撑。

三、我国对 PPP 项目绩效目标设定的相关规定

我国在《政府和社会资本合作（PPP）项目绩效管理操作指引》中，对 PPP 项目绩效目标设定做了相关规定和指引，包括绩效目标的编制和审核主体、编制要求、编制内容及衡量方式等，相关要求如下所述。

（一）编制和审核主体

PPP 项目绩效目标应由项目实施机构负责编制，由项目所属行业主管部门、财政部门审核。

（二）编制要求

应编制总体绩效目标和年度绩效目标，总体绩效目标是 PPP 项目在全生命周期内预期达到的产出和效果，年度绩效目标是根据总体绩效目标和项目实际确定的具体年度预期达到的产出和效果。在编制时应符合以下要求：指向明确，符合相关发展规划与当地状况，以结果为导向，体现环境-社会-公司治理责任（environmental, social and governance，ESG）理念；细化量化，尽量从产出、效果、管理等方面进行定量表述或具备可衡量性的定性表述；合理可行，具备可实现性；物有所值，体现成本效益的要求。

（三）编制内容

应包括预期产出、预期效果及项目管理等。预期产出指项目在一定期限内提供公共服务的数量、质量、时效等；预期效果指项目可能对经济、社会、生态环境等带来的影响情况，物有所值实现程度，可持续发展能力及各方满意程度等；项目管理指项目全生命周期内的预算、监督、组织、财务、制度、档案、信息公开等管理情况。

（四）衡量方式

衡量绩效目标的实现程度时，要进一步基于各绩效目标合理设定绩效指标，从而完成衡量。主要从 PPP 项目的预期产出、预期效果和项目管理过程等方面来设定目标，作为衡量 PPP 项目绩效目标实现程度的指标。

四、实际案例：上海市闵行文化公园美术馆 PPP 项目①

上海市闵行文化公园美术馆属于公益性非营利机构。该 PPP 项目的实施机构为上海市闵行区绿化和市容管理局。除了保障美术馆日常的设施设备运行外，运营方需常年开展不同主题的展览活动，并免费向公众开放公共空间。此外，每年还需向市民免费提供一定数量的文化产品服务、免费艺术鉴赏培训，以及具有国际水准或者国家级、市级水准的文化艺术活动等。项目的特许经营期为 20 年，社会资本方主要负责主体建筑的建设施工、美术馆建成后的特许经营和管理，回报机制为可行性缺口补助。

作为上海市首个 PPP 项目，闵行文化公园美术馆通过政府和社会资本的高效合作，使资源得到优化配置，既破解了政府的资金困境，又较高质量地完成了公共文化产品的生产。该项目建立了相对完善的风险分配机制、可量化的绩效考核指标和激励相容机制，以及对于项目协议和负面清单的设置等，为文化类 PPP 项目合理设置项目结构与条件、合理选择采购方式等提供了较为良好的示范。2018 年，该项目被评为财政部第四批 PPP 示范项目。

项目在绩效方面注重产出的结果导向。该项目的主要绩效目标包括合规运营、发挥社会影响力、保证客户满意度等。其中，合规运营主要包括开馆运营、检查消防及维护设施等内容；发挥社会影响力主要包括开展与承办大型文化艺术活动等内容；保证客户满意度

---

① 资料来源：https://www.cpppc.org/PPPtsggwhfwsp/1001671.jhtml。

主要包括增加正面宣传、避免严重问题及引起负面舆情等内容。政府方通过设置绩效考核指标和业态负面清单，保证项目的公益性；通过设置可用性服务费上限，保证政府的财政支出负担压力不至于过大；根据项目实际的绩效支付运维补贴，保障群众的公益性需求。而且，政府方通过采取基础工作考核、定期联合考核等形式对项目进行考核，对有社会影响力的文化艺术活动、艺术鉴赏培训情况等进行评定，确保项目更好地满足公众需求。政府方对社会资本提供的服务进行质量、数量和及时性等方面的绩效评价，很好地诠释了政府和社会资本合作的初衷。

第三节　PPP 项目的绩效指标体系

一、理论基础

KPI 是一种重要且非常实用的绩效考核工具。有学者指出它是指通过对组织内部流程的输入端、输出端的关键参数进行设置、取样、计算、分析，衡量流程绩效的一种目标式量化管理指标，通过对组织战略目标的层层分解得到可运作的各级目标，并提供了量化衡量团队或个体价值贡献的基础。因此，KPI 的设定对组织管理和项目管理都是至关重要的。

二、PPP 项目绩效指标体系的构建方法

PPP 项目的 KPI 应当紧密围绕 PPP 项目的绩效目标，充分体现出物有所值的要求。构建 PPP 项目 KPI 体系的方法有多种方式。为供读者了解和参考，以下给出几种常见的 KPI 体系。

（一）围绕投入产出、利益相关者需求及项目进程管理的绩效指标体系

在 PPP 项目的全生命周期中，有很多因素在影响着 PPP 项目的成功，有研究认为从中可以区分出静态和动态的因素，静态因素在项目初始时就被确定，并不随着项目的进程而变化，但是对项目绩效有深远的影响，如许多对项目成败有重要影响的因素在项目立项、采购时就已经是确定的，并随 PPP 项目合约签订而在法律意义上被固定；动态因素会被外部环境及内部运作影响，例如项目公司的融资能力和管理能力等，这些因素随着项目的进程而被影响，发生变化，从而影响项目的绩效。

有学者指出，PPP 项目的 KPI 应当强调 PPP 项目特有的决策阶段的影响，也应当全面反映不同阶段的绩效变化，并能适应不同利益相关者的需求。从物有所值的角度而言，PPP 模式应提供与传统建造模式相比更高的水准的服务，这些 KPI 应当能够如实反映项目的执行效率、效能、经济性和伙伴关系的波动。因而，有研究提出了适合 PPP 项目的 KPI 概念模型，如图 6-2 所示，并依据此模型识别出 PPP 项目潜在的 KPI。

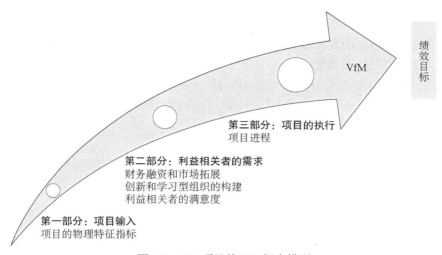

图 6-2　PPP 项目的 KPI 概念模型

资料来源：根据《基础设施特许经营 PPP 项目的绩效管理与评估》整理而得

以往研究指出，该模型包含了 PPP 项目的项目输入、利益相关者需求分析、项目进程控制三部分，每一部分包含多个指标，各部分的特点如下所述。

1. 项目输入

项目输入是指将从 PPP 项目发起和策划阶段开始影响项目绩效目标实现的因素视为输入，主要是反映项目本身物理特征的静态指标。这些指标能够影响 PPP 项目社会资本的选择、PPP 项目合约的缔结和风险管理的机制等。

2. 利益相关者需求分析

利益相关者需求分析包含财务融资和市场开发、创新和学习型组织的构建、利益相关者满意度三个子部分，能够反映利益相关者不同角度的需求及其变化。

3. 项目进程控制

项目进程控制是指影响 PPP 项目建造、运营、维护和项目移交等过程的因素，能够反映项目过程的变动。通过量度这些指标可以发现项目在未来发展中的提升空间与方向，也可以反映绩效随着时间的变化趋势。

基于已有的 PPP 项目关键成功因素等相关研究，以往研究进一步识别了 PPP 项目的绩效指标，并根据"80/20"的原则进行了筛选，即 KPI 权重之和应达到绩效指标权重的80%，得到了 26 个 KPI。

KPI$_1$：合理风险分配、共享与转移机制

KPI$_2$：承包商与政府部门之间达成的相互承诺与责任分担

KPI$_3$：特许权获得方/承包商对 PPP 模式的理解深度、掌握能力

KPI$_4$：政府相关部门对 PPP 模式的理解深度、掌握能力

KPI$_5$：项目的技术可行性、工程的可建造性与完工项目的可维护性

KPI$_6$：稳定而适宜的政治环境

KPI_7：稳定而适宜的法律环境

KPI_8：稳定而适宜的宏观经济条件

KPI_9：政府部门的满意度

KPI_{10}：政府对项目的良好规制及有力监督

KPI_{11}：PPP 模式的标准示范合同文本及标准合同的结构、实用性与灵活性

KPI_{12}：竞争性招投标程序的完善与合理

KPI_{13}：项目的公众满意度

KPI_{14}：成本管理（包括建造期与运营期）

KPI_{15}：有力的质量控制

KPI_{16}：进度管理（包括建造期与运营期）

KPI_{17}：财务与融资创新能力

KPI_{18}：合理的财务分析与运营

KPI_{19}：项目公司（SPV）内部良好的团队气氛

KPI_{20}：合理地计划安排投资和回报的时间节点

KPI_{21}：良好的安全管理

KPI_{22}：不断增长的市场开发能力

KPI_{23}：稳健的成长能力

KPI_{24}：有效的风险管理体系

KPI_{25}：良好的盈利能力

KPI_{26}：技术创新能力

结合相关研究，可以发现，在该 KPI 体系中，除了包含传统工程项目普遍关心的内容，如质量、进度、成本方面的指标（如 KPI_{14}、KPI_{15}、KPI_{16}），以及项目所处环境方面的指标（如 KPI_6、KPI_7、KPI_8）之外，还包含与 PPP 项目特殊性紧密相关的指标，如 KPI_{11}、KPI_{19} 中涉及的 PPP 项目合同和项目公司相关的内容。同时，政府与社会资本方之间的伙伴关系也得到了重视，如 KPI_1、KPI_2 中涉及双方的风险分配与相互承诺，以及 KPI_4、KPI_{10} 等指标中涉及的政府的能力和 KPI_5、KPI_{23} 等指标中涉及的社会资本方及项目公司的能力。总的来说，该 KPI 体系较为全面地考虑了 PPP 项目的特性。

（二）基于项目全生命周期的绩效指标体系

有学者根据 PPP 项目的发展流程，结合 PPP 项目的关键成功因素，经过过程衡量和因素细分，得到了 PPP 项目的可衡量绩效指标，并按照项目的全生命周期和指标间的内在逻辑关系对所得到的指标进行整理，将各个阶段的指标再分类为以下几类：与项目本身特性相关的指标、项目投入性指标、项目过程类指标、项目结果类指标、项目影响类指标，项目立项阶段主要侧重于与项目本身特性相关的指标，项目的采购阶段主要侧重于项目投入性指标，项目的建设、运营与移交阶段主要侧重于项目过程类指标、项目结果类指标和项目影响类指标。

PPP 项目全生命周期绩效评价绩效指标体系的定量指标如表 6-1 所示。

表6-1　PPP 项目全生命周期绩效评价绩效指标体系的定量指标

阶段	KPI 维度	KPI	KPI 量值确定
立项	项目本身特性	项目资金价值	PPP 项目物有所值/传统项目物有所值
采购	项目投入	政府补贴	补贴比例
		与政府沟通有效性	特许谈判实际进度/预期进度
建设	项目投入	政府补贴到位率	政府到位资金/政府承诺资金
		项目资金可得性	实际到位资金/预期到位资金
	项目过程	沟通协调	沟通有效次数/沟通次数
		进度预测	累计预定天数/累计实际天数
		成本预测	（实际成本−估算成本）/估算成本
		成本控制	已完成工程实际成本/已完成工程预期成本
		进度控制	本期实际进度/本期预计进度
		质量控制	本期通过检验次数/本期检验次数
		安全控制	本期工程安全事故发生件数
运营	项目投入	政府补贴到位率	政府到位资金/政府承诺资金
		政府配套设施到位率	政府实际提供配套设施/政府承诺配套设施
		运营技术可靠性	规定时间设备发生故障的次数
	项目过程	成本分析	同期成本变动幅度合理性
		安全控制	本期安全事故发生的次数
		沟通协调机制	沟通有效次数/沟通次数
		政府运营监管	解决投诉次数/投诉次数
		政策支持度	投资回收期内政府政策的变动
	项目结束	私人部门合理利润	项目收益率
		政府投资控制率	实际投资/计划投资

PPP 项目全生命周期绩效评价绩效指标体系的定性指标如表6-2所示。

表6-2　PPP 项目全生命周期绩效评价绩效指标体系的定性指标

阶段	KPI 维度	KPI
立项	项目本身特性	项目复杂性
		类似项目经验
		项目需求
		项目政治环境
		项目法律环境
		项目经济环境
采购	项目投入	发起人经济实力
		发起人技术实力
		融资结构
		项目方案经济技术适用性
		多元化收益可能性

续表

阶段	KPI 维度	KPI
采购	项目投入	发起人 PPP 经验
		政府招标代理机构能力
		特许权授予
		特许权协议清晰性
		政府补贴安排
		合理的价格机制
		风险分担合理性
		产权界定清晰性
	项目过程	招投标透明性
建设	项目投入	承包商实力
		承包商经济技术能力
	项目结果	公众产品服务满意度
		项目维修担保
	项目影响	项目环境影响
运营	项目过程	公众支持度
		政策支持度
	项目结果	公众产品服务满意度
	项目影响	社会效益
		环境影响
移交	项目结果	技术转移
		运营状况维修担保
		移交范围标准程序

该 KPI 体系覆盖了 PPP 项目的全生命周期每个阶段的关键过程,将指标内在的逻辑关系设作了 KPI 的维度,按照项目投入、项目过程、项目结果、项目影响的具体逻辑明确了指标间的区分与联系,具备较强的结构性。该 KPI 体系明确给出了定量、定性的指标体系,对定量指标量值确定的数据来源也有详细说明,因而在操作层面具有较强的实用性。

(三)基于三棱镜视角的绩效指标体系

基于绩效三棱镜视角,有学者从项目成功的定义和绩效目标出发,在现有文献及改进观点的基础上对城轨 PPP 项目建立了 KPI 体系,该体系包含五个维度:利益相关方需求维度、战略维度、流程维度、能力维度、利益相关方贡献维度,其中,战略维度重视对项目全生命周期综合性的物有所值评价而非单纯从财务角度开展的物有所值评价,流程维度重视基于过程管理来开展项目绩效的测量,能力维度重视对持续学习改进的组织基础开展评价。以这五个维度作为分析逻辑,该 KPI 体系包含了 PPP 项目的准备与计划阶段、招标与采购阶段、设计与施工阶段、运营与维护阶段的 KPI,如表 6-3 所示。

表6-3　PPP项目三棱镜KPI体系

维度	准备与计划阶段指标	招标与采购阶段指标	设计与施工阶段指标	运营与维护阶段指标
利益相关方需求	KPI1-1: 项目必要性和可行性（公共部门和社会公众） KPI1-2: PPP模式的适用性与财务承载能力评估（公共部门）	KPI2-1: 合理的报价和相对最优的中标人（公共部门和社会公众）	KPI3-1: 成本、进度控制范围内按约定的数量和质量标准顺利交付项目（三方） KPI3-2: 引进先进设备、技术（公共部门）	KPI4-1: 引进先进设备、技术与管理经验（公共部门） KPI4-2: 用户适当的费率以反调价、补偿机制以保证项目可持续与社会资本方合理的利润（公共部门和社会资本） KPI4-3: 终端用户满意度（社会公众）
战略	KPI1-3: 项目全生命周期物有所值（综合成本包括资金成本、交易成本、设计和建造成本、运营和维护等成本的降低；效用及效益、利益包括公共服务及产品的数据和质量、相关方满意度的提升）	KPI2-2: 项目全生命周期物有所值	KPI3-3: 项目全生命周期物有所值	KPI4-4: 项目全生命周期物有所值
流程	KPI1-4: 全面充分的宏观环境分析，包括政治、法律、社会、经济等 KPI1-5: 全面充分的微观案例研究与可行性分析，包括财务、技术、工程、市场等 KPI1-6: 明确的用户需求、工作范围和目标产出 KPI1-7: 合理的风险安排，包括风险的识别、分析和分配 KPI1-8: 多元化的融资渠道和合理的融资成本 KPI1-9: 科学的社会资本方选择原则和合理的特许期长度 KPI1-10: 发起人合理的法律、商业、技术和工程团队结构 KPI1-11: 有效的界面管理，即项目运作过程中不同职能部门或不同工作流程等在信息、资源等要素交互时的协调配合	KPI2-3: 透明、竞争性的招标和采购过程 KPI2-4: 全面细致的合同谈判和有效的协商流程 KPI2-5: 合理的资金结构和合理的融资 KPI2-6: 有效的界面管理	KPI3-4: 设计管理，包括设计质量审核及设计流程管理 KPI3-5: 施工管理，包括工程质量验收及TCQ等资源和信息管理 KPI3-6: 合规性、合同履行及管理与争端解决 KPI3-7: 社会、环境和经济等外部性影响，包括HSE管理、与周围社区关系、减少碳排放和尾气排放、噪声和震动污染、就业与当地经济发展等 KPI3-8: 先进技术设备与设计方法的应用 KPI3-9: 有效的界面管理	KPI4-5: 项目的盈利能力、偿债能力与财务可持续能力 KPI4-6: 合规性、合同履行及管理与争端解决 KPI4-7: 社会、环境和经济等外部性影响，包括HSE管理、与周围社区关系、减少碳排放和尾气排放、噪声和震动污染、促进就业与当地经济发展等 KPI4-8: 运营管理与服务质量，包括运营、准点率、投诉率、故障率和事故率、平均等待时间等 KPI4-9: 先进技术设备的应用与设施的管理与维护 KPI4-10: 有效的界面管理
能力	KPI1-12: 项目团队的资质与能力，包括经验丰富的雇员、培训和学习系统、信息管理系统等 KPI1-13: 创新，包括融资规划和设计的创新、项目融资创新等	KPI2-7: 项目团队的资质与能力，包括经验丰富的雇员、培训和学习系统、信息管理系统等 KPI2-8: 创新，包括招标和采购流程的创新等	KPI3-10: 项目团队的资质与能力，包括经验丰富的雇员、培训和学习系统、信息管理系统等 KPI3-11: 创新，包括设计和工程技术创新、现场管理创新等	KPI4-11: 项目团队的资质与能力，包括经验丰富的雇员、培训和学习系统、信息管理系统等 KPI4-12: 创新与可持续发展，包括运营创新、设计维护创新等

续表

维度	准备与计划阶段指标	招标与采购阶段指标	设计与施工阶段指标	运营与维护阶段指标
利益相关方贡献	KPI1-14: 公共部门的监管与支持（政策、法律等环境建设） KPI1-15: 有效的公众参与（项目决策） KPI1-16: 利益相关方的信任与合作	KPI2-9: 公共部门的管理与支持（招投标） KPI2-10: 有效的公众参与（评标） KPI2-11: 社会资本积极参与投标 KPI2-12: 利益相关方的信任与合作	KPI3-12: 公共部门的监管与支持（设计、施工） KPI3-13: 有效的公众参与（评价） KPI3-14: 利益相关方的信任与合作	KPI4-13: 公共部门的监管与支持（运营、维护） KPI4-14: 有效的公众参与（评价） KPI4-15: 利益相关方的信任与合作

资料来源：《城市轨道交通 PPP 项目全寿命周期绩效评价研究》

注：HSE 即健康（health）、安全（safety）和环境（environment）。TCQ 即时间（time）、成本（cost）、质量（quality）

该 KPI 体系更加强调利益相关方在绩效评价中的地位，以利益相关方的需求和利益相关方的贡献为起点和终点，以战略、流程、能力为三个支撑，构成维度上的逻辑闭环，体现出了项目运作逻辑和项目及利益相关者之间的互动关系，这种构建逻辑是该 KPI 体系与其他 KPI 体系的主要不同之处。同时，该体系中的多个指标也涉及了公众参与，体现出对公众作为 PPP 项目重要利益相关者之一的重视。

三、我国对 PPP 项目绩效指标体系的相关规定

我国在《政府和社会资本合作（PPP）项目绩效管理操作指引》中，对 PPP 项目绩效目标设定做了相关规定和指引，包括绩效目标的编制和审核主体、绩效指标体系的构成、管理要求和共性指标等，相关规定如下所述。

（一）编制和审核主体

PPP 项目绩效指标应由项目实施机构负责编制，由项目所属行业主管部门、财政部门审核。

（二）绩效指标体系的构成

PPP 项目绩效指标体系由绩效指标、指标解释、指标权重、数据来源、评价标准与评分方法构成。

（三）绩效指标的管理要求

在 PPP 项目准备阶段，项目实施机构应根据项目立项文件、历史资料，结合 PPP 模式特点，在项目实施方案中编制总体绩效目标和绩效指标体系并充分征求相关部门、潜在社会资本等相关方面的意见。财政部门应会同相关主管部门从依据充分性、设置合理性和目标实现保障度等方面进行审核。

在 PPP 项目采购阶段，项目实施机构可结合社会资本响应及合同谈判情况对绩效指标体系中非实质性内容进行合理调整。PPP 项目绩效目标和绩效指标体系应在项目合同中予以明确。

在 PPP 项目执行阶段，绩效目标和指标体系原则上不予调整。但因项目实施内容、相关政策、行业标准发生变化或突发事件、不可抗力等无法预见的重大变化影响绩效目标实现而确需调整的，由项目实施机构和项目公司（未设立项目公司时为社会资本）协商确定，经财政部门及相关主管部门审核通过后报本级人民政府批准。

PPP 项目移交完成后，财政部门应会同有关部门针对项目总体绩效目标实现情况，从全生命周期的项目产出、成本效益、物有所值实现情况、按效付费执行情况及对本地区财政承受能力的影响、监管成效、可持续性、PPP 模式应用等方面编制绩效评价（即后评价）指标体系。

如果项目公司（社会资本）对绩效目标或绩效指标体系调整结果有异议，可申请召开评审会，就调整结果的科学性、合理性、可行性等进行评审。双方对评审意见无异议的，

按评审意见完善后履行报批程序；仍有异议的，按照合同约定的争议解决机制处理。

（四）关键绩效的共性指标

《政府和社会资本合作（PPP）项目绩效管理操作指引》给出了 PPP 项目建设期绩效评价的共性指标框架，如表 6-4 所示。

表6-4　PPP 项目建设期绩效评价的共性指标框架

评价对象	一级指标	二级指标	指标解释
针对项目公司（社会资本）的绩效评价	产出	竣工验收	评价项目是否通过竣工验收及竣工验收情况
	效果	社会影响	评价项目建设活动对社会发展所带来的直接或间接的正负面影响情况。如新增就业、社会荣誉、重大诉讼、公众舆情与群体性事件等
		生态影响	评价项目建设期间对生态环境所带来的直接或间接的正负面影响情况。如节能减排、环保处罚等
		可持续性	评价项目公司或社会资本是否做好项目运营准备工作，如资源配置、潜在风险及沟通协调机制等
		满意度	政府相关部门、项目实施机构、社会公众（服务对象）对项目公司或社会资本建设期间相关工作的满意程度
	管理	组织管理	评价项目公司组织架构是否健全、人员配置是否合理，能否满足项目日常运作需求
		资金管理	评价社会资本项目资本金及项目公司融资资金的到位率和及时性
		档案管理	评价项目建设相关资料的完整性、真实性以及归集整理的及时性
		信息公开	评价项目公司或社会资本履行信息公开义务的及时性与准确性
针对项目实施机构的绩效评价	产出	履约情况	评价项目实施机构是否及时、有效履行 PPP 项目合同约定的义务
		成本控制	评价项目实施机构履行项目建设成本监督管控责任的情况。（注：PPP 项目合同对建设成本进行固定总价约定的不适用本指标）
	效果	满意度	社会公众、项目公司或社会资本对项目实施机构工作开展的满意程度
		可持续性	评价项目实施机构是否为项目可持续性建立有效的工作保障和沟通协调机制
	管理	前期工作	评价项目实施机构应承担的项目前期手续及各项工作的落实情况
		资金（资产）管理	评价项目实施机构股权投入、配套投入等到位率和及时性
		监督管理	评价项目实施机构是否按照PPP项目合同约定履行监督管理职能，如质量监督、财务监督及日常管理等
		信息公开	评价项目实施机构是否按照信息公开相关要求及时、准确公开信息

资料来源：《政府和社会资本合作（PPP）项目绩效管理操作指引》

《政府和社会资本合作（PPP）项目绩效管理操作指引》还给出了 PPP 项目运营期绩效评价的共性指标框架，如表 6-5 所示。

表6-5　PPP项目运营期绩效评价的共性指标框架

评价对象	一级指标	二级指标	指标解释
针对项目公司（社会资本）的绩效评价	产出	项目运营	评价项目运营的数量、质量与时效等目标完成情况。如完成率、达标率与及时性等
		项目维护	评价项目设施设备等相关资产维护的数量、质量与时效等目标完成情况。如设施设备维护频次、完好率与维护及时性等
		成本效益	评价项目运营维护的成本情况。如成本构成合理性、实际成本与计划成本对比情况、成本节约率、投入产出比等。（注：PPP项目合同中未对运营维护成本控制进行约定的项目适用本指标）
		安全保障	评价项目公司（或社会资本）在提供公共服务过程中安全保障情况。如重大事故发生率、安全生产率、应急处理情况等
	效果	经济影响	评价项目实施对经济发展所带来的直接或间接的正负面影响情况。如对产业带动及区域经济影响等
		生态影响	评价项目实施对生态环境所带来的直接或间接的正负面影响情况。如节能减排、环保处罚等
		社会影响	评价项目实施对社会发展所带来的直接或间接的正负面影响情况。如新增就业、社会荣誉、重大诉讼、公众舆情与群体性事件等
		可持续性	评价项目在发展、运行管理及财务状况等方面的可持续性情况
		满意度	政府相关部门、项目实施机构、社会公众（服务对象）对项目公司或社会资本提供公共服务质量和效率的满意程度
	管理	组织管理	评价项目运营管理实施及组织保障等情况。如组织架构、人员管理及决策审批流程等
		财务管理	评价项目资金管理、会计核算等财务管理内容的合规性
		制度管理	评价内控制度的健全程度及执行效率
		档案管理	评价项目运营、维护等相关资料的完整性、真实性以及归集整理的及时性
		信息公开	评价项目公司或社会资本履行信息公开义务的及时性与准确性
针对项目实施机构的绩效评价	产出	按效付费	评价项目实施机构是否及时、充分按照PPP项目合同约定履行按效付费义务
		其他履约情况	评价项目实施机构是否及时、有效履行PPP项目合同约定的其他义务
	效果	满意度	社会公众、项目公司或社会资本对项目实施机构工作开展的满意程度
		可持续性	评价项目实施机构是否为项目可持续性建立有效的工作保障和沟通协调机制
		物有所值	评价项目物有所值实现程度
	管理	预算编制	评价项目实施机构是否及时、准确将PPP项目支出责任纳入年度预算
		绩效目标与指标	评价项目实施机构是否编制合理、明确的年度绩效目标和绩效指标
		监督管理	评价项目实施机构是否按照PPP项目合同约定履行监督管理职能，如质量监督、财务监督及日常管理等
		信息公开	评价项目实施机构是否按照信息公开相关要求及时、准确公开信息

资料来源：《政府和社会资本合作（PPP）项目绩效管理操作指引》

四、实际案例：湖南省常德市公交场站（一期）PPP 项目[①]

湖南省常德市公交场站（一期）PPP 项目的绩效指标体系较为全面地涵盖了 PPP 项目的不同阶段。

该项目建设期的绩效考核指标主要围绕质量、时间、成本等项目管理方面开展考核，强调建设施工过程的合规性。其中，较为重要的指标包括：①在合同方面，项目公司签订的重要合同应经政府方，包括但不限于总承包合同、监理合同、设备采购合同等；②在采购方面，应向有资质的设备供应商进行采购，设备相关质量应达标；③在安全性方面，应遵守《建设工程安全生产管理条例》等相关规定，不发生安全生产事故；④在质量方面，要符合国家、行业、地方相关规范、标准和规定；⑤在进度方面，要符合项目合同中约定的要求，不发生工期延误；⑥在成本方面，要符合项目合同中约定的要求。

该项目运营期的绩效指标主要围绕公交场站的设施维护开展考核，在指标量值确定中主要采取扣分方式，对量值确定的标准也给出了较为细致的规定。比如，对于主体工程，提出了包括站场铺装、主体建筑、标识标牌、消防系统、排水系统、通风系统、机械系统、充电系统、维修系统和照明系统等方面的绩效指标。

该项目移交阶段的绩效指标主要围绕设施管理、人员管理等方面进行考核。其中，较为重要的指标包括：①主体工程各方面设施完好、可用、无破损、无重大质量问题；②保洁设施完好，保洁工作正常开展，管理系统正常使用；③海绵城市功能正常，无重大质量问题；④项目公司负责安置本公司员工，不得出现滞留工作岗位、项目设施场地等妨碍或阻碍项目资产正常接收的情形，且不得发生违规聚集、上访等情形；⑤维护养管的数据记录完整和可用。

第四节　PPP 项目的绩效评价方法

一、理论基础

标杆管理法常被用于绩效评价和应对。标杆管理引导企业通过向行业内外最优秀企业学习，来思考、改进、创造企业自身的最佳实践。有学者指出，在实施标杆管理时，先要确定需要向标杆学习的内容，即锚定的内容标杆是什么，然后是确定如何锚定，即如何基于标杆开展企业管理。

此外，有研究指出，综合评价是针对研究的对象建立一个进行测评的指标体系，利用一定的方法或模型，对搜集的资料进行分析，对被评价的事物做出定量化的总体判断。综合评价不只是一种方法，而是一个方法系统，包含着许多类型的方法。

以下将介绍依据这两种理论介绍 PPP 项目绩效评价的方法与一般过程。

---

①　资料来源：财政部 PPP 中心。

二、PPP 项目绩效评价方法

（一）基于虚拟标杆的 PPP 项目绩效评价

有研究建立了基于虚拟标杆的 PPP 项目绩效评价体系，PPP 项目的绩效目标可以视为项目的虚拟标杆，可以利用虚拟标杆评估 PPP 项目绩效目标和长远打算的实现情况，由于绩效目标会随着内外部环境变化而不断调整，通常需要动态审查虚拟标杆的设置水平，从而围绕虚拟标杆开展 PPP 项目绩效管理，确保项目动态优化、不断趋于自身的最优状态。

有学者指出，虚拟标杆可以分为内部标杆和外部标杆，内部标杆即是"和自己比"，是 PPP 项目在策划阶段所设定的绩效目标；外部标杆即是"和他人比"，是 PPP 项目所有KPI 能达到的公认的优秀水平；基于内部标杆的 PPP 项目绩效评价是指评估 PPP 项目实际操作情况和事先设定的 PPP 项目绩效目标之间的差距，从而发现 PPP 项目绩效管理的薄弱环节并进行改进；基于外部标杆的 PPP 项目绩效评价是指评估 PPP 项目实际操作情况与同类型优秀 PPP 项目或行业标准之间的差距，横向比较不同项目之间的差异，达到向优秀标杆项目或国家行业标准学习和提升自身绩效的目的。有研究提出，PPP 项目绩效目标是 PPP 项目进行全过程动态审查的重要尺度，在实施中，可以先将 PPP 项目绩效目标与 KPI 相结合，制定为实现绩效目标而应达到的 KPI 标杆指数，在 PPP 项目实施过程中不断评估各个 KPI 与虚拟标杆的距离，作为项目实施过程中的提升方向，从而达到预期绩效的不断增强。

有学者认为，基于虚拟标杆的 PPP 项目绩效评价包含两个阶段，图 6-3 展示了相关流程，相关内容如下所述。

第一阶段主要是对 PPP 项目前期采购阶段的绩效进行评价。绩效评价指标主要是项目物理特征方面的 KPI。这一阶段的内部标杆是所设置的项目绩效目标水平，外部标杆可以设定为项目绩效目标的最优值。

第二阶段主要是对 PPP 项目施工和运营阶段的绩效进行评价。根据第一阶段 PPP 项目绩效评价的结果，第二阶段的项目绩效评价和管理需要分为两种情况：

（1）当第一阶段绩效评价结果未达标时，一方面需要加强 PPP 项目自身的绩效管理，另一方面 PPP 项目在施工和运营阶段的内部标杆需要在第二阶段进行调整，实际上是需要根据实际情况来降低项目物理特征方面 KPI 相关的标杆水准，从而避免继续使用过高的虚拟标杆打击各方积极性。

（2）当绩效评价结果已达标时，一方面可以继续做好 PPP 项目的绩效管理，另一方面可以进一步和外部标杆进行比较，以在第二阶段获得更优的绩效。在这种情况下，需要与其他同类优秀 PPP 项目进行横向比较，从而促进同行之间相互交流与学习，并提高行业水平。

第二阶段可以采用投入产出方法来测算项目建设期和运营期的绩效，实现项目层面更加微观的动态管理。

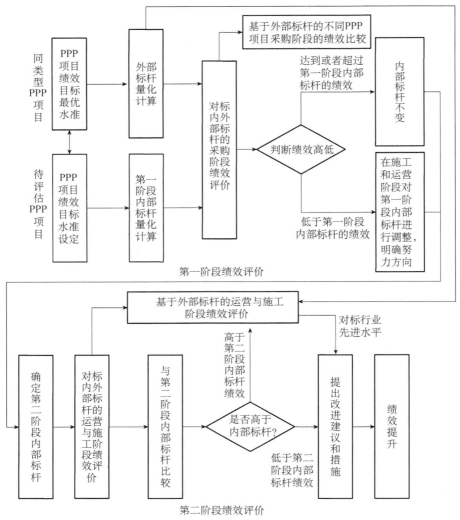

图6-3　两阶段的 PPP 项目绩效评价和管理流程图

资料来源：根据《基于虚拟标杆的基础设施 PPP 项目绩效评价体系构建》整理而得

（二）基于综合评价方法的 PPP 项目绩效评价

综合评价法方法实际上是一种方法系统，从指标权重确定、单个指标量值确定两方面来考量 PPP 项目的绩效评价，根据具体选用的方法不同，可以有很多种不同的方式，在实际操作中可以根据具体情形选用、组合适当的方法。

有研究以层次分析法和模糊综合评价法的组合运用为例，提出了 PPP 项目绩效评价的过程：首先，根据既定的 KPI 体系，结合 PPP 项目实际的进展情况，应用层次分析法对指标的优劣程度进行评定，通过构建指标判断矩阵来确定指标的权重；其次，应用模糊综合评价法为单个指标确定评价等级，由专家根据实际情况对每个指标进行模糊评价，从而得到评价矩阵，再结合通过层次分析法得到的指标权重，对评价矩阵进行模糊变换，最终得到项目评价结果。

　　物元分析法也是一种常用于确定单个指标量值（评价等级）的方法。有学者认为，对于给定事物 N，其本身具有不同的特性，对于该事物给定的特征值 C，其量值可用 X 表示，则有序三元 $R=(N, C, X)$ 称为描述该事物的一个基本单元，若要描述一个事物的特征，则可以建立该事物的物元矩阵，通过确定经典域、节域、计算关联度等方式得到绩效等级评价结果。根据物元分析法的思路，有研究指出，可以采用专家访谈的方式，对 PPP 项目的相关参与方进行打分，包括政府部门、社会资本方、大众使用者及专家学者等，来分别确定每个指标的经典域和节域，总结出每个绩效指标等级标准对应的取值范围，其中，经典域分为优、良、中、次、差五个等级。将待评价 PPP 项目的实际量值代入各等级的集合中进行评定，得到该 PPP 项目在各评价维度的等级关联度，从而确定项目绩效指标的量值。在确定指标量值后，可选用层次分析法等用于确定指标权重的方法来确定各绩效指标的权重，从而得到 PPP 项目绩效评价的综合结果，图 6-4 是一个示例过程。

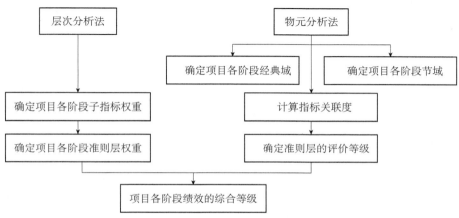

图6-4　结合层次分析法、物元分析法的绩效评价流程
资料来源：《PPP 模式下基础设施建设项目绩效评价研究》

三、我国对 PPP 项目绩效评价的相关规定

　　我国在《政府和社会资本合作（PPP）项目绩效管理操作指引》中，对 PPP 项目绩效管理做了相关规定和指引，包括绩效监控、绩效评价等内容，相关内容如下。

（一）绩效监控

1. 绩效监控的主体

　　项目实施机构应根据项目合同约定定期开展 PPP 项目绩效监控，项目公司（社会资本）负责日常绩效监控。项目实施机构应根据 PPP 项目特点，考虑绩效评价和付费时点，合理选择监控时间、设定监控计划，原则上每年至少开展一次绩效监控。

2. 绩效监控的内容

　　对项目日常运行情况及年度绩效目标实现程度进行的跟踪、监测和管理，通常包括目标实现程度、目标保障措施、目标偏差和纠偏情况等。

3. 绩效监控的要求

严格遵照国家规定、行业标准、项目合同约定，按照科学规范、真实客观、重点突出等原则开展绩效监控。重点关注最能代表和反映项目产出及效果的年度绩效目标与指标，客观反映项目运行情况和执行偏差，及时纠偏，改进绩效。

4. 绩效监控的程序

项目公司（社会资本）开展绩效监控。项目公司（社会资本）按照项目实施机构要求，定期报送监控结果。项目实施机构应对照绩效监控目标，查找项目绩效运行偏差，分析偏差原因，结合项目实际，提出实施纠偏的路径和方法，并做好信息记录。

对于绩效监控发现的偏差情况，项目实施机构应及时向项目公司（社会资本）和相关部门反馈，并督促其纠偏；偏差原因涉及自身的，项目实施机构应及时纠偏；偏差较大的，应撰写《绩效监控报告》报送相关主管部门和财政部门。

（二）绩效评价

1. 开展绩效评价的主体

项目实施机构应根据项目合同约定，在执行阶段结合年度绩效目标和指标体系开展PPP项目绩效评价。财政部门应会同相关主管部门、项目实施机构等在项目移交完成后开展PPP项目后评价。

2. 开展绩效评价的方法

PPP项目绩效指标体系由绩效指标、指标解释、指标权重、数据来源、评价标准与评分方法构成。绩效指标设计的相关内容已经在第三节介绍过。指标权重是指标在评价体系中的相对重要程度，确定指标权重的方法通常包括专家调查法、层次分析法、主成分分析法、熵值法等；数据来源是在具体指标评价过程中获得可靠和真实数据或信息的载体和途径，获取数据的方法通常包括案卷研究、资料收集与数据填报、实地调研、座谈会、问卷调查等；评价标准是指衡量绩效目标完成程度的尺度，绩效评价标准具体包括计划标准、行业标准、历史标准或其他经相关主管部门确认的标准；评分方法是结合指标权重，衡量实际绩效值与评价标准值偏离程度，对不同的等级赋予不同分值的方法。

3. 开展绩效评价的要求

严格按照规定程序，遵循真实、客观、公正的要求，采用定量与定性分析相结合的方法。结合PPP项目实施进度及按效付费的需要确定绩效评价时点。原则上项目建设期应结合竣工验收开展一次绩效评价，分期建设的项目应当结合各期子项目竣工验收开展绩效评价；项目运营期每年度应至少开展一次绩效评价，每3~5年应结合年度绩效评价情况对项目开展中期评估；移交完成后应开展一次后期评价。绩效评价结果依法依规公开并接受监督。

4. 开展绩效评价工作的程序

我国对PPP项目开展绩效评价工作的程序指引如图6-5所示。

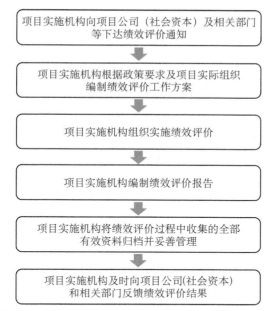

图6-5　我国对 PPP 项目开展绩效评价工作的程序指引

资料来源：根据《政府和社会资本合作（PPP）项目绩效管理操作指引》整理而得

5. 绩效评价结果的应用

在项目实施机构反馈绩效评价结果后，可能会涉及异议处理和结果复核。

异议处理是指如果项目公司对绩效评价结果有异议，应及时明确提出并提供有效的佐证材料，向项目实施机构解释说明并达成一致意见。无法达成一致的，应组织召开评审会，双方对评审意见无异议的，根据评审意见确定最终评价结果；仍有异议的，按照合同约定的争议解决机制处理。

结果复核是指对于项目实施机构反馈的 PPP 项目绩效评价报告，相关主管部门、财政部门应进行复核。

PPP 项目绩效评价结果是按效付费、落实整改、监督问责的重要依据。按效付费指对使用者付费项目，项目公司（社会资本）获得的项目收益应与当年项目公司（社会资本）绩效评价结果挂钩；对政府付费和可行性缺口补助项目，二者应完全挂钩。落实整改指项目实施机构应根据绩效评价过程中发现的问题统筹开展整改工作，并将整改结果报送相关主管部门和财政部门。监督问责指项目实施机构应及时公开绩效评价结果并接受社会监督；项目实施机构绩效评价结果应纳入其工作考核范畴。

四、实际案例

（一）上海市闵行文化公园美术馆 PPP 项目①

结合《闵行文化公园美术馆绩效考核方法》分析上海市闵行文化公园美术馆 PPP 项

---

① 资料来源：财政部 PPP 中心

目的绩效评价。

闵行文化公园美术馆绩效考核方法

为进一步加强闵行文化公园美术馆项目运营管理，确保美术馆项目更好满足公众需求，通过科学考核，进行全过程跟踪检查、督办、考评，有效促进闵行文化公园美术馆项目运营管理常态化和精细化水平，结合工作实际，制定本办法。

一、考核对象
项目公司

二、考核单位
上海市闵行区文化广播影视管理局

三、考核内容
闵行区文化公园美术馆运营合规性、社会影响力及客户满意度。

四、考核方法
根据美术馆行业运营工作特点，主要考核项目公司是否按照合同规定的标准、要求和质量完成工作任务。经检查督办未进行整改的对照考核细则加倍扣分，将12345热线、新闻媒体曝光，及社会公众满意度纳入考核工作范畴；考核采取基础工作考核、定期联合考核等形式进行，实行百分制。

（1）基础工作考核。日常抽查和年终检查相结合，对问题项进行扣分，对社会有益项可进行加分。

（2）定期联合考核。园区办公室进行日常监管，如有问题，按标准扣分，区文广局进行综合。

（3）社会监督考核。对12345热线，新闻媒体曝光及社会公众满意度纳入日常考核工作，按标准扣分，经核实造成影响的 5 倍扣分，对重大问题、造成不良后果的 10 倍扣分。

五、评分办法
考核采取百分制：基础工作考核 60 分、联合考核 20 分以及公众满意度考核 20 分。总分最高分不高于 100 分（含 100 分），最低分不低于 60 分（含 60 分）。

六、可行性缺口补贴核定
根据考核评分，由闵行区文化广播影视管理局根据绩效考核评分核定相应年度的可行性缺口补贴。

该案例的绩效评价采用综合评价法。在该项目的 KPI 体系中，公众满意度的评分占比达到 20%，这体现出美术馆作为文化型基础设施以服务为主导逻辑的特点。该项目的绩效管理体系以绩效评价为主，明确了绩效考核结果与可行性缺口补贴核定的关系。

（二）湖南省常德市公交场站（一期）PPP 项目[1]

该案例的绩效考核相关内容如下所示。

1. 绩效考核结果运用

该项目绩效考核结果与甲方应付的可行性缺口补助金额挂钩。

2. 绩效考核依据

该项目绩效考核根据《国家发展改革委 建设部关于印发〈建设项目经济评价方法与参数〉的通知》（发改投资〔2006〕1325 号）、《企业财务通则》《企业会计准则——基本准则》等有关规定，并参照《投资项目经济咨询评估指南》（中国国际工程咨询公司编）有关内容执行。

3. 绩效考核分类

该项目绩效考核分为建设考核、运营维护考核和移交考核三部分。

1）建设考核

按照经批准的年度实施计划及时完成建设任务，质量符合国家工程验收规范及省、市相关规定，符合环境安全标准。

2）运营维护考核

运营维护考核分数按本合同约定方式与可行性缺口补助金额挂钩，一般分为常规季度考核和年度考核。该项目运营维护考核内容为公交场站，如该项目实际考核内容与考核指标不符，则相应调整考核分值。

各单项考核内容分数均为 100 分，总分为各单项考核内容的建安工程费占项目总建安工程费的权重乘以单项考核分数之和。

年度考核分数占年度综合考核权重为 40%，季度考核平均分数占年度综合考核权重为 60%，按以下公式加权计算年度综合考核分数作为可行性缺口补助依据：

$$T = A \times 40\% + B \times 60\%$$

其中，T 为年度综合考核分数；A 为年度考核分数；B 为季度考核平均分数。

按以上公式计算的年度综合考核总分的满分为 100 分，评分结果分别对应的考核等级及考核系数详见表 6-6（运营维护出现重大质量问题的，年度综合考核总分最高不得超过 60 分）。

表 6-6　考核得分、等级与系数对照表

阶段	考核得分	考核等级	考核系数（S）
运营期	$90 \leqslant T \leqslant 100$	优	1.0
	$80 \leqslant T < 90$	良	0.9
	$70 \leqslant T < 80$	中	0.8
	$60 \leqslant T < 70$	较差	0.6
	$0 \leqslant T < 60$	差	0

---

[1]　资料来源：财政部 PPP 中心

3）移交考核

在该项目合作期满或提前终止进行资产设施移交过程中，项目公司应确保本项目设施达到一定标准。

4. 绩效考核基数

为实现风险有效分担，提高项目建设质量、运营维护质量、移交质量，该项目设置绩效考核基数。

其中，项目当期可用性付费的 20% 及当期全部运营维护费纳入绩效考核基数。甲方应及时将绩效考核结果反馈给市政府财政部门，市政府财政部门结合绩效考核基数、考核系数，按下列公式计算当期应向项目公司支付的可行性缺口补助：

当期应付可行性缺口补助金额 = 可用性付费（Y1）× 80% +（Y1 × 20% + 运营维护费）× 考核系数（S）− 甲方享有的使用者付费收入

5. 考核方式及考核期

1）该项目采用定期考核或不定期抽查的方式进行季度、年度考核。

2）季度定期考核在每年 3 月、6 月、9 月进行，年度定期考核在每年 12 月完成。

该案例的绩效评价也采用了综合评价法。该项目按照全生命周期阶段来梳理绩效指标体系，分为建设阶段、运营阶段、移交阶段。其中，运营阶段的绩效指标尤为详细，且说明了绩效考核结果与运营管理优化的联系。该案例的绩效评价体系和设计在内容上相对比较详细、具体、全面。

◀ 课后习题 ▶

1. 绩效管理有哪些相关理论？
2. PPP 项目绩效目标设定有哪些方法？
3. 请简述一个项目的绩效评价流程。
4. 请结合实际案例分析绩效评价和绩效管理方案。

第七章　PPP项目的全生命周期管理

> **【教学目的】**
>
> PPP 项目的周期长、阶段多，有必要通过全生命周期管理的方式来提高 PPP 项目实施效果。本章按照识别、准备、采购和执行等不同阶段，介绍 PPP 项目全生命周期管理的内容和流程，需要学生掌握 PPP 项目全生命周期管理内容，熟悉各阶段管理重点，了解各阶段管理难点，提高对 PPP 项目全生命周期管理的能力。

第一节　全生命周期管理概论

一、基本概念

项目的全生命周期是项目从启动到完成所经历的一系列阶段，狭义的项目全生命周期通常包括项目启动、计划、实施、收尾四个阶段，而广义的项目全生命周期则体现为项目从概念产生到完全废止的全过程。

PPP 项目通常需要完成论证、设计、投融资、建设、运营、维护、移交等多个阶段。如果从项目全生命周期的视角来分析，PPP 项目的诸多阶段共同构成了项目全生命周期。如图 7-1 所示，分别以时间 t 和 NPV 值为横、纵坐标，项目的建设期应为 t_1，运营期应从 t_1 时点开始，到 t_3 时点结束，t_3 时点后项目再运营已不经济。因此，t_3 时点至 t_4 时点之间应为项目的更新或者重置期。如果项目采用 BOT 模式运作，则 BOT 模式下的建设期与项目建设期一致，而 BOT 模式下的运营期应结束于 t_2 时点与 t_3 时点之间，移交给政府之后政府继续运营或者后续再委托运营至 t_3 时点之前结束。

二、PPP 项目全生命周期的基本特征

PPP 项目运作过程中，在全生命周期各个阶段时点、项目风险水平、利益相关者的作用以及对项目的控制力均有所不同。一般而言，典型的 PPP 项目全生命周期具有如下特征。

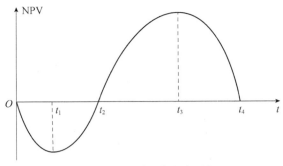

图 7-1　PPP 项目全生命周期

（一）项目管理具有全生命周期

通过 PPP 模式的规范运作可以实现对项目全生命周期的统一管理与综合优化。例如，为了提高 PPP 项目效率，采用不单独指定建设期和运营期的方式，社会资本会得到缩短项目建设周期尽早投入运营的激励。如果采用 BOO 模式，社会资本会主动投入更新改造以推迟 t_3 时点，从而延长项目的生命周期。同时，采用 PPP 模式也有可能使社会资本产生降低项目建设和运营质量、缩短移交后运营期等投机行为。PPP 项目周期与项目全生命周期的错配使项目全生命周期的优化管理更为复杂。

（二）项目风险水平逐渐降低

在 PPP 项目论证阶段，由于存在着很多不确定因素，成功完成项目的概率是最低的，风险和不确定性最高。此时，各个利益相关者必须认真开展项目的风险识别与分担，以及全面、细致的 PPP 项目论证工作。随着项目的进展，不确定因素逐渐减少，成功完成项目的概率通常会逐步增加。

（三）利益相关者作用不断变化

随着全生命周期的发展，PPP 项目利益相关者的作用在不断变化。在 PPP 项目的论证阶段，政府方需要主导完成项目实施方案、物有所值评价、财政承受能力评价等工作。签署 PPP 合同以后，社会资本方将代替政府完成投融资、建设、运营等工作，政府角色将转变为考核与监督者。因此，PPP 模式从根本上转变了传统的政府在公共项目中的角色和地位，利用社会资本方的优势弥补了政府在资金、技术、管理等方面的不足。

（四）各方对 PPP 项目的控制力逐渐变弱

政府、社会资本方、金融机构、股东、社会公众等项目利益相关者对项目的影响力在项目开始时是最强的。随着项目的进展，项目利益相关者的影响力会逐渐减弱，这主要是因为随着项目的深入，项目将按照合同规范的约定进行运作，而再谈判、变更和提前终止成本在不断增加。

在掌握 PPP 项目生命周期特征和阶段管理内容的基础上，对整个项目的管理要着重分析各阶段的主要工作，并注重整个生命周期中各主体及管理职能的变化。

为了规范 PPP 项目的运作流程，国家出台了许多文件，划分并定义 PPP 项目全生命周期各个阶段运作的主要工作。按照《关于在公共服务领域推广政府和社会资本合作模式的指导意见》，PPP 项目的全生命周期被划分为识别、准备、采购、执行和移交五个阶段。

第二节　PPP 项目的识别阶段——项目发起与论证

项目识别是 PPP 项目的第一个阶段，是一个 PPP 项目从众多项目中"脱颖而出"的关键环节。这一阶段的主要工作是地方政府筛选潜在项目，将具备条件的项目立项，按照 PPP 相关管理要求进一步论证项目。PPP 项目的识别既要符合 PPP 相关规定，还要符合项目所在区域、领域的相关规定，更要遵守国家财政体系、发改系统对项目投融资和实施的相关要求。识别出一个 PPP 项目意味着做了一个决策，而"做对决策"对 PPP 项目及其成效至关重要。

一、项目筛选

（一）确定开发计划

PPP 主管部门会同行业主管部门筛选，确定备选项目，并报政府研究，制订项目年度和中期开发计划。由 PPP 主管部门会同相关部门筛选的 PPP 项目，其基本信息应录入有关部委的项目库。

（二）确定筛选结果

对于列入年度开发计划的项目，发起方应按 PPP 主管部门要求提交资料。项目一般分为新建、扩建和存量项目，新建、改建项目应提交可行性研究报告、项目产出说明和初步实施方案；存量项目应提交存量公共资产的历史资料、项目产出说明和初步实施方案。

二、项目发起

（一）发起主体

PPP 项目可由政府或社会资本发起，不过在实践中绝大部分由政府发起。

（1）政府发起。PPP 主管部门向行业主管部门征集潜在 PPP 项目。行业主管部门可从国民经济和社会发展规划及专项规划中的新建、改建项目或存量公共资产中遴选潜在项目，尤其要按照行业主管部门的职责，分别从市政基础设施、交通运输、水利、环境保护、农业、林业、科技、保障性安居工程、医疗、卫生、养老、教育、文化、体育、旅游等公共服务领域中遴选，审核和汇总潜在 PPP 项目，向 PPP 主管部门推荐。

（2）社会资本发起。社会资本应以项目建议书的方式向 PPP 主管部门推荐潜在 PPP 项目。

（二）发起流程

1. 政府发起

政府作为 PPP 项目发起人的项目的发起流程如图 7-2 所示。

图 7-2　政府作为 PPP 项目发起人的项目的发起流程

2. 社会资本发起

社会资本方作为 PPP 项目发起人的项目的发起流程如图 7-3 所示。

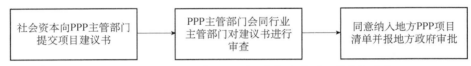

图 7-3　社会资本方作为 PPP 项目发起人的项目的发起流程

三、项目论证

PPP 项目的识别阶段需要按政策规定和要求开展项目论证。在我国，前期的 PPP 项目论证主要包括物有所值评价和财政承受能力论证两个方面。这两个论证通过的项目，被视为识别出的可以做实施准备的项目。

有关物有所值评价和财政承受能力论证的具体内容详见本书第二章《PPP 项目的谋划和决策》。

针对通过论证的项目，各级财政部门（或 PPP 中心）应当通过官方网站及报刊媒体，每年定期披露当地 PPP 项目目录、项目信息及财政支出责任情况。应披露的财政支出责任信息包括：PPP 项目的财政支出责任数额及年度预算安排情况、财政承受能力论证考虑的主要因素和指标等。

第三节　PPP 项目的准备阶段——实施方案编制与入库

项目准备是 PPP 项目的第二个阶段，是 PPP 项目做好实施准备的关键环节。这一阶段的主要工作是确定政府方实施机构（作为采购阶段的甲方）、组织编制实施方案（可聘请中介机构）、向财政系统逐级申报项目入库。PPP 项目准备阶段的充分度和深入度在很大程度上决定了后续项目实施的顺畅度。

一、实施方案编制

实施方案是贯穿 PPP 项目全过程的操作指南，是对 PPP 项目从实施目标、实施原则、实施内容、实施方法、实施步骤及各方权责利等各个方面做出预先的、全面的、具体的和明确的计划安排。PPP 项目实施方案由政府方实施机构组织编制，而实施机构可委托第三方专业机构来辅助编写，以及聘请专家来辅助论证和完善。

新建和改扩建类型的 PPP 项目实施方案应当依据项目建议书、项目可行性研究报告等前期论证文件来编制。存量类型的 PPP 项目实施方案编制依据还应包括存量公共资产建设、运营维护的历史资料以及第三方出具的资产评估报告等。PPP 项目实施方案的主要内容包括项目概况、风险分配框架、项目运作方式、交易结构、合同体系、监管架构、采购方式选择和财务测算等。

（一）项目概况

1. 基本情况

主要明确项目提供的公共产品和服务内容、项目采用 PPP 模式运作的必要性和可行性，以及项目的运作目标。

2. 经济技术指标

主要明确项目区位、占地面积、建设内容或资产范围、投资规模或资产价值、主要产出说明和资金来源等。

3. 项目公司股权情况

主要明确是否新设立项目公司以及项目公司的股权结构，特别是政府方的出资比例，以及对社会资本方的相关出资要求等。

（二）风险分配框架

按照风险分配优化、风险收益对等和风险可控等原则，综合考虑政府风险管理能力、项目回报机制和市场风险管理能力等要素，在政府和社会资本间合理分配项目风险，形成 PPP 项目的风险分配框架。原则上，项目设计、建造、财务和运营维护等商业风险由社会资本承担，法律、政策和最低需求等风险由政府承担，不可抗力等风险由政府和社会资本合理共担。

有关 PPP 项目风险管理的具体内容详见本书第五章《PPP 项目风险管理》。

（三）项目运作方式

项目运作方式主要包括委托运营、管理合同、BOT、BOO、TOT 和 ROT 等。

具体运作方式的选择主要由项目需求、收费定价机制、项目投资收益水平、风险分配、融资需求和期满处置等因素决定。

（四）交易结构

交易结构主要包括项目投融资结构、项目回报机制和相关配套安排。其中，项目投融资结构主要说明项目资本性支出的资金来源、性质和用途，项目资产的形成和转移等。项目回报机制主要说明社会资本取得投资回报的资金来源，包括使用者付费、政府付费和可行性缺口补助等支付方式。相关配套安排主要说明由项目以外相关机构提供的土地、水、电、气和道路等配套设施和项目所需的上下游服务。

1. 项目投融资结构

1）股权融资结构

股权融资结构是指 PPP 项目公司享有股东权益的投资人构成，以及投资人之间的股权比例分布结构。PPP 项目建设运营可以通过两种形态：一种是成立项目公司（如 SPV），以项目公司作为 PPP 项目的建设运营主体，同时作为经营主体和融资主体，以确保投资风险与股东实现有效隔离；另一种是不成立项目公司，由社会资本直接负责 PPP 项目的具体建设运营工作。PPP 项目的股权投资主体包括两类：社会资本和政府。在通过项目采购程序后，中选社会资本将按约定出资设立项目公司，社会资本可单独出资设立项目公司或与政府共同出资设立项目公司。政府参股项目公司的主要操作形式是授权本级国有企业代为出资。

2）债权融资结构

债权融资结构是指以融资者的信用为基础，按预先约定的利息给付方式支付报酬，同时按期还本付息的融资方式，由项目公司股本结构以外的其他债务性资本构成。债权融资的特点有：债权融资取得的是资金的使用权而不是所有权；债权融资必须按约定还本付息；债权融资能够提高企业股权资金的资金回报率，提高财务杠杆。通常 PPP 项目的债权融资主要采用银行贷款、公司债和企业债、信托贷款、股东借款等形式。

在实践中，PPP 项目的投融资结构多为上述两种方式的组合，结合具体情况进行不同程度的匹配和取舍。有关 PPP 项目融资管理的具体内容详见本书第四章《PPP 项目融资管理》。

2. 项目回报机制

1）使用者付费

使用者付费是指由最终消费用户直接付费购买公共产品和服务，项目公司直接从最终用户处收取费用以收回成本并获得合理收益的收益来源方式。使用者付费针对有明确收费基础且经营收费能够完全覆盖投资成本的经营性项目。基于风险与收益相平衡的原则，在使用者付费项目中，项目公司在获得收益的同时，一般会承担全部或者大部分的项目需求风险。

使用者付费机制的优势在于，政府可以最大限度地将需求风险转移给项目公司，而且不用提供财政补贴。与此同时，政府还可以通过与需求挂钩的回报机制激励项目公司提高项目产品或服务的质量。

2）政府付费

政府付费是指政府直接付费购买公共产品和服务。其最大的特点在于付费主体是政府而非项目的最终消费者。政府付费主要适用于缺乏使用者付费基础、无直接收益来源、依靠政府付费吸引社会资本投资建设的非经营性项目。在政府付费机制下，政府可以依据项目设施的可用性、产品或服务的使用量以及质量向项目公司付费。政府付费是公用设施类和公共服务类项目中较为常用的付费机制。

根据项目类型和风险分配方案的不同，在政府付费机制下，政府通常会依据项目的可用性、使用量和绩效中的一个或多个要素的组合向项目公司付费。

3）可行性缺口补助

可行性缺口补助是指项目收入主要来源于使用者付费，但使用者付费收入不足以覆盖投资成本和合理收益，需要政府进行一定的资金补贴，以弥补使用者付费之外的缺口部分。可行性缺口补助是在政府付费机制与使用者付费机制之外的一种折中选择，主要适用于准经营性项目。在我国实践中，可行性缺口补助的形式多种多样，包括投资补助、价格补贴、无偿划拨土地、提供优惠贷款、贷款贴息、投资入股、放弃项目公司中政府股东的分红权以及授予项目周边的土地、商业开发收益权等方式。

3. 相关配套安排

1）配套政策支持

在实施过程中 PPP 项目涉及的土地使用、税收优惠、价格调整、信贷扶持等政策机制需要政府积极协调和有关部门的支持。

2）土地利用安排

大部分 PPP 项目，尤其是基础设施建设项目或其他建设项目均会涉及项目用地问题，由哪一方负责取得土地对这类项目来说非常关键。土地安排问题包括项目建设必需的项目用地、施工用地等问题。

土地使用权的取得包括有偿取得和无偿取得两类方式。有偿取得方式包括出让、租赁、作价出资或入股，无偿取得方式主要为划拨。

3）上下游产业相关配套设施安排

上下游产业相关配套设施包括水电供应、施工道路等配套设施。一些项目的实施可能无法由项目公司独自完成，还需要政府给予一定的配套支持，包括建设部分项目配套设施、完成项目与现有相关基础设施和公用事业的对接等。

（五）合同体系

合同体系主要包括 PPP 项目合同、股东协议、融资合同、勘察设计合同、工程承包合同、运营服务合同、原料供应合同和保险合同等，如图 7-4 所示。

其中，PPP 项目合同是整个合同体系的核心，它涵盖了相关参与方之间的基本权利和义务安排。有关 PPP 项目合同管理的具体内容详见本书第三章《PPP 项目合同管理》。

（六）监管架构

PPP 项目监管是政府、公众等监管主体根据法律法规的规定及合同的约定，对项目全生命周期内的各事项进行监管，以保证项目的合法合规性，促进项目按约完成。

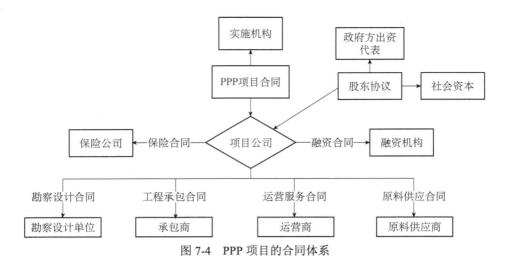

图 7-4 PPP 项目的合同体系

PPP 项目实施方案中需要给出项目监管的架构。项目监管架构主要包括授权关系和监管方式。其中，授权关系主要是政府对项目实施机构的授权，以及政府直接或通过项目实施机构对社会资本的授权；监管方式主要包括履约管理、行政监管和公众监督等。

1．监管主体

政府作为社会的管理者，有权监管与公共利益有关的一切事项。同时，政府是 PPP 项目合同的签订主体，有权利也有义务要求社会资本提供符合合同要求的公共产品和服务。政府各部门除亲自监管 PPP 项目外，还可以授权其他主体行使监管权。政府不同的行政部门会在项目不同的阶段进行监管。比如，发改部门、建设主管部门、财政部门、行业主管部门、环保部门、安全监督部门、物价部门等都将对各自负责的部分有监管的权利及义务。此外，社会公众作为公共产品和公共服务的购买者以及公用事业和基础设施的主要服务对象，需要在 PPP 项目实施过程中监督项目的各项内容，以保证自己的需求和利益得到满足。若发现项目公司提供的公共产品和公共服务不符合要求，社会公众可以采取向有关部门投诉和提起公益诉讼等方式维护自身的合法权益。

2．监管方式

在保障项目社会效益和公众利益的总体目标下，政府监管部门通过法律法规、PPP 项目合同（特许经营协议）、政策引导、约束激励机制、绩效考核机制等多种方式对 PPP 项目参与方和项目全过程监管，实现项目监管目标。首先，法律法规是监管机构对项目实施监管的基础和依据，也是其他监管方式建立的前提。其次，项目合同是 PPP 模式运作中政府监管的依据和标准。

3．监管内容

1）项目识别阶段的监管内容

财政部门对项目是否物有所值和财政承受能力进行审批，并对 PPP 项目的预算进行监管。

2）项目准备阶段的监管内容

实施机构对工作进程和方案设计进行监管。

3）项目采购阶段的监管内容

审计部门对社会资本进行资质审查以及对 PPP 项目立项投资进行审计监管等。同时，建设部门负责监管政府承建商的准入，如监管招标过程及社会资本准入，以确保采购流程的公平性和合理性。

4）项目执行阶段的监管内容

审计部门对 PPP 项目合同及其相关工程合同审计监管，对工程款支付和工程造价进行跟踪审计监管，对 PPP 项目各参与方财务状况进行审计监管；环境保护部门对项目实施过程中项目公司的环境行为进行监管；消防部门主要对项目建设主体的消防设施设备进行验收监管。

项目建设阶段监管的重点在于工程进度、建设质量和资金。监管机构在对项目进度进行监管时，可以要求项目公司定期提交建设工程进度报告，确保项目施工进度与合同中约定的进程安排相一致。在工程质量和资金监管方面，要求外部工程监理单位和受托银行定期向监管机构提交相关报告。

项目运营阶段监管的重点在于对项目公司整个运营过程进行控制和管理，除了对其进行绩效考核、价格监管、质量控制和财务监控外，还需要通过制度化监管来加以补充。制度化监管包括：一是设立例会制度。监管机构定期与项目公司或委托运营单位召开例会，方便监管机构及时了解项目的运营状况。二是财务事项需要定期报送。项目公司或委托运营单位定期向监管机构提供财务报告，防止出现重大的财务危机。三是设立公共账户制度。运营阶段涉及的重要款项必须通过公共账户进出，以便监管机构实时监控财务状况。

项目移交阶段监管的重点是对项目的产权监督和合同执行情况的监督，并对项目移交时项目的整体情况做出评估，以确保公共部门的利益和项目移交后的平稳运行。

PPP 项目监管的手段是 PPP 项目绩效评价和绩效管理，有关 PPP 项目绩效评价和绩效管理的具体内容详见本书第六章《PPP 项目绩效评价》。

（七）采购方式选择

项目采购应根据《中华人民共和国政府采购法》及相关规章制度执行，采购方式包括公开招标、竞争性谈判、邀请招标、竞争性磋商和单一来源采购。项目实施机构应根据项目采购需求特点，依法选择适当采购方式。

公开招标主要适用于核心边界条件和技术经济参数明确、完整、符合国家法律法规和政府采购政策，且采购中不作更改的项目。

对于涉及工程建设、设备采购或服务外包的 PPP 项目，已经依据《中华人民共和国政府采购法》选定社会资本合作方的，合作方依法能够自行建设、生产或者提供服务的，按照《中华人民共和国招标投标法实施条例》第九条规定，合作方可以不再进行招标。

（八）财务测算

财务测算主要包括项目投资回报测算、现金流量分析、项目财务状况、项目存续期间政府补贴情况等。根据项目回报方式分析项目在合作期间的财务经济状况。

除上述内容外，PPP 项目实施方案还应根据具体情况对项目的产品及服务质量和产出标准、绩效考核指标、经济分析等内容进行设计说明。

项目初步实施方案编制完成后，财政部门（或 PPP 中心）根据实施方案对项目进行物有所值评价和财政承受能力论证。

1. 通过物有所值评价和财政承受能力论证时

由项目实施机构完善项目实施方案后，会同项目涉及的财政、规划、国土、价格、公共资源交易管理、审计、法制等政府相关部门，对 PPP 项目实施方案进行联合评审。必要时可先组织相关专家进行评议或委托第三方专业机构出具评估意见，然后再进行联合评审，形成明确结论。项目实施机构应当根据形成的评审结论，对项目实施方案进一步修改完善。完善项目实施方案后报政府审核，或者评审结论作出不采用 PPP 模式的决定。

2. 未通过物有所值评价和财政承受能力论证时

可在实施方案调整后重新验证；经重新验证仍不能通过的，不再采用 PPP 模式。

项目实施方案应当经本级人民政府审核同意。经本级人民政府审核同意的 PPP 项目实施方案，由有关主管部门向社会公布。PPP 项目的实施方案审核流程如图 7-5 所示。

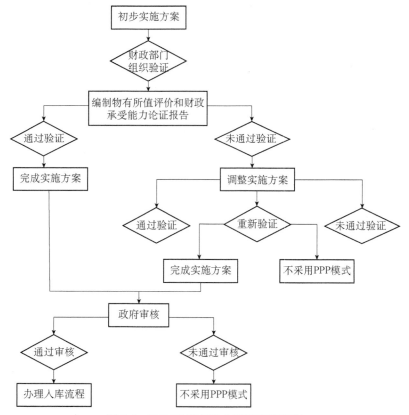

图 7-5 PPP 项目实施方案的审核流程

二、项目实施准备

（一）项目尽职调查

PPP 项目双方均应在准备阶段开展尽职调查。其中，在这一阶段开展尽职调查的社会资本方通常是有合作意愿的市场主体。这意味着一个 PPP 项目可能会面临多家潜在社会资本方的尽职调查。

项目尽职调查的内容包括梳理既有产权关系，并对必要的瑕疵进行修复。如果是存量项目，那么更有必要开展尽职调查。这是因为大部分基础设施和公共服务的存量资产建成年限久远、产权主体复杂、债权债务关系混乱。

项目双方应着手针对项目的建设资料、历史沿革、资产状况、运营数据、债权债务状况、权利限制状况等资料进行一一梳理，必要时开展资产评估，并对资产本身的瑕疵进行修复或剔除。项目尽职调查工作能为后续 PPP 项目的实施奠定坚实基础。

（二）项目设计范围

项目设计需要区分清楚是否包含可行性研究、初步设计、扩初设计、技术设计和施工图设计等全部或部分，以及具体内容的责任方，以减少后期的扯皮。比如，需要在合同签订前确认清楚项目产出说明是由政府来完成还是社会资本方来完成。在实操中，针对施工和工艺相对比较成熟的项目，政府方出于监管和控制项目造价的考虑，通常会负责完成 PPP 项目的所有前期设计工作。因此在这类 PPP 项目合同中并不需要对"设计"有过多约定，社会资本方根据政府方完成并经审批的设计成果进行施工即可，相关的设计责任也由政府方承担。针对施工和工艺相对复杂且不那么成熟的项目，政府方则需要社会资本方体现其在设计、建设、运营全流程集约化、高效管理方面的能力，负责项目设计并承担责任。在这种情形下，PPP 项目合同需要对设计要求、设计前准备、设计进度、设计审查、设计责任、概预算编制等方面进行详细约定。

（三）项目工程范围

项目工程范围的确定至关重要，其关乎整个项目的总投资金额，进而会影响项目的投资回报，主要包括建什么、规模多少、目前估算多少等。已经完成施工图的项目，应将施工图及工程量清单作为合同附件；尚未完成施工图的项目，应约定在施工图完成后将经批准的施工图作为合同附件。

（四）项目工期

项目工期包括开工日和建设工期。关于开工日，一般会约定开工日的定义，以及最迟不晚于何时开工。开工日通常以监理工程师签发的开工令中载明的开工日期为准。在实际操作中可能会遇到即使项目未具备开工条件，政府方也出于各种原因要求监理工程师签发开工令的情况，因此，为保证项目实施的合规性，社会资本方可以要求在 PPP 合同中约定：开工日指项目具备法定的开工条件后，监理工程师签发的开工令中载明的开工日。在建设工期方面，要明确具体的工期，根据项目情况可分为总工期、各子项目工期，其可作为评判社会资本方是否按约竣工的依据。为保证工期，通常 PPP 合同中会要求社会资本方根据政府方的工期要求提交建设进度计划，并且定期就进度计划的实施情况进行汇报。

项目工期延长的情形则包括：①不可抗力事件；②政府方导致的延误；③法律变更或其他政府部门导致的延误；④其他非社会资本方导致的延误。

（五）项目监理安排

项目监理安排就是约定清楚由谁来选择监理单位，即明确选择权责。通常在 PPP 项目合同中约定项目的监理单位由政府方通过合法方式选择，因遴选监理单位所发生的费用由社会资本方承担并计入项目总投资，或约定在依法遴选项目监理单位之前，应将相应资格预审文件、采购文件等报经政府方事先书面同意确认后发售，社会资本方在和监理单位签署监理合同之前须报经政府方确认。

三、项目申报入库

（一）入库标准校对

项目实施方在项目申报入库之前，需要查询国家有关 PPP 项目入库的最新标准并予以校对。当前，针对 PPP 项目入库标准主要有三个方面的要求。

（1）适宜采用 PPP 模式，入库项目应具有价格调整机制相对灵活、市场化程度相对较高、投资规模相对较大、需求长期稳定等特点。

（2）项目投资总额达到一定规模，合作期限原则上不低于 10 年。

（3）项目能建立清晰的风险分担机制。原则上项目设计、建设、财务、运营维护等责任由社会资本承担，政策和法律变更、最低需求等责任由政府承担。

（二）项目库分类

各级财政部门和行业主管部门需要结合申报项目的性质和成熟度，将上报的项目分类安排到相应的项目库进行管理。已有的 PPP 项目库分类包括以下几种。

1. 储备项目库

1）意向项目库

意向项目库是指征集和上报汇总后的所有 PPP 项目总和。纳入意向项目库的项目资料包括初步实施方案、项目产出说明、信息系统录入账号。

2）备选项目库

备选项目库是指地方政府从意向项目库中筛选出来的 PPP 项目总和。这些项目通常具备符合城市总体规划和各类专项规划、完备的前期工作和已完成物有所值评价及财政承受能力论证等条件。

3）推介项目库

推介项目库是指地方政府从备选项目库中筛选出来向社会公布的 PPP 项目总和。这些项目通常是当地政府非常重视的重大项目。

2. 执行项目库

执行项目库是指进入执行阶段的 PPP 项目总和。

3. 示范项目库

示范项目库是指政府部门从项目库中定期择优选择并适时向社会公开推广的 PPP 项目总和。这些项目通常具备运作程序规范、资料齐备、已经签约落地且进展顺利、项目所在领域成熟度高、项目示范性高等特征。

（三）申报入库程序

（1）地方各级政府负责征集和申报项目，将项目材料报送至省级财政部门，并通过信息系统同时开展网上申报。

（2）省级财政部门负责筛选项目，严格控制入库项目质量，对物有所值评价、财政承受能力论证和实施方案评审等内容进行审查并做进一步完善反馈。

（3）省级财政部门结合项目性质和资料的成熟程度，定期择优向中央推荐，推荐成功的项目完成入库程序。

（4）中央部门对项目库实行动态管理模式，形成"建成一批、淘汰一批、充实一批"的良性循环机制。

第四节　PPP 项目的采购阶段——引入社会资本

项目采购是 PPP 项目的第三个阶段，是 PPP 项目进入实质操作阶段的前提条件。这一阶段的主要工作是政府为提供高效优质的公共基础设施及公共服务，遵循公开、公平、公正和诚实信用原则，通过适宜的采购方式依法择优选取社会资本。PPP 项目的采购与其他采购最大的区别在于"多招并一招"，即对于涉及工程建设、设备采购或服务外包的 PPP 项目，已经依据相关规定选定社会资本方的，而且该社会资本方还有能力证明自己能自行建设、生产或者提供服务的，则可以不再另行招标。PPP 项目的采购结果直接影响到项目的成效，引入一家合适的社会资本，对 PPP 项目的成功至关重要。

一、采购流程

PPP 项目的采购流程要符合《政府和社会资本合作项目政府采购管理办法》相关规定，主要包括资格预审、采购文件编制、响应文件编制、谈判与 PPP 项目合同签署等四个环节。

以公开招标为例，PPP 项目的采购流程如图 7-6 所示。

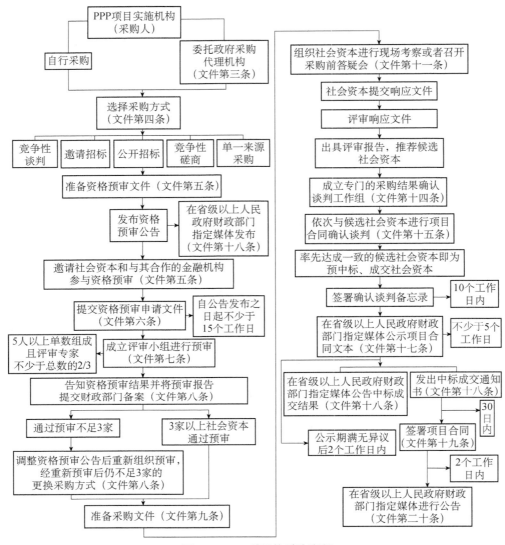

图 7-6 PPP 项目的采购流程
图中文件指《政府和社会资本合作项目政府采购管理办法》

二、采购方式

根据《政府和社会资本合作模式操作指南（试行）》和《政府和社会资本合作项目政府采购管理办法》对政府采购 PPP 项目的流程逐步规范，同时，综合《中华人民共和国政府采购法》《中华人民共和国招标投标法》《基础设施和公用事业特许经营管理办法》等规定，PPP 项目采购方式包括公开招标、邀请招标、竞争性谈判、竞争性磋商和单一来源采购。项目实施机构应当根据 PPP 项目的采购需求特点，依法选择适当的采购方式。本节将依照上述政策文件从适用条件、优缺点及采购流程三方面对五类采购方式分别进行阐述。

（一）公开招标

公开招标又称无限竞争性招标，是指招标人通过国家指定的报刊、信息网络或者其他媒介发布招标公告的方式来邀请不特定的法人或者其他组织进行投标。招标公告应当载明招标人的名称和地址、招标项目的性质、数量、实施地点和时间以及获取招标文件的办法等事项。

1. 适用条件

《政府和社会资本合作项目政府采购管理办法》规定"公开招标主要适用于采购需求中核心边界条件和技术经济参数明确、完整、符合国家法律法规及政府采购政策，且采购过程中不作更改的项目"。

PPP项目在进入采购阶段时，物有所值评价、财政承受能力论证、实施方案均已完成，大部分PPP项目的核心边界条件和经济技术参数均较为明确，适用于公开招标。

2. 优缺点

公开招标的优点包含以下两点：一是使社会资本竞争充分。公开招标通过社会媒体发出公告及公开发售标书，符合条件的社会资本均具有充分竞争的机会和权利，从而能够在最大限度内选择社会资本，竞争性更强，择优率更高。二是有利于规避风险。公开招标作为我国有关法律首推的采购方式，相关法律规定及程序已相对完善。同时，当众开封响应文件等机制使公开招标的过程更为规范透明，能够在一定程度上避免其他采购方式带来的道德风险和法律风险。

但是，公开招标也存在一定的缺陷：首先，操作成本高。公开招标投标人众多，一般耗时较长、花费较大，对于采购标的较小的招标来说，尤为不利。其次，不适用于专业性较强和需要在较短时间内完成的项目。

3. 公开招标流程

通过公开招标方式采购PPP项目的流程，如图7-7所示。

（二）邀请招标

邀请招标又称为有限竞争性招标，是指招标人以投标邀请书的方式邀请特定的社会资本投标。

1. 适用条件

《中华人民共和国招标投标法实施条例》对邀请招标的范围做出了明确的规定："（一）技术复杂、有特殊要求或者受自然环境限制，只有少量潜在投标人可供选择；（二）采用公开招标方式的费用占项目合同金额的比例过大。"

《中华人民共和国政府采购法》规定："符合下列情形之一的货物或者服务，可以依照本法采用邀请招标方式采购：（一）具有特殊性，只能从有限范围的供应商处采购的；（二）采用公开招标方式的费用占政府采购项目总价值的比例过大的。"

2. 优缺点

邀请招标的优势在于所需时间较短、工作量小、目标集中，降低了时间成本和经济成

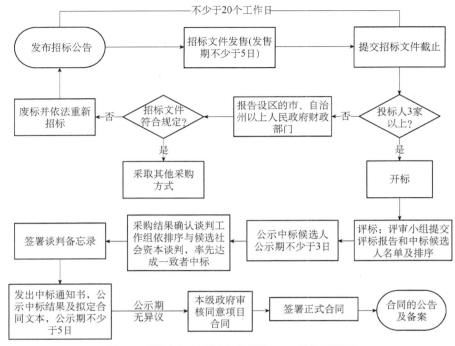

图 7-7　通过公开招标方式采购 PPP 项目的流程

本。总体来说，邀请招标在一定程度上弥补了公开招标的缺陷。其缺点在于投标单位的数量少、竞争性较差，不利于招标单位获得最优报价和最佳投资效益，而且有可能滋生不法行为。

3. 邀请招标流程

通过邀请招标方式采购 PPP 项目的流程，如图 7-8 所示。

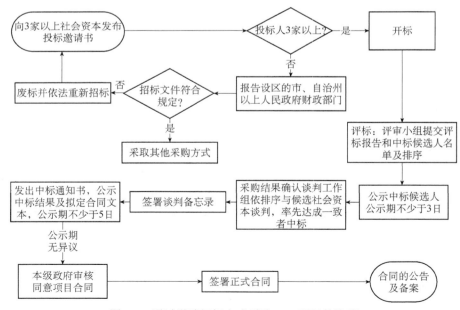

图 7-8　通过邀请招标方式采购 PPP 项目的流程

（三）竞争性谈判

竞争性谈判是指采购人或代理机构通过与多家供应商（不少 3 家）进行谈判，最后按照最终报价从中确定中标供应商的一种采购方式。

1. 适用条件

《中华人民共和国政府采购法》规定，"符合下列情形之一的货物或者服务，可以依照本法采用竞争性谈判方式采购：（一）招标后没有供应商投标或者没有合格标的或者重新招标未能成立的；（二）技术复杂性或性质特殊，不能确定详细规格或者具体要求的；（三）采用招标所需时间不能满足用户紧急需要的；（四）不能事先计算出价格总额的"。

2. 优缺点

竞争性谈判的优点主要表现在：竞争对象相对较少，采用谈判确定成交，较为合理；采用竞争性谈判方式可以简化采购程序，提高效率；能就项目要求相关的实质性内容进行详细洽谈，双方更容易协商一致；可有目的地选择优秀的社会资本，确保采购安全，防范采购风险。

竞争性谈判的缺点：无限制的独家谈判，容易造成社会资本抬高价格；秘密谈判的参与者或操作人员易发生违法行为。

3. 竞争性谈判流程

通过竞争性谈判方式采购 PPP 项目的流程，如图 7-9 所示。

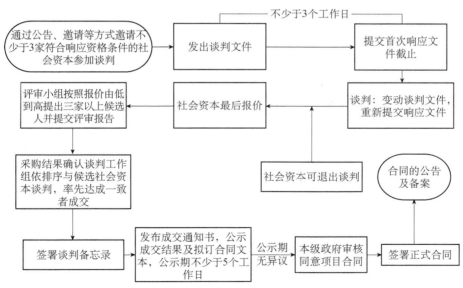

图 7-9　通过竞争性谈判方式采购 PPP 项目的流程

（四）竞争性磋商

竞争性磋商是指采购人、政府采购代理机构通过组建竞争性磋商小组与符合条件的供应商就采购货物、工程和服务事宜进行磋商，供应商按照磋商文件的要求提交响应文件和报价，采购人从磋商小组评审后提出的候选供应商名单中按照综合评分确定成交供应商的采购方式。

1. 适用条件

《政府采购竞争性磋商采购方式管理暂行办法》规定："符合下列情形的项目，可以采用竞争性磋商方式开展采购：（一）政府购买服务项目；（二）技术复杂或者性质特殊，不能确定详细规格或者具体要求的；（三）因艺术品采购、专利、专有技术或者服务的时间、数量事先不能确定等原因不能事先计算出价格总额的；（四）市场竞争不充分的科研项目，以及需要扶持的科技成果转化项目；（五）按照招标投标法及其实施条例必须进行招标的工程建设项目以外的工程建设项目"。

2. 优缺点

目前在 PPP 项目数量多、投资金额巨大、政府快速推进的情况下，PPP 项目需要在较短时间内通过充分协商谈判确定采购需求。面对不同项目需求各异的情况，采用竞争性磋商的优点在于不仅能在短时间内完成采购，还能灵活应对。而且，竞争性磋商明确规定可以两阶段磋商，即先确定采购需求，后综合评分。此过程通过磋商小组与社会资本双方的充分协商，可使项目目标和需求更加明确。同时采用综合评分法，能有效控制行业恶性低价竞争。

竞争性磋商的缺点在于程序灵活不便于规范采购行为，且磋商过程中可能存在暗箱操作来调高报价和围标。

3. 竞争性磋商流程

通过竞争性磋商方式采购 PPP 项目的流程，如图 7-10 所示。

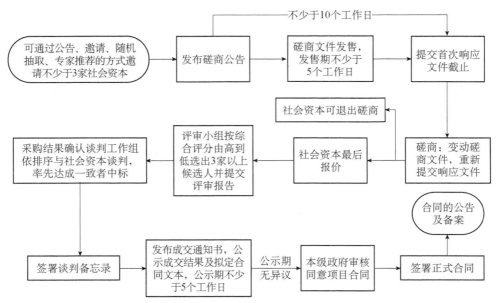

图 7-10　通过竞争性磋商方式采购 PPP 项目的流程

（五）单一来源采购

单一来源采购也称直接采购，是指采购人向唯一供应商进行采购的方式。

1. 适用条件

《中华人民共和国政府采购法》规定："符合下列情形之一的货物或者服务，可以依照本法采用单一来源方式采购：（一）只能从唯一供应商处采购的；（二）发生了不可预见的紧急情况不能从其他供应商处采购的；（三）必须保证原有采购项目一致性或者服务配套的要求，需要继续从原供应商处添购，且添购资金总额不超过原合同采购金额百分之十的。"

《政府采购非招标采购方式管理办法》规定："采购人、采购代理机构采购以下货物、工程和服务之一的，可以采用竞争性谈判、单一来源采购方式采购；采购货物的，还可以采用询价采购方式：（一）依法制定的集中采购目录以内，且未达到公开招标数额标准的货物、服务；（二）依法制定的集中采购目录以外、采购限额标准以上，且未达到公开招标数额标准的货物、服务；（三）达到公开招标数额标准、经批准采用非公开招标方式的货物、服务；（四）按照招标投标法及其实施条例必须进行招标的工程建设项目以外的政府采购工程。"

2. 优缺点

单一来源采购方式的优势在于供货渠道稳定和采购程序及操作时间相对较短。在单一来源采购中，采购主体与供货商一般具有长期稳定的合作关系，供货渠道稳定。项目采购过程只针对一家供应商，无须经过竞标比价等复杂环节，因此单一来源采购程序较为简化，大大缩短了采购时间。其缺点在于采购过程中不存在比较机制，未形成有效竞争，且过于依赖特定的社会资本，采购风险高，同时易滋生索贿受贿现象。

在 PPP 项目中，除发生不可预见的紧急情况外，采购人应尽量避免采用单一来源采购方式。如果采购对象确实特殊，确有采取单一来源采购方式进行采购的必要，应当深入了解供应商提供的产品性能和成本，以便有效地与供应商就价格问题进行协商，尽量减少采购支出。

3. 单一来源采购流程

PPP 项目单一来源采购流程，如图 7-11 所示。

三、资格预审

资格预审是采购人从业务资质、财务状况、经营业绩、法律诉讼情况等多方面对社会资本进行考察，排除条件一般、不符合条件的社会资本，以保证下一步的投资竞争在较高水平上展开的活动。

（一）资格预审公告

项目实施机构应当根据项目需要编制并发布资格预审公告，邀请社会资本和与其合作

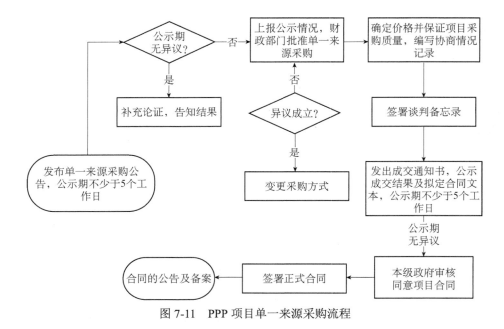

图 7-11　PPP 项目单一来源采购流程

的金融机构参与资格预审，验证项目能否获得社会资本响应和实现充分竞争。资格预审公告应当在省级以上人民政府财政部门指定的政府采购信息发布媒体上发布。资格预审合格的社会资本在签订 PPP 项目合同前资格发生变化的，应当通知项目实施机构。

资格预审公告应当包括项目授权主体、项目实施机构和项目名称、采购需求、对社会资本的资格要求、是否允许联合体参与采购活动、是否限定参与竞争的合格社会资本的数量及限定的方法和标准以及社会资本提交资格预审申请文件的时间和地点。提交资格预审申请文件的时间自公告发布之日起不得少于 15 个工作日。

（二）评审小组的成立

项目实施机构、采购代理机构应当成立评审小组，负责 PPP 项目采购的资格预审和评审工作。评审小组由项目实施机构代表和评审专家共 5 人以上的单数人员组成，其中评审专家人数不得少于评审小组成员总数的 2/3。评审专家可以由项目实施机构自行选定，但评审专家中至少应当包含 1 名财务专家和 1 名法律专家。项目实施机构代表不得以评审专家身份参加项目的评审。

（三）资格预审的结果

项目有 3 家以上社会资本通过资格预审的，项目实施机构可以继续开展采购文件准备工作；项目通过资格预审的社会资本不足 3 家的，项目实施机构应当在调整资格预审公告内容后重新组织资格预审；项目经重新资格预审后合格社会资本仍不够 3 家的，可以依法变更采购方式。

资格预审结果应当告知所有参与资格预审的社会资本，并将资格预审的评审报告提交财政部门（政府和社会资本合作中心）备案。

四、采购文件

项目实施机构在资格预审完成后，应进行采购文件的准备，并组织社会资本进行现场考察或者召开采购前答疑会等工作。

（一）项目采购文件的内容

项目采购文件应当包括采购邀请、竞争者须知（包括密封、签署、盖章要求等）、竞争者应当提供的资格、资信及业绩证明文件、采购方式、政府对项目实施机构的授权、实施方案的批复和项目相关审批文件、采购程序、响应文件编制要求、提交响应文件截止时间、开启时间及地点、保证金交纳数额和形式、评审方法、评审标准、政府采购政策要求、PPP 项目合同草案及其他法律文本、采购结果确认谈判中项目合同可变的细节，以及是否允许未参加资格预审的供应商参与竞争并进行资格后审等内容。项目采购文件中还应当明确项目合同必须报请本级人民政府审核同意，在获得同意前项目合同不得生效。

采用竞争性谈判或者竞争性磋商采购方式的，项目采购文件除上款规定的内容外，还应当明确评审小组根据与社会资本谈判情况可能实质性变动的内容，包括采购需求中的技术、服务要求以及项目合同草案条款。

（二）现场考察和答疑会

项目实施机构应当组织社会资本进行现场考察或者召开采购前答疑会，但不得单独或者分别组织只有一个社会资本参加的现场考察和答疑会。项目实施机构应当根据采购文件中确定的现场勘察和答疑的时间及地点准备相关工作，拟定现场勘察和答疑的时间安排，并书面通知各社会资本。购买采购文件的社会资本在现场勘查前提交问题清单，收集汇总后按问题的性质进行分类并准备回答文稿。在现场勘察后安排项目答疑会，咨询服务机构及采购人代表对社会资本提出的问题予以解答。同时，项目实施机构可以视项目的具体情况，组织对符合条件的社会资本的资格条件进行考察核实。

五、采购评审

（一）评审小组评审

评审小组成员应当按照客观、公正、审慎的原则，根据资格预审公告和采购文件规定的程序、方法和标准进行资格预审和独立评审。已进行过资格预审的，评审小组在评审阶段可以不再对社会资本进行资格审查。允许进行资格后审的，由评审小组在响应文件评审环节对社会资本进行资格审查。

（二）出具评审报告

评审小组对响应文件进行评审后出具评审报告，推荐候选社会资本。评审小组成员应当在评审报告上签字，表明对自己的评审意见承担法律责任。对资格预审报告或者评审报告有异议的，应当在报告上签署不同意见并说明理由，否则视为同意资格预审报告和评审报告。评审小组发现采购文件内容违反国家有关强制性规定的，应当停止评审并向项目实施机构说明情况。

评审小组成员应当遵守评审工作纪律，不得泄露评审情况和评审中获悉的国家秘密、商业秘密。评审小组在评审过程中发现社会资本有行贿、提供虚假材料或者串通等违法行为的，应当及时向财政部门报告。评审专家在评审过程中受到非法干涉的，应当及时向财政、监察等部门举报。

六、合同谈判和签署

在响应文件评审完成后，PPP 项目采购进入合同谈判和签署程序。

（一）采购结果谈判与确认

PPP 项目采购评审结束后，项目实施机构应当成立专门的采购结果确认谈判工作组，负责采购结果确认前的谈判和最终的采购结果确认工作。

采购结果确认谈判工作组成员及数量由项目实施机构确定，但应当至少包括财政预算管理部门、行业主管部门代表，以及财务、法律等方面的专家。涉及价格管理、环境保护的 PPP 项目，谈判工作组还应当包括价格管理、环境保护行政执法机关代表。评审小组成员可以作为采购结果确认谈判工作组成员参与采购结果确认谈判。

1. 谈判对象的顺序

采购结果确认谈判工作组应当按照评审报告推荐的候选社会资本排名，依次与候选社会资本及与其合作的金融机构就项目合同中可变的细节问题进行项目合同签署前的确认谈判，率先达成一致的候选社会资本即为预中标、成交社会资本。

确认谈判不得涉及项目合同中不可谈判的核心条款，不得与排序在前已终止谈判的社会资本进行重复谈判。

2. 相关文件公示

项目实施机构应当在预中标、成交社会资本确定后 10 个工作日内，与预中标、成交社会资本签署确认谈判备忘录，并将预中标、成交结果与根据采购文件、响应文件及有关补遗文件和确认谈判备忘录拟定的项目合同文本在省级以上人民政府财政部门指定的政府采购信息发布媒体上进行公示，公示期不得少于 5 个工作日。项目合同文本应当将预中标、成交社会资本响应文件中的重要承诺和技术文件等作为附件。项目合同文本涉及国家秘密、商业秘密的内容可以不公示。

3. 采购结果公告

项目实施机构应当在公示期满无异议后 2 个工作日内，将中标、成交结果在省级以上人民政府财政部门指定的政府采购信息发布媒体上进行公告，同时发出中标、成交通知书。

中标、成交结果公告内容应当包括：项目实施机构和采购代理机构的名称、地址和联系方式；项目名称和项目编号；中标或者成交社会资本的名称、地址、法人代表；中标或者成交标的名称、主要中标或者成交条件（包括但不限于合作期限、服务要求、项目概算、回报机制）等；评审小组和采购结果确认谈判工作组成员名单。

（二）项目合同签署

项目实施机构应当在中标、成交通知书发出后 30 日内，与中标、成交社会资本签订经本级人民政府审核同意的 PPP 项目合同。

需要为 PPP 项目设立专门项目公司的，待项目公司成立后，由项目公司与项目实施机构重新签署 PPP 项目合同，或者签署关于继承 PPP 项目合同的补充合同。

项目实施机构应当在 PPP 项目合同签订之日起 2 个工作日内，将 PPP 项目合同在省级以上人民政府财政部门指定的政府采购信息发布媒体上公告，但 PPP 项目合同中涉及国家秘密、商业秘密的内容除外。

项目实施机构应当在采购文件中要求社会资本交纳参加采购活动的保证金和履约保证金。社会资本应当以支票、汇票、本票或者金融机构、担保机构出具的保函等非现金形式交纳保证金。参加采购活动的保证金数额不得超过项目预算金额的 2%。履约保证金的数额不得超过 PPP 项目初始投资总额或者资产评估值的 10%，无固定资产投资或者投资额不大的服务型 PPP 项目，履约保证金的数额不得超过平均 6 个月服务收入额。

第五节　PPP 项目的执行阶段——项目实施管理

项目执行是 PPP 项目的第四个阶段，是 PPP 项目进入实质操作的阶段。PPP 项目执行的核心是项目实施管理，按照财政部的实施流程，项目执行阶段的实施管理内容主要包括项目公司设立、项目融资管理、项目绩效管理、项目中期评估、项目移交管理五部分。此外，在项目合同执行和管理过程中，项目实施机构还应重点关注项目提前终止、违约责任和争议解决等工作。

一、项目公司设立

（一）设立项目公司的意义

规范设立项目公司是 PPP 项目进入执行阶段的重要工作之一，也是项目规范运作的关键条件。通常情况下，多数 PPP 项目会设立项目公司，作为 PPP 项目合同及其他相关合同的签约主体。设立项目公司的优势有两个方面：一是社会资本方可与项目公司的资产形成有效隔离，有利于政府对项目公司开展监管；二是社会资本方的资产可与项目公司形成有效隔离，便于社会资本方对 PPP 项目开展管理和实现风险控制。

政府可指定相关机构依法参股项目公司。项目实施机构和财政部门（或 PPP 中心）应监督社会资本按照采购文件和项目合同约定，按时足额出资设立项目公司。项目公司负责按 PPP 项目合同承担设计、融资、建设、运营等责任，自主经营，自负盈亏。除 PPP 项目合同另有约定外，项目公司的股权及经营权未经政府同意不得变更。

（二）项目公司的组织形式

项目公司是依法设立的自主运营、自负盈亏的具有独立法人资格的经营实体。目前虽尚未有文件对 PPP 项目公司组织形式作出明确规定，但在 PPP 项目实践中，项目公司多是以有限责任公司的组织形式设立。

考虑到 PPP 模式的运作特点，政府和社会资本的主要职责不同，且项目风险按照最优风险分担、风险收益对等、风险可控原则实行风险分担制，这与合伙企业的基本特征不相符。此外，虽然项目公司是 PPP 项目的直接实施主体和项目合同的签署主体，但项目的实施主要依赖于社会资本自身的融资能力和技术水平等。

在实践中，政府方往往会通过锁定期、股权受让方主体资格对社会资本股权变更进行限制，防止非恰当主体成为项目公司的实际控制人，影响项目运作。在锁定期内，未经政府批准，社会资本不得转让其直接或间接持有的项目公司的股权。这与股份有限责任公司可以自由对外转让股权的特征不符，因此，在《中华人民共和国公司法》的约束下，PPP 项目公司多为有限责任公司。

（三）项目公司的股权结构

项目公司可以由社会资本出资设立，也可以由政府和社会资本共同出资设立。其中，社会资本可以是一家企业，也可以是多家企业组成的联合体。项目公司的股权结构确定可结合项目所在区域和领域情况，PPP 项目的监管环境、社会资本方的财务能力、社会资本方市场的接受程度、风险分配框架、政府方的财务承受能力、项目收益预期、利益分配机制、合作期限和融资方式等各方面因素，来合理确定政府和社会资本的权利义务分配，进而确定股权结构安排。

在我国现行政策体系中，《PPP 项目合同指南（试行）》和《外商投资产业指导目录（2015 年修订）》分别对项目公司的股权结构做出了相关限制要求。其中，《PPP 项目合同指南（试行）》指出"政府在项目公司中的持股比例应当低于 50%、且不具有实际控制力及管理权"。

结合我国 PPP 项目实践，项目公司的股权结构主要分为三种类型：一是对于相对比较成熟、易于监管的项目，有实力的社会资本全额出资设立项目公司，形成社会资本方的全资控股，以避免参股复杂化；二是政府为了获得一票否决权和知情权，象征性地在项目中出资较小比例；三是由政府和社会资本共同出资来完成项目融资，这就需要考虑到地方政府财力、项目规模、项目自偿率等多种因素，确定双方合适的股权比例。

二、项目融资管理

（一）项目资本金

根据财政部《关于规范政府和社会资本合作（PPP）综合信息平台项目库管理的通知》，政府和社会资本双方均应严格执行国家关于固定资产投资项目资本金管理的有关规定，按时足额缴纳项目资本金，不得以债务性资金充当资本金，防止因资本金"空心化"，导致社会资本长期运营责任的"虚化"，加剧重建设、轻运营现象。

《国务院关于调整和完善固定资产投资项目资本金制度的通知》规定各行业固定资产投资项目的最低资本金比例如下：城市轨道交通项目为 20%，港口、沿海及内河航运、机场项目为 25%，铁路、公路项目为 20%，保障性住房项目为 20%，电力等项目为 20%；城市地下综合管廊、城市停车场项目，以及经国务院批准的核电站等重大建设项目，可以在规定最低资本金比例的基础上适当降低。

（二）项目债务资金

在项目资本金充足且达到国家规定之后，项目债务资金可以从商业银行等金融机构的贷款发放获得。PPP 项目债务资金通常是银行贷款的形式，而且对于债务资金的审查还要遵循"穿透管理、公开透明"原则，防范将债务资金用作资本金等违规情况。

有关 PPP 项目融资管理的具体内容详见本书第四章《PPP 项目融资管理》。

三、项目绩效管理

PPP 项目绩效管理是指在 PPP 项目全生命周期开展的绩效目标和指标管理、绩效监控、绩效评价及结果应用等项目管理活动。PPP 项目绩效评价包括目标设立、KPI 体系和评价工作等，内容详见本书第六章《PPP 项目绩效评价》。本章主要介绍 PPP 项目在执行阶段的绩效管理内容。

有效的绩效管理是 PPP 项目合作双方利益获取与平衡的关键。PPP 项目在实行绩效考核时应注重公平与效率的兼顾，找到一个合理的平衡点，实现公私双方利益上的双赢，建立一个完整的系统评价体系。绩效考核与评估体系的建立是从相关利益需求的角度出发，根据项目的实际情况确定评价体系的核心要素。项目的绩效考核体系主要包括考核指标、考核方法、绩效挂钩、保障措施等。

为规范 PPP 项目全生命周期绩效管理工作，提高公共服务供给质量和效率，保障合作各方合法权益，国家发布《政府和社会资本合作（PPP）项目绩效管理操作指引》。PPP 项目绩效管理主要从三个方面开展绩效考核，分别是建设期绩效考核、运营期绩效考核以及移交期绩效考核。

（一）建设期绩效考核

1. 建设期绩效考核指标

建设期绩效考核要求工程建设标准须满足评审通过的施工图纸标准，同时满足国家、行业或地方建设工程质量验收评定标准、规范，并确保一次性验收合格，工程建设手续的办理应合规合法。

选定建设期绩效考核指标原则如下所示。

（1）符合国家、地方、行业、技术等规范和标准，辅以政府方要求。

（2）主要选取质量、工期、环境保护、安全生产等一级指标进行考核。

2. 建设期考核程序和方法

建设期绩效考核程序和传统模式验收并无本质的区别，政府相关部门应在建设阶段和竣工验收阶段根据建设期绩效考核指标进行相应考核，若出现不达标现象，则可要求项目公司或社会资本限期整改完毕。

（二）运营期绩效考核

1. 运营绩效考核指标

运营绩效考核结果不但与运营绩效付费直接挂钩，根据《关于规范政府和社会资本合作（PPP）综合信息平台项目库管理的通知》的新项目入库标准，可用性付费还应与运营绩效考核结果进行挂钩，且占比不低于 30%。运营期绩效考核指标选定原则如下所示。

（1）符合国家、地方、行业、技术方面的规范、标准等，还可依据可行性研究报告和政府方要求。

（2）可参考同类项目运营期绩效考核指标，根据本项目特点综合选定。

（3）若无相应规范和标准，也没有同类项目可供参考，可以通过两阶段招标（一阶段可让潜在社会资本方提供相应指标和相应考核细则）、竞争性磋商等方式获得。

2. 运营期考核程序和方法

运营期绩效考核分为常规考核和临时考核。

常规考核是由实施机构或行业主管部门依据运营期绩效考核指标对 PPP 项目进行绩效考核打分，按照 PPP 项目合同约定的绩效考核时间进行的考核。常规考核也可由政府方委托的第三方机构进行常规运营绩效考核打分。针对政府付费、可行性缺口补助项目，绩效考核结果与可用性付费和运营服务费挂钩；针对使用者付费项目，绩效考核结果不达标的时候可设置处罚条款。考核结束后，对不合格部分进行限期整改，整改不到位不进行相应支付，直至解除合同。

除常规考核外，考核方可以随时自行考核项目公司的运营情况，如发现未达标，则需书面形式通知项目公司。项目公司在接到书面通知后，应在绩效考核要求的时间内修复缺陷。临时考核结果一般不作为项目公司违约情形处理，除非临时考核发现的缺陷会导致项目可用性破坏、公共安全受到严重影响或存在重大安全隐患。

（三）移交期绩效考核

1. 移交期绩效考核指标

项目移交的目标是确保移交的资产处于正常可运转状况、保障政府回收项目时的遗留风险降到最低、减轻移交后政府运营的负担。参考国内外 PPP 项目经验，移交期有三种常见的指标选取方法。第一种为设定指标法：设定针对具体项目资产的完好性指标，并配合性能测试验证。第二种为参照运维绩效考核法：将移交前三年或者前五年运营期绩效考核结果作为能否完成移交验收的依据。第三种为专家评估法：移交前一年由政府方和项目公司或社会资本共同组建 PPP 项目移交小组，移交小组组织相关专家对该 PPP 项目进行全面评估，并根据专家确定的移交绩效标准进行考核。

实施方案中可选定一级考核指标进行移交阶段的考核，确保政府在资产移交后能得到运营状态良好的公共服务资产。

2. 移交期考核程序和方法

一般可在项目移交前一年由项目公司和政府方分别委派人员组成移交小组，依据移交阶段绩效考核指标进行相关检测。

PPP 项目合同应对移交阶段提出相应要求。例如，移交过程不应影响运营、维修及项目的正常运作；移交时应保障项目设施处于良好状态，能够充分满足运营需要；按要求完成所有设备系统的检验和验证后，项目公司应编制"移交检验报告"等。同时，PPP 项目合同应对移交范围、移交清单、移交技术要求、移交前大修、移交验证阶段和内容、移交日项目设施状况等进行详细约定。

如果项目公司在移交期发生违约或者未按照合同约定的标准、要求进行移交，则政府方有权对项目公司实施绩效考核，考核结果将以政府方从项目公司提交的移交期履约保函中扣取相应罚金的方式体现。

四、项目中期评估

项目中期评估既是完善政府监管的必要手段，又是激励社会资本或项目公司发展的有效动力，还是维护公众利益的重要保障。根据《政府和社会资本合作模式操作指南（试行）》中第二十九条的规定："项目实施机构应每 3—5 年对项目进行中期评估，重点分析项目运行状况和项目合同的合规性、适应性和合理性；及时评估已发现问题的风险，制订应对措施，并报财政部门（政府和社会资本合作中心）备案。"

中期评估可通过政府部门组织相关人员直接对 PPP 项目进行中期评估，或委托咨询机构作为第三方对 PPP 项目进行中期评估两种方式对 PPP 项目进行中期评估。

（一）中期评估的基本原则

（1）科学性原则。中期评估需要严格执行规定的程序，按照科学可行的要求，采用定量与定性分析相结合的方法。

（2）重要性原则。中期评估通常优先选择最能代表和反映项目产出及效果的核心目标与指标，关注对实现绩效目标有重要影响的核心指标。

（3）时效性原则。中期评估需要注意项目运行中时间因素对项目评估的影响，根据项目的特点合理选择评估时间、设定检查计划，适时反映项目情况和偏差，及时督促项目单位纠正偏差、改进绩效。

（二）项目中期评估的基本内容

项目中期评估需要重点分析项目运行状况和项目合同的合规性、适应性和合理性。

1. 项目运行状况

重点评估项目运行情况，在这一阶段为完成绩效目标所需要的各种资源成本消耗情况、项目管理及其完成情况，以及项目预期产出、效果等目标的完成进度情况等。

2. 项目合同履约状况

重点评估项目合同签订的合规性、适应性、合理性，项目是否按照合同约定内容完成既定目标，包括产出及效果等目标。

3. 项目物有所值状况

重点评估与政府提供公共产品或公共服务的传统模式相比，社会资本参与能否有效降低项目全生命周期成本、提高公共产品或者公共服务质量效率，项目是否真正达到物有所值。

4. 项目运行偏差情况

评估项目是否按既定计划运行，在项目实施阶段中的偏差度和影响度。

5. 项目运行纠偏情况

重点评估项目运行纠偏措施的制定和整改落实情况。

（三）中期评估的基本程序

1. 确定中期评估目标

在核对项目所处生命周期基础上，识别该阶段利益相关方，并根据该实施阶段关键成功要素拟定中期评估目标。

2. 制订中期评估方案

根据中期评估的目标与要求，制订中期评估方案，包括项目背景和基本情况、项目绩效目标、项目主要评估指标、主要调查方法以及项目工作的组织与实施。

3. 开展中期评估

依据确定的重点目标，对项目管理的相关内容和目标要求的完成情况实施中期评估，归集评估信息。

4. 进行偏差分析

根据中期评估信息，对照重点评估的目标，发现项目绩效运行偏差、分析偏差原因。

5. 提出纠偏路径

依据偏差分析，结合项目实际，提出实施纠偏的路径和方法。

6. 及时实施纠偏

项目绩效运行情况与项目实施阶段设定的绩效目标要求发生较大偏离时，中期评估主体需要及时查找问题、分析原因、采取措施、及时纠偏。

7. 形成中期评估结论

依据项目基本情况、目标设定情况、项目组织实施情况、绩效目标完成及偏差情况、存在问题与纠偏情况等，撰写中期评估结果报告形成中期评估结论。

（四）中期评估报告的编制

1. 项目概况

（1）项目基本性质、用途和主要内容、涉及范围，以及项目规划和计划等立项依据。
（2）项目的必要性和可行性认证，相关制度措施等情况。
（3）项目的绩效目标、绩效指标以及指标值设定和调整情况。

2. 项目财务投资情况

（1）项目总投资和资本构成、资产负债、股权结构、融资结构和主要融资成本。
（2）项目收益情况（总收益、收入来源、收费价格和定价机制）、投资回报测算、现金流量分析、项目财务状况、项目存续期间政府补贴情况。

3. 项目管理情况

（1）项目招投标、调整、验收等情况，项目或者活动的实际完成情况。
（2）项目公司的管理架构、项目实施机构以及社会资本的履约状况。
（3）项目管理情况，包括项目管理制度的落实情况，日常检查监督管理、质量把关等。
（4）目标实现的工作程序和流程责任，包括实现各个目标所包含的全部活动的过程，明确各个目标的实现途径、方法和责任部门，反映实现目标的工作程序和流程责任。

4. 项目产出与效果

（1）根据项目合同以及项目实施方案的具体内容，对比项目实际产出状况与绩效目标，从数量、质量、功能和可持续性等方面进行分析。
（2）项目物有所值评价分析以及财政承受能力论证分析。

5. 存在的问题及原因分析

（1）反映项目执行偏差情况和原因分析，初步形成项目单位对纠偏的初步计划。
（2）项目取得的效果和效益情况，将项目取得的实际效果和效益状况与绩效目标对比，考察一致性和可持续性。
（3）项目组织实施和项目绩效的实际情况与目标的差异情况，分析项目实现原定绩效目标的可能性。

（4）从经济性、效率性、效益性、可持续性等方面对项目进行总体评价。其中，项目的经济性分析主要反映项目成本（预算）控制情况、项目设计规模的合理性；项目的效率性分析主要反映项目实施（完成）的进度、质量等情况；项目的效益性分析主要反映项目资金使用效果的个性指标；项目的可持续性分析主要反映项目完成后，后续政策、资金、人员机构安排和管理措施等影响项目持续发展的因素。

（5）总结评估中发现的主要问题，包括制度保障、资金使用、项目实施组织管理和项目绩效方面。

6. 改进措施

归纳前述几部分内容的结果及存在问题，并紧密结合存在问题提出改进措施，形成项目中期评估报告，为下一步结果应用奠定基础。

此外，中期评估结果反映出的相关问题，政府评估相关负责人或第三方评估机构需要及时反馈给项目实施机构，督促其在 PPP 项目中期评估或者适时对项目方案进行调整，协助其将调整方案和结果及时公布。

五、项目移交管理

（一）项目提前终止

项目合同执行过程中，若社会资本或项目公司违反项目合同约定，威胁公共产品和服务持续稳定安全供给，或危及国家安全和重大公共利益，政府有权临时接管项目，直至启动项目提前终止程序。

政府可指定合格机构实施临时接管。临时接管项目所产生的一切费用，将根据项目合同约定，由违约方单独承担或由各责任方分担。社会资本或项目公司应承担的临时接管费用，可以从其应获终止补偿中扣减。

（二）项目违约处理

在项目合同执行和管理过程中，项目实施机构应重点对合同变更、违约责任和争议解决等工作在 PPP 项目合同中进行约定。

1. 合同变更

按照项目合同约定的条件和程序，项目实施机构和社会资本或项目公司可根据社会经济环境、公共产品和服务的需求量及结构等条件的变化，提出项目合同变更申请，待政府审核同意后执行。

政府方因规划调整、征地拆迁或基于公共利益及公共安全需要可提出对项目的设计、建设范围等进行变更；因法律变化、不可抗力事件任何一方可提出变更；在确保工程质量标准、工程安全的前提下，对在降低项目建设造价、节省项目用地、加快施工进度等方面具有显著效益的，社会资本方可向政府方提出变更申请并应同时提供相应的证明材料。经政府方批准的变更方案，社会资本方方可实施。

2. 违约责任

项目实施机构、项目公司或社会资本未履行项目合同约定义务的，应承担相应违约责任，包括停止侵害、消除影响、支付违约金、赔偿损失以及解除项目合同等。

3. 争议解决

在项目实施过程中，按照项目合同约定，项目实施机构、社会资本或项目公司可就发生争议且无法协商达成一致的事项，依法申请仲裁或提起民事诉讼。

（三）项目移交内容

PPP项目的移交内容主要包括但不限于与项目有关的动产、不动产、土地使用权、人员、知识产权以及相关资料、文件、许可等。另外需要注意是，PPP合同通常会约定社会资本方在期满终止移交时，应不存在债务或或有债务等权利瑕疵，不得设置任何抵押、质押等担保及其他第三人权利。但是，在项目提前终止的情形下，双方应就上述权利瑕疵、担保或第三人权利的处理进行协商解决。

1. 项目相关合同的转让

在移交时，社会资本方在项目建设和运营阶段签订的一系列重要合同可能仍然需要继续履行，因此可能需要将这些尚未履行完毕的合同由社会资本方转让给政府或政府指定的其他机构。为能够履行上述义务，社会资本方应在签署这些合同时即与相关合同方（如承包商或运营商）明确约定，在项目移交时同意社会资本方将所涉合同转让给政府或政府指定的其他机构。实践中，可转让的合同可能包括项目的工程承包合同、运营服务合同、原料供应合同、产品或服务购买合同、融资租赁合同、保险合同以及租赁合同等。

2. 技术转让

在一些对于项目实施专业性要求较高的PPP项目中，可能需要使用第三方的技术。在此情况下，政府需要确保在项目移交之后不会因为继续使用这些技术而被任何第三方索赔。如果有关技术为第三方所有，社会资本方应在与第三方签署技术授权合同时即与第三方明确约定，同意社会资本方在项目移交时将技术授权合同转让给政府方或政府方指定的其他机构。

（四）项目移交方式

1. 资产移交或股权移交

根据移交后项目公司的存续情况，PPP合同会约定采取资产移交或股权移交的方式以及相关费用的承担主体，即项目公司向政府移交PPP项目相关资产后解散，或项目公司中社会资本方股东向政府方转让其持有的全部项目公司股权，而项目公司依然存续。

2. 有偿移交或无偿移交

根据项目的回报机制，PPP合同会约定移交时采取无偿或有偿的方式。对于政府可用性付费或可行性缺口补助的项目，在合作期满时社会资本方可以收回投资成本并取得预期合理回报的,通常采取无偿移交的方式。对于政府付费中使用量付费或使用者付费的项目,在合作期满时政府付费或使用者付费可能不足以覆盖社会资本方的投资成本和预期回报的,则可能会采取有偿移交的方式,但这样的项目的可行性以及是否能够吸引到社会资本方投资本身就是个问题。

（五）项目移交标准

项目移交时项目设施应符合双方约定的技术、安全和环保标准,并处于良好的运营状况。为了确保回收的项目符合政府的预期,PPP 合同中通常会明确约定项目移交的条件和标准。特别是在项目移交后政府还将自行或者另行选择第三方继续运营该项目的情形下,移交的条件和标准更为重要。

（六）项目移交程序

PPP 项目移交程序一般始于移交前的过渡期,PPP 合同通常会约定过渡期时长为运营期的最后一年起始至移交日截止。在这个过渡期内,通常会由政府方和社会资本方共同成立项目移交委员会,由移交委员会负责制订移交方案、编制移交清单等。

移交程序主要包括"评估和测试"及"移交手续办理"。在 PPP 项目移交前,通常需要对项目的资产状况进行评估并对项目状况能否达到合同约定的移交条件和标准进行测试。评估和测试工作通常由政府方委托的独立专家或者由政府方和社会资本方共同组成的移交工作组负责。经评估和测试,项目状况不符合约定的移交条件和标准的,PPP 合同通常会约定政府方有权要求社会资本方对项目设施进行相应的恢复性修理、更新重置,甚至有权直接提取移交维修保函。

◀ **课后习题** ▶

1. PPP 项目的全生命周期通常分为哪几个阶段?
2. 简述 PPP 项目采购阶段的流程。
3. PPP 项目在执行阶段需要管理哪些内容?
4. 请结合实际案例设计一个 PPP 项目全生命周期管理方案。

第八章　全球 PPP 法律制度的比较

【教学目的】

　　全球各个国家推动 PPP 模式的方式不尽相同。有的国家采取立法方式推行，而我国主要采用"政策驱动"模式。本章主要讲解全球典型国家的 PPP 法律制度特征和国际组织参与 PPP 制度实践概况，提高学生对 PPP 基本制度框架的认识。本章需要学生掌握各国 PPP 法律制度特征的不同，熟悉英美法系国家、大陆法系国家、国际组织的 PPP 制度实践，了解中国的 PPP 政策体系、立法实践和制度框架。

第一节　英美法系国家的 PPP 法律制度特征

一、主要特征

（一）政府本身就有自然人或法人的权能

　　英美法系国家更看重市场的作用。大多数英美法系国家主要通过相应的政策指南或行政措施来推动 PPP 发展，如英国、澳大利亚等。英美法系国家的政府本身就具有自然人或法人的权能，无须法律授权就可以与其他市场主体签订合同（包括 PPP 合同）。

（二）PPP 合同均适用于普通合同法的规定

　　由于英美法系国家没有公法与私法的划分，行政法中也没有明确的行政契约或行政合同概念，因此政府部门作为一方当事人的合同被统称为"政府合同"。这类合同均适用普通合同法的规定，行政主体签订合同适用一般的民事规则。在英美法系国家，PPP 合同几乎都属于标准的私法合同。合同的判决与执行也都属于私法领域的事务，一般经由普通法院来审理。合同纠纷也可以通过仲裁的方式解决，其前提是合同当事人都选择了这种纠纷解决机制。PPP 合同的争端解决与其他公共项目采购并无本质区别，如美国 PPP 等政府合同立法确立了"双方协商解决—政府契约官决定—复议或诉讼"的递进式的"纠纷最小化"解决机制。

（三）少数英美法系国家以立法形式规范 PPP 发展

也有少数英美法系国家通过专门立法来规范 PPP 发展，如美国。美国的联邦法律为各州实施 PPP 提供基本指导，而具体细节以及是否准许采用 PPP 模式都由各州自行决定，由各州从各个层面和角度制定单行法。目前，美国有一半以上的州已经制定了 PPP 相关法律。例如，弗吉尼亚州于 1995 年、2002 年分别通过了《交通公私合作法》《教育设备与基础设施公私合作法》。有了这两部法律的支持，弗吉尼亚州就可以授权地方政府和某些政府实体与私人企业签订伙伴合同，通过 PPP 方式从事交通、教育和其他设施的建设、运营、维护等活动。

二、典型国家

（一）英国

20 世纪 80 年代，英国在水、电、天然气等领域大规模推行私有化，但这些并不是英国 PPP 模式的主流。PFI 是英国典型的 PPP 运作方式，它主要应用于社会事业类的公共服务领域，由政府承担主要责任，通过政府购买服务方式引入私人机构。2013 年，英国政府在强调政府购买服务的基础上，主张动用财政资金参与项目前期的股权投资，形成 PF2（private finance2，私人融资第二代）模式。在英国，PFI 与 PPP 两个概念几乎通用，主要指政府购买服务类 PPP 模式，不包括特许经营类 PPP 模式，具体运作方式为 BOO、设计-建设-融资-运营-转让（design-build-finance-operate-transfer，DBFOT）等，并根据各类项目的具体特点进行不断创新。

英国是世界上较早运用 PPP 模式的国家，有着较为完善的制度体系和丰富的实践经验。英国强调项目建设过程中引导私人部门积极参与，明确政府角色和职能，使其能依法行权。与此同时，英国也积极探索融资模式转向多元，如英国基础设施建设局 PPP 专家所说，PPP 并没有全球通用的标准模式，每个国家都应根据各自政府的发展阶段、政策目标、公共部门和私人部门的具体特点，设计出符合本国国情的 PPP 模式实现路径及政策框架。虽然 2018 年英国政府宣布不再使用 PF2 模式，但经过多年实践和不断修正，英国形成了模式制度化、项目标准化、管理程序化的制度体系，对于政府参与前期投资的 PF2 模式的扬弃，也是制度纠偏的体现。英国 PPP 模式仍以社会设施类的购买服务为主要特征。

（二）美国

20 世纪 80 年代后，美国借鉴英国、澳大利亚及加拿大发展 PPP 的成功经验，开始更多地利用私人部门资源，加快公共产品和服务的供给速度，节约资金，提高创新能力，提升服务质量。PPP 模式得以在美国快速发展。1998 年，弗吉尼亚州采用私营公司设计并建成花费 4200 万美元的监狱为美国 PPP 的发展树立了成功的典范，据估计运用 PPP 为这一项目节约了 15%～20%的建造和运营成本。6 年后弗吉尼亚州通过了《公私教育法案》（*Public-Private Education Act*），允许运用 PPP 建幼儿园至高中阶段的学校。不久之后，弗吉尼亚州通过法律将 PPP 扩大到供水、停车场、大学宿舍和医院等领域。其余州参照弗吉尼亚州的做法，将 PPP 的立法范围涵盖住房、水、交通项目等，并允许不同层级的政府如郡、市级政府和教育局采用 PPP 模式。全国公私伙伴关系理事会（National Council for Public Private Partnerships）认可 18 种 PPP 模式，归为新建项目和已有设施及服务两大类。

　　美国作为联邦制国家，各个州和地方政府具有比较大的自治权，这也体现在 PPP 的发展方面。各州及地方政府会根据自己的地方特点和需求采取不同的 PPP 模式，并按不同的发展速度推进。联邦法律为各州实施 PPP 提供基本指导，而具体细节以及是否准许采用 PPP 模式都由各州自行决定。

第二节　大陆法系国家的 PPP 法律制度特征

一、主要特征

（一）政府只能做法律明确授权的事项

　　大陆法系国家的特点是认为市场的作用有限，政府的一切行为都需要严格遵守行政法的约束，法律规定较为细致和严格，以条文法为主。大陆法系国家的政府部门一般只能做法律给予明确授权的事项，也即政府部门需要遵循"法无授权不可为"的原则。在大陆法系国家，为了限制政府的自由裁量权，往往需要通过法律形式来明确政府职能部门的行事规则和行为边界。而且，行政法一般都会设定在许多若干情况下合同当事人不得违背或僭越的情况。对于 PPP 合同的签订，当事人也只能在一个既定的制度框架内进行协商与谈判。法律赋予公共部门的这些特定权利，被私人部门视为 PPP 合同谈判过程中的障碍或制约因素。

（二）PPP 合同能被政府部门单方面修订

　　当公共部门认为合同的修改符合公共利益时，可单方面修订 PPP 合同条款。比如，在法国，政府拥有单方面取消合同的权利。在此情况下，政府部门需要对私人部门作出相应的补偿，任何改变或无视政府这一权利的行为，在法律上都是无效的。而且，政府还有要求私人部门持续提供服务的权力。在一些大陆法系国家，PPP 合同属于行政合同，基于此，即使公共部门违约了，私人部门也不能中止合同项下的义务。在一些特许合同或租赁合同中，私人部门还应承担与提供公共服务相关联的职责，即使这些职责已经超越了原有合同的约定，如增加投资以满足对服务的新增需求，或适应新技术的发展等。

　　不过，私人部门在一定条件下也可以享有合同"财务平衡"的权利。比如，在法国，私人部门可以主张"财务平衡"权利情形有三种。①出现政府行为导致私人部门运营利润下降的情形。②经济条件发生巨大且难以预料的变化，即当货币出现大幅度贬值、政府部门对物价实施控制、法定工作时间缩短而导致用工成本上升等情况时，而且超出了合同可预见的范围时，私人部门可以申请政府的补偿。③出现意外重大条件变化，即当环境条件出现意外重大变化且导致项目施工及运营成本大幅上升时，私人部门有权申请补偿。

（三）*PPP 合同的转让被严格限制*

在一些大陆法系国家，PPP 合同的转让是要受到严格限制的。比如，在斯洛伐克，除非重新招投标，PPP 合同是不允许转让给其他公司的。如此规定会给 PPP 项目的贷款人带来一定的困惑，因为根据项目融资的一般原则，贷款人可以通过签订介入权协议，保有对陷入困境中的项目公司实施接管整顿的权利，而由于某些国家对 PPP 合同的转让是禁止的，贷款人要想对项目公司行使其介入权，往往是存在法律障碍的。在一定的条件下，尽管这一问题可以通过转让项目公司股权的形式得到部分解决，但转让项目公司股权（非合同）的做法也有其缺点，就是在转让项目公司股权时，与之有关的资产与债务也需一并转让。

二、典型国家

（一）法国

20 世纪 90 年代始，PPP 在法国萌芽。PPP 在法国有广义和狭义之分。广义的 PPP 包括特许经营、合伙合同，以及适用于特定领域的"行政长期租赁""医疗长期租赁"。除特许经营和合伙合同外，其他 PPP 模式应用领域较窄、案例较少，采购规则和合同条款与合伙合同相同或近似，一般不单独予以讨论。因此，特许经营和合伙合同是法国最为主要的两种 PPP 模式。实际上，法国特许经营从 16、17 世纪就开始广泛应用，合伙合同是法国于 2004 年在借鉴英国 PFI 的基础上引入的。狭义的 PPP 仅指合伙合同。在与法国业内人士交流时，他们通常将 PPP 与合伙合同混用。

特许经营成为法国最普遍的模式。几乎所有的公共服务都向特许经营者开放。污水处理、垃圾收集与管理、电缆、城市交通、体育运动设施、学校餐饮、殡仪服务和供水都可以按照委托管理等合同。法国大量存在的是特许经营模式的 PPP 项目，法国倡导和建立的是将特许经营和政府购买服务都纳入的双轨制的 PPP 制度体系。如今，法国已成为欧洲 PPP 市场的领导者，世界上最具潜力的 PPP 市场之一。

（二）日本

1999 年，日本内阁府颁布《关于充分利用民间资金促进公共设施等建设的法律》（英文名为 *Act on Private Finance Initiative*），以应对经济泡沫破裂后财政的巨大赤字，刺激持续低迷的日本经济。日本 PPP 泛指一个政府和民间合作的框架，是一种理念和概念，包含了 PFI、各类委托、与民间机构合作经营、与社会组织或市民的合作生产等模式。PPP 的范围和内容比 PFI 更加广泛。由于 PFI 在日本早期的制度建设和实践运用方面已有显著进展，已形成较为成熟的框架体系，因此，无论是官方还是学者在谈到日本 PPP 时都经常以"PPP/PFI"形式将两者相提并论。日本的 PPP 实践是以 PFI 制度体系为底层逻辑展开的。

日本以 BTO（build-transfer-operate，建设-移交-运营）为主要模式。BTO 模式强调将项目建设和运营职责分开授权来实施，这具有很强的日本特色。日本的 PPP 实践领域覆盖范围很广，涉及约 53 个领域，其中，教育、文化、健康、环境、城市建设等为主要领域。日本 PPP 实践也涌现出一批典型案例，如市川市立第七中学 PPP 项目（含校舍、食堂、礼堂整改及保育所整改）、长井海之手公园修建项目。

第三节　国际组织参与 PPP 制度建设的实践

一、世界银行

世界银行一直关注全球范围社会资本参与基础设施建设情况，建立了较权威的数据库，完成和积累了众多有影响力的 PPP 知识产品，较早就设立了 PPP 咨询基金，帮助发展中国家推动公共部门和社会资本合作。为了进一步加强 PPP 业务，世界银行集团于 2015 年成立了跨部门的 PPP 局。世界银行还统一了 PPP 相关专业用词，并指导各个国家和地区的 PPP 实践发展。

世界银行于 2014 年 10 月发起成立全球基础设施基金（global infrastructure facility，GIF），并于 2015 年 4 月正式成立，以汇集各国政府、国际开发机构、私人部门的资金和专业优势，共同支持全球基础设施发展。

2015 年，世界银行发布了"2015 年推荐 PPP 合同规定报告"，并列出了通常需要的规定性语言。针对 PPP 项目政府和私人部门各方在进行内部和外部磋商期间收到的有关 2015 年报告内容的反馈意见，世界银行进一步制定了 2017 年版《PPP 合同条款指南》，该文件明确合同制定者在合同起草时要考虑的一些关键因素，如不同国家关于 PPP 合同的实践经验和不同的法律体系，这将有助于合同制定者评估自身 PPP 项目的一些具体问题和制定合同条款中的管辖权。

二、联合国欧洲经济委员会

联合国欧洲经济委员会（The United Nations Economic Commission for Europe）近年来积极利用私人部门资源开展行业 PPP 标准的研究。2012 年，联合国欧洲经济委员会设立了国际 PPP 英才中心（International PPP Center of Excellence），并根据行业设立国际 PPP 专家中心（International PPP Specialists Center），其目的是专注于特定领域的研究。例如，菲律宾卫生部专注于研究医疗卫生行业 PPP 模式，法国 PPP 专家中心专注于 PPP 的政治、法律和机构问题，俄罗斯联邦政府财经大学专注于俄罗斯及独联体国家的 PPP 发展，西班牙纳瓦拉大学 IESE 商学院专注于智慧城市，日本东京大学 PPP 研究中心专注于地方政府在 PPP 中的作用，我国清华大学和香港城市大学专注于公共交通和物流领域的标准和实践。

三、亚洲开发银行

亚洲开发银行（Asian Development Bank）很重视推广应用 PPP 模式，在 2014 年 9 月就成立了 PPP 办公室（Office of Public Private Partnership），负责推进 PPP 业务，并为发展中成员国提供能力建设、制度建设、项目全生命周期咨询、项目融资等服务。2016 年 5 月，亚洲开发银行理事会第 49 届年会再次表示，将采取 PPP 模式加强与私人部门的合作伙伴关系。

亚洲开发银行非常重视与我国的 PPP 合作，近年来已为我国先后提供了至少 12 个 PPP 技术援助项目，在上述四方面广泛支持我国 PPP 发展。

四、联合国亚洲及太平洋经济社会委员会

联合国亚洲及太平洋经济社会委员会（United Nations Economic and Social Commission for Asia and the Pacific）开展 PPP 工作至今已有 10 年以上历史，旨在促进亚太地区政府部门的基础设施建设融资。其 PPP 工作主要包括四方面：①能力建设。为各国政府干部和各国 PPP 中心工作人员提供线上线下的 PPP 培训课程，召开研讨会。②专题研究。已推出线上物有所值工具、机构设置指引、案例研究、PPP 指南等知识产品。③政策支持。分享各国 PPP 发展现状和实践情况，为各国 PPP 政策提出改进意见。④经验交流。组织 PPP 专家和政府干部举办地区性研讨会，促进各国 PPP 经验交流。

五、二十国集团与全球基础设施中心

二十国集团（Group of 20，G20）一直重视以 PPP 模式支持全球基础设施建设，为此在 2014 年 G20 领导人峰会上批准成立全球基础设施中心（Global Infrastructure Hub，GIH），旨在通过 GIH 分享全球基础设施投资最佳实践信息、投资策略和风险管理工具等信息，促进基础设施领域的政府和社会资本合作，优化政府和社会资本对基础设施的投资。GIH 总部设在澳大利亚悉尼。我国是 GIH 的发起国和捐款国。

GIH 推出的基础设施项目库，免费为各国社会资本提供全球基础设施项目信息，并帮助各国政府部门开发基础设施项目，以增进 PPP 合作，促进项目融资。该 GIH 项目库在启动阶段收入了 6 个我国基础设施项目，还收入了澳大利亚、哥伦比亚、韩国、墨西哥、新西兰和乌拉圭等国的项目，今后还将不断收入更多国家的更多项目。另外，GIH 已发布了《PPP 合同风险分配》（2016 版）等工具。

六、亚太经济合作组织与 PPP 中心区域联络网

2014 年，在北京召开的亚太经济合作组织（Asia-Pacific Economic Cooperation，APEC）第二十二次领导人非正式会议的会议宣言附件四——《亚太经合组织互联互通蓝

图（2015—2025）》中明确指出，要通过 PPP 及其他渠道加强亚太经济合作组织经济体基础设施融资。此次会议还进一步通过了《APEC 基础设施公私伙伴合作关系项目实施路线图》和《通过公私伙伴合作关系促进基础设施投资行动计划》。

此前，为了推动 PPP 工作开展，在财长会议机制指导下，亚太经济合作组织还专门成立了公私伙伴合作关系专家咨询小组，为印度尼西亚公私伙伴合作关系示范中心提供自愿协助。为此，我国也于 2014 年 11 月成立了财政部政府和社会资本合作中心。亚太经济合作组织希望在其经济体中建立更多的 PPP 中心，组建 PPP 中心区域网络，分享良好实践，并相信从长远看这些中心将为建立亚太经济合作组织范围内基础设施融资市场发挥重要支持作用。

七、经济合作与发展组织

2007 年，《OECD 关于私人部门参与基础设施建设的基本原则》发布，旨在帮助各国政府与私人部门合作者共同合作。2012 年，经济合作与发展组织（Organization for Economic Co-operation and Development，OECD）发布新的原则，共计二十四条，从五个方面对各国 PPP 制度建设和实施提出了建议，分别是决定基础设施服务的提供方式、提升 PPP 及基础设施投资的制度环境、各级政府的战略与能力、加强政府与社会资本的合作、鼓励商业行为负责，为 PPP 项目管理及制度建设提供了切实可行的指导。

第四节　中国的 PPP 政策体系和制度框架

一、中国的 PPP 政策体系

（一）政策沿革

1. 1994～2000 年：PPP 政策的试点探索阶段

我国首部规范性文件为 1995 年由对外贸易经济合作部发布的《关于以 BOT 方式吸收外商投资有关问题的通知》。同年，交通运输部、电力工业部、国家计划委员会联合发布了《关于试办外商投资特许权项目审批管理有关问题的通知》。1997 年，电力部颁布《关于外商投资电力项目的若干规定》，允许外商通过与政府签订特许权协议的形式进行投资。

2. 2001～2013 年：PPP 政策的逐步普及阶段

2001 年，国家计划委员会发布《关于促进和引导民间投资的若干意见》，提出了"鼓励和引导民间投资参与供水、污水和垃圾处理、道路、桥梁等城市基础设施建设"。2004 年，建设部发布《市政公用事业特许经营管理办法》，后续又陆续发布了一系列不同领域的特许经营协议示范文本。同年，国务院颁布《关于投资体制改革的决定》，明确"鼓励和引导社会资本以独资、合资、合作、联营、项目融资等方式，参与经营性的公益事业、基础设施项目建设"。2005 年，国务院发布《关于鼓励支持和引导个体私营等非公有制经济发展的若干意见》，允许非公有资本进入垄断、公用事业和基础设施、社会事业等法律法规未禁入的行业和领域。2006 年，铁道部发布《关于鼓励支持和引导非公有制经济参与铁路建设经营的实施意见》，将铁路建设、运输、装备制造、多元化经营四大领域向非公有资本全面开放。2012 年，住房和城乡建设部、财政部等七部委联合发布《关于鼓励民间资本参与保障性安居工程建设有关问题的通知》，提出"鼓励和引导民间资本根据市、县保障性安居工程建设规划和年度计划，通过直接投资、间接投资、参股、委托代建等多种方式参与廉租住房、公共租赁住房、经济适用住房、限价商品住房和棚户区改造住房等保障性安居工程建设"。2013 年，国务院办公厅发布《关于政府向社会力量购买服务的指导意见》。

这一阶段的政策文件逐步健全，国家各部委陆续发布文件支持社会资本参与各领域经济发展，但在 PPP 的合同设计、利益分配、风险分担和外部监督等方面仍然不够细化，如缺乏合理的定价和调价机制、公私部门风险分担不合理、特许经营合同性质不清、社会公众参与不足、难以实现对企业的外部监管等。

3. 2014 年至今：PPP 政策的全面发展阶段

2014 年，国务院发布《关于创新重点领域投融资机制鼓励社会投资的指导意见》，推动了 PPP 模式在公共服务和基础设施领域的全面推广。之后，国家发布了一系列专门针对 PPP 模式推广的政策，形成了我国 PPP 模式的政策框架。

（二）政策要点

1. 政策文件不断更新迭代

我国 PPP 模式的政策迭代是在实践中不断前进的。许多时候，项目实践的创新推动着政策文件的出台。因此，虽然我国推广 PPP 模式尚缺乏专门的法律支撑，但依靠政策文件也建立起了 PPP 模式的制度体系。在螺旋式交互作用下，我国 PPP 模式的制度体系形成了自身特色。

2. 应用领域划分更加清晰

虽然针对各个领域的划分仍存在争议，但是 PPP 模式的应用领域可以大体上划分为基础设施和公共服务两大领域。其中，基础设施也被称作传统基础设施，主要是指城市建设中的硬件设施，多数为重资产设施。基础设施在我国主要包括能源、交通运输、水利、环境保护、农业、林业以及重大市政工程等领域。

公共服务主要是指城市建设中的软件设施和服务，多数为轻资产设施。公共服务在理论层面主要包括科技、保障性安居工程、医疗、卫生、养老、教育、文化等领域。不过，我国政策文件对公共服务的界定范围较为广泛，包括能源、交通运输、水利、环境保护、农业、林业、科技、保障性安居工程、医疗、卫生、养老、教育、文化等领域。

3. 伙伴选择依据更加明确

1）适用《中华人民共和国政府采购法》的情形

PPP 项目伙伴选择适用政府采购情形时，主要遵循《中华人民共和国政府采购法》及其相关政策文件的要求。政府采购方式包括公开招标、邀请招标、竞争性谈判、竞争性磋商和单一来源采购。PPP 项目的伙伴选择被理解为政府采购的情形，是当一个项目需要用到政府财政资金的时候。

2）适用《中华人民共和国招标投标法》的情形

以 2016 年国家发展和改革委员会《关于切实做好传统基础设施领域政府和社会资本合作有关工作的通知》为代表，一些政策文件尚有对确定采用 PPP 模式的项目，要按照《中华人民共和国招标投标法》等法律法规，通过公开招标、邀请招标等多种方式，公平择优选择具有相应管理经验、专业能力、融资实力以及信用状况良好的社会资本作为合作伙伴的规定。

在实践中，由于 PPP 项目的伙伴选择过程会同时涉及上述法律规定的相关情形，因此需要结合具体项目审查合法合规性。

二、中国的 PPP 立法实践和制度框架

（一）我国 PPP 立法实践回顾

PPP 领域应通过实体法形式确立国家推行 PPP 的价值导向和目标。这既是我国作为大陆法系国家法律传统的要求，也是目前国内学者和专家的共识。我国 PPP 立法的实践可以追溯至 20 世纪末，但是至今并没有一部高位阶的 PPP 专门法，而是散见于《中华人民共和国政府采购法》及一些部门的规范性文件中。

很长一段时间里，2004 年建设部发布的《市政公用事业特许经营管理办法》是我国市政公用事业领域规范政府特许经营活动的较高效力法律文件。为施行《市政公用事业特许经营管理办法》，建设部结合各行业的特点先后制定了《城市供水特许经营协议示范文本》《管道燃气特许经营协议示范文本》《城市生活垃圾处理特许经营协议示范文本》《城镇供热特许经营协议示范文本》《城市污水处理特许经营协议示范文本》。

2015 年，国家发展和改革委员会主导了《基础设施和公用事业特许经营管理办法》立法进程。2017 年，国务院法制办公室、国家发展和改革委员会、财政部起草的《基础设施和公共服务领域政府和社会资本合作条例（征求意见稿）》及其说明全文公布，公开向社会各界征求意见。

2018 年，国务院办公厅印发的《全国深化"放管服"改革转变政府职能电视电话会议重点任务分工方案的通知》明确提出，"2018 年底前制定出台基础设施和公共服务领域政府和社会资本合作条例。（司法部、发展改革委、财政部负责）"。

（二）现阶段 PPP 制度框架

1. 顶层设计

基础性政策文件是体现国家推行 PPP 模式的顶层设计，对 PPP 模式价值、意义和目标进行规范的核心文件。其中《国务院关于创新重点领域投融资机制鼓励社会投资的指导意见》《国务院关于加强地方政府性债务管理的意见》《关于在公共服务领域推广政府和社

会资本合作模式的指导意见》《关于在公共服务领域深入推进政府和社会资本合作工作的通知》《国家发展改革委关于切实做好传统基础设施领域政府和社会资本合作有关工作的通知》等政策文件提出了进一步深化投资体制改革，在公共服务、资源环境、生态建设、基础设施等重点领域充分发挥社会资本特别是民间资本的积极作用，鼓励采用 PPP 模式推动项目实施。《政府和社会资本合作模式操作指南（试行）》《传统基础设施领域实施政府和社会资本合作项目工作导则》《关于开展政府和社会资本合作的指导意见》等文件规定了 PPP 项目的基本操作程序及合同签订等问题。

2. 政府监管

在推广政府和社会资本合作模式过程中，存在缺少成文法规定、政策文件效力位阶较低且相互矛盾的情形。同时，PPP 项目参与各方亦存在基于不同立场和利益考量，项目操作不规范的问题。因此，在完善操作流程层面的制度建设同时，尤其要重视监管体系政策文件的制定与执行。建立项目审批、信息公开、项目库动态管理和绩效评价在内的全过程监督链条，具体包括《政府和社会资本合作（PPP）综合信息平台信息公开管理暂行办法》《关于规范政府和社会资本合作（PPP）综合信息平台运行的通知》《关于依法依规加强 PPP 项目投资和建设管理的通知》《政府和社会资本合作（PPP）项目绩效管理操作指引》《关于加强中央企业 PPP 业务风险管控的通知》等。

3. 技术指引

技术类政策文件主要指为保障项目操作规范性需要编制的项目文件，包括实施方案、财政承受能力论证、物有所值评价、会计准则等。其中《关于调整和完善固定资产投资项目资本金制度的通知》《国务院关于加强固定资产投资项目资本金管理的通知》是有关项目资本金规定的文件；《政府和社会资本合作项目财政承受能力论证指引》是 PPP 项目财政承受能力论证的政策文件；《PPP 物有所值评价指引（试行）》是 PPP 项目物有所值评价的指导性政策文件；《政府会计准则第 10 号——政府和社会资本合作项目合同》是关于 PPP 合同在政府会计中如何处理的政策文件。

4. 融资指导

国家推行 PPP 模式的动因之一即是禁止地方政府违规举债、防范金融系统性风险。因此，金融机构会同财政部、国家发展和改革委员会等 PPP 主管部门陆续出台了系列政策，在项目融资、规范使用和项目再融资方面为推广政府和社会资本合作模式提供了制度支撑，并对项目融资过程中产生的问题进行了规制，以确保政府和社会资本合作模式能够健康、稳定发展，包括《关于推进开发性金融支持政府和社会资本合作有关工作的通知》《关于进一步规范地方政府举债融资行为的通知》《关于规范金融企业对地方政府和国有企业投融资行为有关问题的通知》《关于推进传统基础设施领域政府和社会资本合作（PPP）项目资产证券化相关工作的通知》《关于保险资金投资政府和社会资本合作项目有关事项的通知》等。

5. 采购规定

采购类政策文件是有关 PPP 项目实施中，政府方实施机构如进行 PPP 项目实施主体采购的规范性文件。其中《中华人民共和国政府采购法》《中华人民共和国政府采购法实施条例》《中华人民共和国招标投标法》《中华人民共和国招标投标法实施条例》是采购领域基本法；《政府和社会资本合作项目政府采购管理办法》《政府采购货物和服务招标投标管理办法》《经营性公路建设项目投资人招标投标管理规定》是政府采购及其中适用招标投标程序的特别规定；《政府采购非招标采购方式管理办法》《政府采购竞争性磋商采购方式管理暂行办法》等是采用非招标投标方式的政府采购的特别规定。

6. 行业应用

为贯彻落实党中央、国务院决策部署，在公共服务和基础设施等领域推广 PPP 模式，国家发展和改革委员会、财政部、住房和城乡建设部、交通运输部、水利部、农业农村部、民政部、文化和旅游部、国家林业和草原局、国家能源局等国家部委、国务院直属部门分别发布指导性文件，鼓励在市政公用事业和基础设施建设领域、收费公路、农业林业领域、重大水利工程建设运营领域、医疗卫生与养老服务领域等推广 PPP 模式，具体包括《关于鼓励和引导社会资本参与重大水利工程建设运营的实施意见》《关于推进农业领域政府和社会资本合作的指导意见》《关于在收费公路领域推广运用政府和社会资本合作模式的实施意见》《关于在旅游领域推广政府和社会资本合作模式的指导意见》等。

 ◀ 课后习题 ▶

1. 全球主要有哪些 PPP 法律制度类型？
2. 简述以立法形式规范 PPP 发展的特征。
3. 中国 PPP 模式的政策沿革经历了哪些阶段？
4. 我国在 PPP 立法上经历了哪些实践？
5. 现阶段我国 PPP 制度框架包括哪些内容？

第九章　以可持续发展为导向的 PPP3.0

【教学目的】

　　可持续发展理念强调通过治理手段实现经济、社会和环境三个方面的协调发展。本章主要讲解 PPP3.0 版本如何整合 PPP1.0 版本的融资功能与 PPP2.0 版本的效率优势，以及介绍 PPP3.0 的"对象-主体-过程"理论框架。本章需要学生掌握 PPP1.0、PPP2.0、PPP3.0 的特征和演化路径，熟悉 PPP3.0 的理论框架和 PPP 模式的善治框架，能够使用上述理论工具来分析和评价实际案例，提高知识的运用能力。

第一节　PPP1.0 到 PPP3.0 的演化

一、PPP 模式的三个阶段

　　PPP 模式兴起已有一段较长的历史。由于社会资本存在逐利性，PPP 模式应用也会造成一系列问题，如社会资本重视施工利润，有很强的短视行为动机，容易忽视长期运营维护效益。伴随可持续发展理念的提出，PPP 模式应用也有必要向着更加可持续发展的方向转型和演化。可持续发展理念自 20 世纪 70 年代首次提出以来，已经成为世界各国包括中国在内广泛接受的全球经济社会发展核心概念和中轴原理。可持续发展理念强调经济、社会和环境的协调发展，要求在满足当代人需求的同时，又不对后代人满足其需要的能力构成危害，倡导"代际公平"原则。

　　基于可持续发展视角，PPP 模式的演化过程可以分为三个阶段，分别是填补公共财政预算缺口的 PPP1.0 阶段，全面提升公共治理能力并提高公共产品供给效率的 PPP2.0 阶段，以及实现经济、社会和环境可持续发展的 PPP3.0 阶段。

　　（一）PPP1.0

　　PPP1.0 版本以填补公共财政预算缺口为主要目的，通过设计合理的操作机制，吸引社会资本参与基础设施和公共服务提供，从而减轻政府的财政压力。从国际上推行 PPP 模式的经验看来，大部分的发展中国家和地区目前都处于这一阶段。例如，中国、印度和拉丁美洲在推行城镇化建设中大量应用的 PPP 模式。

该阶段的理论和实践主要集中在建筑经济与管理领域，重点是如何设计可行的 PPP 项目操作机制，主要包括三个方面：①风险管理，如风险识别、风险评估、风险分担、风险应对等；②采购管理，如财务可行性、物有所值、特许经营期限、政府担保、定价机制和招投标等；③履约管理，包括运营维护绩效、利益相关者、超额利润分配、再谈判和提前终止等。

（二）PPP2.0

PPP2.0 版本以提高公共产品和服务供给效率为主要目的，通过优化操作机制，提高对参与方的激励水平，从而降低公共产品和服务供给成本，并提高公共产品和服务质量。目前，发达国家应用 PPP 模式大多是出于这一目的，如英国、荷兰、丹麦在提供社会服务时，鼓励采用 PPP 模式。

许多学者利用经济学的理论和方法，如不完全契约理论、交易成本经济学、委托代理理论等，研究不同制度设计对参与方激励水平的影响，主要包括三个方面：①比较 PPP 模式和传统模式的效率，从而决定最优的公共产品供给方式；②优化 PPP 合同设计，包括合同范围、招标方式、政府担保、定价方式、再谈判和提前终止等；③完善 PPP 相关规制设计，包括信息披露、公众参与、问责、反腐败等。

（三）PPP3.0

PPP3.0 版本以实现可持续发展为主要目的，通过对经济、社会和环境等多目标的综合考量来改造操作机制，一方面吸引社会资本满足地方融资需求，另一方面纳入社会与环境因素，克服引入私人部门带来的各种问题。2016 年，联合国欧洲经济委员会推出《实现联合国可持续发展目标以人为本的政府和社会资本合作（PPPs）善治指导原则（草案）》，将 PPP 模式作为实现人类社会可持续发展目标的重要手段，倡导在全球推广。不过，当前关于 PPP 模式与可持续发展的研究还主要集中在建立 PPP 项目的可持续评估指标体系方面。如何将可持续发展理念整合进 PPP 操作机制中，未来还需要大量工作。

二、PPP 模式的演化路径

PPP 模式的演化路径并不是直线的，而是双路径的，即 PPP3.0 由 PPP1.0 和 PPP2.0 双向演化而成。这是因为 PPP3.0 并不是简单地在 PPP2.0 基础上加上社会与环境维度，而是需要在 PPP1.0 的融资需求与 PPP2.0 的经济效率之间权衡取舍。在遵循"代际公平"的原则下，为满足后代人对公共产品和服务的需求，基础设施建设就必须提前投入。这种投入与产出在时间上的错位，导致了融资需求成为实现可持续发展的重大难题。那么，适当牺牲经济效率、满足融资需求就成为必然，这也为目前发展中国家大力推行以融资为目的的 PPP 模式提供了理论支持。PPP3.0 强调只有考虑了经济、社会和环境协调发展的 PPP 模式，才能实现"代际公平"。PPP 模式的演化路径如图 9-1 所示。

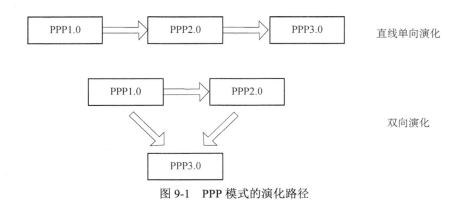

图 9-1 PPP 模式的演化路径

第二节 PPP3.0 的理论框架

一、对象视角

对象视角关注 PPP 模式所供给的公共基础设施。由于 PPP 1.0 和 PPP 2.0 都是只强调经济维度，这将会造成政府和私人部门都忽视公共基础设施项目带来的社会与环境影响。PPP 3.0 强调统筹考虑经济可持续、社会可持续和环境可持续三个方面。

（一）经济可持续

经济可持续是指 PPP 项目要给社会资本带来长期、稳定、合理的投资回报。

"长期"是指社会资本要有效地整合建设阶段与运营维护阶段从而降低全生命周期成本，避免承包商只关注短期的施工利润，要求重视长期的运营维护效率。

"稳定"要求地方政府需要有持续支付的能力和信用。常见的问题是本届政府实施的项目不被下一届政府认可，从而出现政府违约的现象。目前，实践中通过将项目纳入政府中长期的财政预算或者发改委/财政部示范项目库等措施，都能有效避免此类风险。

"合理"是指项目的利润率一方面要能吸引社会资本，另一方面又不能出现暴利。由于 PPP 项目具有复杂性与合同长期性，项目初期很难做出准确的财务评估，因此，要求项目设置动态的调节机制，用来分配超额利润和救济亏损。

（二）社会可持续

社会可持续是指 PPP 项目要能给社会公众提供优质、低廉、覆盖面广的公共产品和服务。

"优质"是指社会资本方所提供的产品和服务必须要满足产出标准的要求。通常，PPP 模式下的社会资本方比传统模式下的政府更有节约成本动力，甚至不惜降低产品和服务质量，这要在机制设计中严加防范。

"低廉"是指社会资本方所提供的产品和服务必须要考虑公众的价格可承受能力，PPP

模式下社会资本方会倾向于收取高额价格实现经济效益最大化，但是由于公共产品的外部性，需要设定较低的价格以实现社会效益最大化。

"覆盖面广"是指社会资本方需要将公共服务提供给更多的地区和人群，这是因为PPP模式下社会资本方会选择性地投资在回报率高的地区和服务利润丰厚的人群，从而忽视了社会公平。

（三）环境可持续

环境可持续是指 PPP 项目要提高城市资源利用率、减少环境影响、改善对城市居民生活的影响。

"提高城市资源利用率"是指 PPP 项目需要提高对城市资源利用率，如土地、淡水、绿化等资源。

"减少环境影响"是指 PPP 项目需要减少对城市环境影响，如降低空气污染、水污染、噪声污染、交通拥堵等的影响。

"改善对城市居民生活的影响"是指 PPP 项目需要改善对城市居民生活影响，如促进就业、改善员工福利等。

在我国，个别 PPP 模式实施忽视了对环境的关注，导致了非常严重的后果。PPP 项目对环境的影响属于项目外部性内容，政府需要设定合理机制将外部性内部化，激励企业为减少环境影响和改善环境做出努力。

二、主体视角

主体视角关注 PPP 模式的主要参与者。关于可持续发展与治理的研究表明，单纯依靠企业或者政府都不可能实现可持续发展。合作治理（cooperative governance）、共同治理（joint governance）等被认为是实现可持续发展的最优制度安排。这一制度安排能让政府、私人部门和公众各自发挥优势，并且形成三方制衡机制。PPP 模式作为基础设施和公共服务领域的合作治理形式，也会成为推动可持续发展的必然选择。PPP 模式推动可持续发展体现在以下方面。

（一）充分发挥企业创新性

创新是促进可持续发展的重要动力，而创新必须通过私人部门来实现。无论是技术的创新，还是商业模式的创新，都需要对实施者提供巨大的经济激励，而体制内无法提供这种激励。在公共服务领域，私人部门的创新性正在变革传统的供给模式，使可持续发展日益变得可能。例如，基于共享经济理论的摩拜单车，大大提高了传统由政府提供的公共单车的效率，私营企业在技术与商业模式上的创新，将原来需要政府补贴才能提供的公共服务，变成了具有良好盈利性的产业。以公共交通为导向的开发（transit oriented development，TOD）作为一种基于可持续发展的城市规划理念，在私人部门的主导下，发展成为可以自负盈亏的商业模式（港铁模式），并逐渐得到了推广。因此，实现可持续发展，必须要在 PPP 模式下找到可供推广的创新点，特别是通过对有限资源的更高效率利用从而实现商业成功。

（二）实现政府对"代际公平"与"代内公平"的职责

私人部门关注经济效益，而可持续发展的"代际公平"原则强调经济、社会、环境的协调发展，因此需要政府的规制与监管。政府可以通过合理的规划，辅助强制性的惩罚措施，将经济、社会、环境外部性纳入企业成本函数，使外部性内部化。例如，TOD 模式下，土地资源纳入了企业的成本函数，大大激励了企业提高土地资源的利用率。另外，由于私人部门的参与会导致不公平的现象出现，政府需要保证公共产品与服务供给的"代内公平"。例如，私人部门偏好于收取高额票价，政府可以规定用影子价格进行定价，再通过政府补贴使企业实现财务上的盈利性。

（三）增进公众参与来减少市场失灵与政府失灵情况

可持续发展要求提高公众在公共事务中的知情权与参与权，从而更好地保护公众利益，社交网络等现代信息技术也让这一要求成为现实。公众可以有效监督私人部门提供公共服务的质量，如兰州自来水苯超标事件；公众可以干预政府错误的投资决策，如厦门 PX 项目事件；公众可以直接参与公共产品的提供，如在城郊与农村的供水服务投资分散，回报率低，私营企业通常不愿意投资，由当地居民自营的小型供水设施能有效弥补这一公共服务的缺位。但是公众的知情权与参与权需要有效的引导与组织，避免造成负面效果。

（四）形成政府-企业-公众的三方制衡机制

任何单独的一方来承担公共产品/服务的供给，都不可能实现可持续发展。PPP 3.0 下强调三方的共同参与，互相制衡，如图 9-2 所示。政府需要制定 PPP 相关的法律法规来规范 PPP 项目的运作，如 PPP 采购流程、项目审批、定价管理等；企业需要与政府签订详尽的 PPP 合同，来约束政府的行为，如政府干预、政府支付、风险分担等；企业通常可以享有特许经营的权利给社会公众提供产品/服务，如大部分基础设施项目与社会服务都是基于特许经营与天然垄断性；公众可以监督企业的产品/服务质量，要求企业必须提供优质、便利的公共产品/服务；政府需要在私人部门提供公共产品/服务时所忽视的地方发挥作用，如通过政府补贴（可以补贴给企业，也可以直接补贴给公众），让低收入群体和欠发达地区的公众也能享受到公共服务；如果政府没有照顾到公平，公众享有对政府投诉的权利，如垃圾焚烧 PPP 项目中最近频繁出现的"邻避运动"就是公众投诉的一种表现形式。

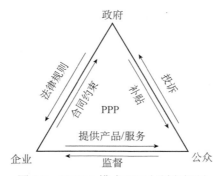

图 9-2 PPP3.0 模式下三方制衡机制

三、过程视角

过程视角关注 PPP 模式的实施流程。PPP 模式为可持续发展解决了融资问题，提供了制度优势。但是，PPP 模式的实施现状仍然处于 1.0 和 2.0 阶段，从而出现了很多问题。PPP 3.0 针对这些问题相应地提出了对策。

（一）回答"当代人所做的投资是否物有所值？"

物有所值是假定采用 PPP 模式与政府传统投资方式产出绩效相同的前提下，通过对 PPP 项目全生命周期内政府方净成本的现值（PPP 值）与公共部门比较值（PSC 值）进行比较，判断 PPP 模式能否降低项目全生命周期成本。PPP 模式不同发展时期，其物有所值的内涵不同。

PPP1.0 强调政府成功地将社会资本引入公共产品和服务中，以资本的可获得性为目的，而不是以物有所值为主要目的。

PPP2.0 开始强调物有所值，重视其经济效率。由于 PPP 模式的效率优势只存在于某一些基础设施行业，并非所有的行业都适用，因此滥用 PPP 模式并不能实现物有所值。

PPP3.0 既强调物有所值的经济效率，也开始重视社会、环境的协调发展。例如，英国 PFI 模式下提出的物有所值评估体系就是基于"3E"，在一定程度上体现了可持续发展的理念。

我国财政部发布的《PPP 物有所值评价指引（试行）》主要强调经济效率，因此其属于 PPP 2.0 版本下的物有所值评估体系，但是由于我国 PPP 实践目前仍然处于 1.0 版本，该指引也并未得到有效实施。

（二）回答"当代人的透支额度是否超出了后代人的承受能力？"

基础设施项目最大的特点除了高额的建设性投资，后期的运营维护费用也随着时间推移逐年增加，并且数额巨大（通常 20～30 年的运营维护成本要高于初期建设成本）。短时间内上马巨量项目，并且大量透支未来地方政府的财政能力，将来会使得这些项目的运营维护面临巨大困难。特别是当社会资本面临困境需要财政支持或者政府回购时，财政资金的短缺将会使得未来政府的解决途径非常之少（拉丁美洲的 PPP 浪潮之后，因为地方政府财政能力有限，大量的 PPP 项目被迫破产）。因此，要保证 PPP 模式的可持续发展，需要严格控制政府在 PPP 项目中的支出义务。这一部分应该在 PPP 项目财政承受能力论证中得到落实。

（三）回答"当代人所做投资决策是否能代表后代人的利益？"

当代人作为后代人的代理人，极易存在道德风险。如果大量透支未来，仅仅是为了满足当下地方政府政绩需求或者短期的经济增长，将会给后代人留下沉重的负担。因此，PPP 模式下需要对实施的项目进行"可持续性评估"，包括对经济、社会、环境的长远影响。

从其他国家 PPP 模式制度建设的经验来看，很多都将"可持续性评估"当成项目可行性研究的一部分。但是我国目前还依然没有这一项制度。虽然在传统基础设施项目的可行性研究中有环境与社会评价的内容，但是这主要是从传统模式的视角，在技术层面进行评估。由于 PPP 模式下治理机制发生了很大的变化，引入私人部门又会对项目的可持续性有非常大的影响，因此需要有单独的评估体系。

第三节 PPP 模式的善治框架

一、政府

（一）提高民企参与度

PPP 的优势主要体现在政府借助社会资本的创新性优势提高公共服务供给的效率和水平。现阶段中国 PPP 项目的社会资本方主要为国企、民企以及少部分外资企业，国企占核心地位。民营资本的力量式微，且在 PPP 领域缺少足够的政策支持，因而在与国企的竞争中往往出现颓势。但是国企相较私企，更关注项目成交与否，创新潜力不足，对项目的创新性、回报比关注度不足，这就很难达到 PPP3.0 实现经济、社会、环境可持续发展的高度。

在 PPP 中，政府应当以制度化的途径明确政府与企业的权责体系、运营机制和监督体系，严格选定符合资质的企业进行合作，并且在合作过程中通过健全内外法律法规、合约条款约束企业，避免企业出现"为了降低成本而降低公共产品和服务质量，忽视对环境保护、员工安全与福利、社会责任等方面投入"等市场失灵问题。社会资本的逐利性和公共产品和公共服务的无偿性本就存在着矛盾，在这中间需要有效的监督体系作为平衡。例如，政府和企业间应该签订特许经营协议，明确双方权责，明确企业的收益水平，以获取持续合理的经济收入。鼓励民营企业参与 PPP 竞标，促进社会资本多元化。政府方面可以积极推动民营企业参与公共产品或者服务的供给，利用民营企业或外企的创新能力和效率提升公共产品供给的水平。部分民营企业虽综合实力弱于国有企业，但其创新能力和研发水平却遥遥领先。政府应当鼓励民营企业发挥其创新性优势，积极参与政府 PPP 招标。当下我国民企参与 PPP 项目呈现不积极、较为保守的态势，政府应当采取给予一定的经济补贴等手段呼吁更多社会资本参与进来，促进 PPP 项目的竞争，实现公共产品供给的最优化。

（二）改善官民沟通方式

在政府和民众的关系问题上，我国政府制定项目建设方案时决策相对有些封闭，政府和民众的信息沟通渠道并不十分完善。传统公共行政诞生于 19 世纪末 20 世纪初，是适应工业时代政府管理需要，围绕"促进政府管理变得合理化和高效率"的主题而逐渐发展起来的。但众所周知，这种单一科层制也带来了诸多问题。政府在决策和执行上可以发挥强势作用，但在提供服务方面，政府并不擅长，作为"划桨者"，政府单独提供公共产品，往往供给效率较低。传统官僚制带来的弊端不止如此。政府权力独享缺乏对民众偏好的回应，公众参与缺乏导致难以对政府问责，这在更大程度上激化了政府和民众的矛盾。传统的 PPP 项目，尤其是 PPP1.0 项目中政企双方和民众沟通不到位，民众没有权利和途径表达自身的利益诉求，最终走向非理性的群体性运动反抗项目建设。这也是为何众多 PPP 项目最终走向流产的信号。

（三）理顺政府和市场权责关系

在 PPP 大环境下，政府和企业的权责关系处置尚有很大漏洞。如英国格林沃德等学者所述，由于公共部门与私人部门的差别，公共部门不能照搬私人部门的管理方式。根据萨瓦斯民营化理论的经典论述，过分重视效率，在未理顺政府与市场关系情况下，引入民营化也会出现诸多问题：其一，公共服务外包给企业，但到建设运营阶段，政府才意识到该企业缺乏应有能力和资源，项目建设无法达到预期。其二，监督问题，政府不可能对承包企业实施全天候监控，后者容易钻空子，以致产品和服务质量低。其三，政府和企业"同床异梦"，各有考量。政府追求公共利益，而企业追求私人利益，双方在出发点不对等、责任未明确界定的情况下，往往会在合作上出现问题，甚至有政府和企业"同流合污"的危险。我国很多 PPP 项目虽然是政府和国企主导的，但长期也存在着政企不分，价格机制不合理等问题，极大地制约了 PPP 项目公共产品供给效率的提高。

（四）提高公共产品和服务供给目标

党的二十大报告明确要求，"健全基本公共服务体系，提高公共服务水平，增强均衡性和可及性，扎实推进共同富裕"[①]。这是新时代公共服务工作的方向引领，也是推进共同富裕的重要着力点。党的二十大报告所提出的"提高公共服务水平，增强均衡性和可及性"[①]，是党在新的历史条件、新的历史使命下对公共服务制度体系的新要求，是对实现基本公共服务均等化目标的进一步提升和发展。新公共治理以提升公共产品的质量和服务为标准，这意味着，政府应当更多发挥服务型政府职能，打破思维定式。PPP3.0 倡导政府方从项目定位出发，改变公众对传统邻避项目认知。比如，香港 T-PARK 污泥厂的项目定位就不仅仅是污泥清理，而是要力争成为城市地标性建筑。如果政府能够在制定战略时就把项目建设的目标和视野定得高一些，将直接影响项目的格局。

（五）提升公众参与程度

政府应积极与民众构建良性的依赖和信任关系，畅通信息沟通渠道，吸纳民众参与项目决策，满足民众表达利益诉求的权利。戴维•伊斯顿的政治系统理论指出，个人或者团体为了满足自己的需要和利益向政治系统输入支持和要求，再经过环境等要素的影响，将政策和行动以输出的方式反馈给个人和团体。这就意味着民众把自己的需求输入

---

① 《习近平：高举中国特色社会主义伟大旗帜　为全面建设社会主义现代化国家而团结奋斗——在中国共产党第二十次全国代表大会上的报告》，https://www.gov.cn/xinwen/2022-10/25/content_5721685.htm[2023-10-20]。

到政治系统，民意主张在政府进行决策和规划过程中应当具有关键作用。一旦缺失这一环节，将使政府和民众之间沟通急速减少，政府和民众的摩擦则会急剧增加。在许多大型 PPP 项目中，政府在制定项目规划时应当妥善考虑，信息公开，把民众的意见纳入决策的环节，真正实现民主化、公开化。政府应在和社会、民众的沟通中及时回应民众诉求，并以恰到好处的利益补偿回馈民众，重新肯定公共利益在政府服务中的核心地位。

二、企业

（一）提升自身创新和技术能力

技术过硬是硬指标，也是必须做到的底线。在全面改善环境质量的要求下，运营商应具备提供一揽子解决环境问题的能力和经验。技术、管理、解决方案越丰富，越具有颠覆性和创新理念的企业，在竞争中胜出的概率越大。企业要想在公开投标中获得胜利，离不开其方案的创新性、压倒性优势，而且需要有可持续发展理念和品牌化项目思路的先进性。企业如何在技术层面实现公共产品和公共服务供给的效率最优，是 PPP 项目的核心要义。

（二）积极吸纳民众参与运营，构建积极和谐民众和企业关系

公众不单单是项目的监督者，更是公共服务的使用者，是 PPP 关系中不可缺失的力量。比如，香港 T-PARK 污泥厂项目积极邀请民众参观项目，了解污泥回收、海水淡化、供给发电等一系列可持续发展流程。再如，中国光大集团股份公司在其垃圾焚烧发电站项目中与民众保持良好的沟通关系，邀请部分民众参与垃圾焚烧厂参观等。这能增强彼此之间的信任关系。

三、民众

（一）积极维护自身权益

民众应该积极维护自身权益，当发现自身权益受到侵害时，主动和政府、企业沟通，如拨打投诉电话等。但民众要选择合理、程序化的渠道表达自身诉求，激进的、抗争式的行为往往会产生恶劣的社会影响。比如，在香港 T-PARK 污泥厂项目中，民众与政府保持着积极沟通，这也推动政府更多地考虑民众诉求，推动项目从邻避设施真正转型成为"邻喜设施"。

（二）发挥好外部监督的作用

民众应当发挥好外部监督的作用，成为监督 PPP "政企合作"的第三方。民众针对企业提供的服务要发挥好监督作用，保证企业在"阳光"下运行。比如，大量民众积极参与香港 T-PARK 污泥厂项目参观，每天 200～300 人参观不光为企业起到宣传作用，更增强了政府的公信力，提升了公共产品供给的满意度。

（三）树立超越私利的公民精神

随着对"善治"时代的殷殷呼唤，在邻避设施建设所代表的基础设施和基本公共服务领域，公民超越私利的自主治理将大有可为。新公共服务理论的缔造者登哈特认为"在政府中公民不只是顾客，他们是所有者和主人"。这也与以奥斯特罗姆为代表的布鲁明顿学派强调的"政治新科学"相一致，即协作的科学、公民的科学和自由的科学相一致。作为公共服务的享用者和反馈者，除了在公共服务供给决策出台和监督这两方面发挥作用，具有民主参与能力和意识，强调公民美德，超越一己之私，从而关注社区改善和人类整体利益改善的公民会是将来真正实现"善治"与"可持续发展"的潜力之"源"。

第四节　实际案例分析

一、案例的基本信息

通过对 PPP1.0、PPP2.0、PPP3.0 三个案例的比较分析，来加深对 PPP1.0 到 PPP3.0 演化的认识。

项目 A 是某市政府和一家外资企业合作投资建设的项目。该项目于在建设前三年获得了国家相关部门的合规文件，并正式领取营业执照。然而，事实上，实际情况是项目的听证会和专家座谈会是在项目建设开工后才举行的，这使得项目实施进程存在不确定性。当地居民逐步意识到排海工程已经开始建设，这不仅激化了民众内心的不满情绪，而且造成了较大规模的群体冲突事件。该事件的爆发使得政府被迫停止项目建设，不仅消耗了大量经济成本，还造成了极其恶劣的社会影响。此外，在环境方面，排海工程虽被"美化"为一项清污工程，但本质上是对污染物的转移，被公众认定是政府的短视行为；加之政府监管不到位，导致企业排放污水不达标，对环境反倒产生了危害。该项目最终没有正式建成。

项目 B——光华垃圾焚烧站是南京市政府和中国光大国际有限公司以 BOT 形式合作建设的邻避类市政项目。在 2011 年底的项目招标中，中国光大国际有限公司中标，约定特许经营期为 30 年。需注意的是，中国光大国际有限公司是传统国有企业，因此该项目公私合作有些"公公合营"的倾向，这与之前说的国企在 PPP 投资中占据主导地位是一致的。经济上，项目资金由中国光大国际有限公司全额出资，其余通过申请银行贷款等渠道解决。项目收入由垃圾处理费和发电费两部分构成。根据项目公开中标价格及特许经营协议，约定项目每吨垃圾处理费为 69 元。由于前期启动资金数额庞大，企业存在一定资本风险，但因其国有企业性质，企业通过后期技术进步、收取垃圾处理费等实现经济上的持续供给。社会上，该项目建设初衷是破解南京"垃圾围城"困境，政府对此有明确定位。截至 2016 年底，项目已累计处理生活垃圾约 230 万吨，发电 6.8 亿千瓦时，极大地提高了垃圾处置的效率。为减少居民反感，企业通过各种手段做好利益补偿。出资修建道路，为周边百姓出行提供便利；成立关心村民生计小组，逢年过节慰问当地困难家庭；最大限度解决村民就业，同等条件下，优先录用本地村民及其子女；项目投产后，还邀请村民走进公司参观，听取百姓对公司意见和建议。在环境方面，企业试图通过技术进步尽可能减少其负外部性，但由于技术条件有限，项目环境影响并没有降到最低。

项目C——香港T-PARK污泥厂采用海外惯常使用的DBO模式，由香港环境保护署和法国威立雅环境集团实现战略合作。经济上，T-PARK作为全香港唯一一家污泥厂，处理来自全香港的污泥，解决了污泥处理长期依赖填埋的痛点，由政府完全出资建设，企业不用担心成本问题，减少其偷工减料的风险，政府可以持续地依靠向民众、企业征收排污费以此支付T-PARK的建设运营费用。同时，采用污泥焚化技术，虽前期成本高，但由于机械化水平高，大大减少后期人力成本。其无与伦比的技术创新，还能通过污泥处理带来一系列可持续的电力、水力等副产品，满足内部运营需要。法国威立雅环境集团也能通过运营环节处置污泥获得政府财政支持，获得持续的经济回报。社会上，T-PARK做到了环保教育的广泛普及，带来正面社会影响。其内部设置的公众教育中心，接受社会公众前来免费参观，提供免费解说和公交等。在环境上，T-PARK具有无与伦比的优势，政府建设T-PARK的初衷就是实现可持续发展。企业充分依照周围的环境设计，改善了香港城市资源的利用率，促进就业和居民健康。

二、案例的比较分析

（一）PPP1.0案例的协作特征

在政府和企业关系处理方面，项目A的政府对企业缺乏法律和合同约束，致使企业行为遵从成本较低。

在政府和公众关系处理方面，项目A的政府方未在选址、规划等环节及时吸纳民众参与。直到项目开始运营，民众才意识到项目的危害，但"投诉无门"，只好通过"抗争"来表达反对，这直接导致了环境群体性事件的爆发。

在企业和民众关系处理方面，该项目的企业和民众缺乏协作监督关系，企业迟迟不向公众公开环评报告，公众缺乏和企业的沟通渠道，只好把怒火发泄给政府。

（二）PPP2.0案例的协作特征

在政府和企业关系处理方面，项目B的企业属于国有企业，因此在该企业和政府关系较为密切的情况下，易出现监督不严的风险，企业可以通过合约向政府申请获取费用。

在政府和公众关系处理方面，项目B的政府方主要采取对民众的单向沟通方式。政府方虽然为周围民众提供了一定补贴，但仍没有将公众参与项目决策作为重点。

在企业和民众关系处理方面，项目B中出现了可喜的企业和民众的双向协作沟通模式，企业做好环评公示，积极为周围居民提供利益补偿。

（三）PPP3.0案例的协作特征

PPP3.0版本依托政府、企业、民众三大主体的多方协作治理模式，来实现可持续发展。以下仍以项目 C 为例，解析政府、企业、民众三大主体之间的合作和博弈。

1. 政府-企业：合作共赢

政府通过公开招标选定法国威立雅环境集团。香港环境保护署和其签署 15 年合约。在此期间，香港环境保护署为企业提供全额资金，但要求其依照香港特别行政区政府的需求，按照合约设计、建设和运营 T-PARK，如果建设达不到要求，则需要重新修改方案。例如，在 T-PARK 设计和建设中，香港环境保护署明确要求不伤害周围原有的绿植（70%以上空间是绿地和鸟类保护区），企业需要提出合理的建设方案以获得政府认可。政府对企业的监督还体现在 T-PARK 运营中，每周至少三天的水温监测和抽查，减少了企业"违规"的可能。企业作为 T-PARK 承包商有权在处理完污泥以 1 吨作为基准向政府申请收费。并且，在建设材料费用上涨的情况下由政府拨款增加预算。政府借助企业的创新性优势，实现项目创新的可能性最大化，克服了政府失灵的风险。香港特别行政区政府充分挖掘了威立雅企业的高精尖的水处理技术，依托其设计团队，绕开了传统的污水处理厂的老路，将 T-PARK 变成了转废为能的新标杆。

2. 政府-民众：公开透明

在 T-PARK 建设前，政府在选址、环评等不同方面都积极鼓励民众进入决策，如香港环境保护署通过科学评估大致选取屯门作为污泥厂建设的理想位置之一，其间香港环境保护署多次吸纳议员、屯门区居民代表会议的结果，用环保标准说话，促使民众理解项目，避免了传统意义上的邻避冲突。在 T-PARK 运营过程中，政府为前往 T-PARK 参观的游客提供免费公交（但需提前预约）。政府和民众之间开辟了信息传输和沟通的渠道，一旦发现污染等问题，民众也有向政府申诉的权利，登录香港环境保护署网站或拨打电话均可以行使投诉权利，政府将在 1～3 天内给出解答。香港环境保护署吸纳议员的意见，创新性地构建了跨部门组织"屯门区发展联络小组"成为保持政府和民众沟通的中介。有关 T-PARK 的事务香港环境保护署需事先和联络小组进行沟通和协商，"第三方"的介入不光起到了监督政府的作用，也避免了信息不对称的风险。

3. 企业-民众：公众参与

企业为民众提供了多样化的服务，民众实时监督企业。法国威立雅环境集团作为 T-PARK 运营的承包商，为前来参观的游客提供指导服务，为民众解释 T-PARK 运营流程。民众可以通过提前预约在 T-PARK 享受 SPA 服务，这是企业通过技术创新，利用污泥焚烧产生的热气和淡化海水形成的回馈性娱乐设施。作为前往参观的旅客，一旦民众发现 T-PARK 出现污染超标等问题，可以直接和企业沟通，这也发挥了更强大的监督作用，使企业的所作所为完全暴露在"阳光"之下。

三、PPP3.0 案例的进一步分析

（一）对象视角

经济可持续方面，目前香港 T-PARK 污泥厂虽然在污泥处置上没有额外向居民和企业

收费，而是由政府全额出资，但实际上仍然实现了经济可持续。香港特别行政区政府通过增加排污费、工商业污水附加费等来弥补持续增加的污泥处理成本。香港收取的排污费自2008 年起每年均有 0.1～0.3 元的涨幅，每立方米供水排污费从 2008 年的 1.2 元增长至2017 年的 2.92 元之多。香港特别行政区政府将污泥处置成本部分转嫁给了市民。与此同时，企业可以充分发挥创新的主观能动性，运用污泥处置的技术优势，获得政府的资金支持。

社会可持续方面，T-PARK 污泥厂给社会公众提供了优质、低廉、覆盖面广的公共产品和服务。其一，T-PARK 接收全香港 11 间污水处理厂的污泥，将其"变废为宝"，污泥焚化过程中产生的热能、电能可以为 4000 个家庭持续供电。其二，居民只要通过免费预约，就能进行园区参观，了解厂区污泥处理实时运行情况的同时，享受园区内 SPA 等服务。虽然 T-PARK 离市区有三到四个小时的车程，但是香港环境保护署准备了每天约五班的免费公交，可供市民前往免费参观。其三，T-PARK 向公众提供了一系列就业岗位。T-PARK 园区内的"T-Coffee"咖啡馆外包给了 NGO（non-governmental organizations，非政府组织），有些服务员甚至是残障人士，T-PARK 为其提供自给自足的谋生渠道，实现了社会层面的可持续。其四，T-PARK 真正成为公众环境教育中心。最初，运营向公众开放，就是希望提升市民对废物管理、循环再用的意识，这是企业清洁化处置污泥之外的重要使命。

环境可持续方面，T-PARK 改善了对城市资源、环境、居民生活的影响，实现了环境可持续发展。T-PARK 污泥厂解决了污泥直接填埋的资源浪费、危害环境问题，其选址科学合理，无论从污泥运输的路径和工具选择，还是污泥处理厂的设计、建设、工艺处置的全过程，T-PARK 都做到对环境、对人友好。除了污泥焚烧设施之外，还建造了一个海水淡化厂和污水处理厂。厂区每天从后海湾抽取海水，经淡化处理后变成饮用水和设施用水。同时，焚烧污泥产生的能源可以为厂内建筑物提供制冷和供热，实现了水资源和能源的完全自给自足。厂区产生的所有污水经处理后可用作灌溉、冲厕及清洁等，实现了"零污水排放"的目标。T-PARK 最大化地发挥了私企的创新性优势，将企业水务、废弃物处理、能源管理三大业务的专长和顶尖技术完美结合，真正实现了环境方面的可持续。

（二）主体视角

政府、企业、公民三方相互监督、相互合作，各自发挥着不可替代的作用。香港特别行政区政府为 T-PARK 的建设全额出资，但可以通过收取排污费等手段回笼财政支出。并且在整个项目建设设计运营中，政府具有方案否决权，可以监督企业达到合约中要求的标准。

企业发挥了技术上的优势，获得了污泥厂项目的设计-运营权，同时凭借高尖端的污泥处理焚化等技术提高了污泥处置的效率，获得政府资金拨款（企业处理每吨污泥，政府均有补贴），获得了商业层面的盈利。

公众参与在 T-PARK 的规划、建设、运营等各个环节中均有体现。在 T-PARK 规划阶段，公民代表就 T-PARK 的选址、废物排放等问题和香港特别行政区政府做过多次磋商，以保证自身权利不受损害。在 T-PARK 建设阶段，民众有权监督 T-PARK。例如，在

T-PARK 接待处，居民可以看到由中控室全天候监控的数据，确保排放的气体符合严格的国际标准。一发现问题，群众可以通过香港环境保护署网站举报投诉。在 T-PARK 运营阶段，除每周周二闭馆外，T-PARK 其他时间都向公众开放，提供免费 SPA 和参观服务，成为一个兼具娱乐性、教育性的休闲文化场所。T-PARK 几乎每天都暴露在公众眼底下，成为 T-PARK 最有力的监督者和宣传者。

（三）过程视角

T-PARK 污泥厂是将邻避设施转变成为邻喜设施的 PPP3.0 范本。T-PARK 克服了邻避设施广泛存在的负外部性（空气水污染、噪声、异味和房价降低等），以可持续发展为基点，从经济、社会、环境长远影响进行评估和考虑，真正实现了物有所值。传统的环境类邻避设施包括垃圾焚烧厂和各类污水处理厂深陷项目频繁叫停的困境，其原因是此类项目建设往往只考虑了经济维度的影响，而忽略了更具现实意义的社会影响和环境影响，从而使大规模的民众因为不满自身权利受到侵害，积聚起来爆发了大规模的群体性事件，造成了极其恶劣的社会影响，政府公信力也大大降低。

 课后习题

1. 简述 PPP1.0、PPP2.0 和 PPP3.0 的特征。
2. PPP 模式 3.0 具有什么意义？
3. 三个时代的 PPP 案例有什么区别？
4. 简述 PPP 善治框架。

参 考 文 献

奥斯特罗姆 E. 2012. 公共事务的治理之道：集体行动制度的演进[M]. 余逊达，陈旭东，译. 上海：上海译文出版社.

蔡文. 1994. 物元模型及其应用[M]. 北京：科学技术文献出版社.

陈庆云. 2001. 公共管理研究中的若干问题[J]. 中国人民大学学报，（1）：22-28.

陈振明. 2005a. 公共管理学[M]. 北京：中国人民大学出版社.

陈振明. 2005b. 当代西方政府改革与治理中常用的市场化工具[J]. 福建行政学院福建经济管理干部学院学报，（2）：5-12，79.

德尔 H V D，韦尔瑟芬 B. 1999. 民主与福利经济学[M]. 陈刚，沈华珊，吴志明，等译. 北京：中国社会科学出版社.

杜亚灵，尹贻林. 2015. 基于典型案例归类的 PPP 项目盈利模式创新与发展研究[J]. 工程管理学报，29（5）：50-55.

范柏乃，朱华. 2005. 我国地方政府绩效评价体系的构建和实际测度[J]. 政治学研究，（1）：84-95.

范小军，赵一，钟根元. 2007. 基础项目融资风险的分担比例研究[J]. 管理工程学报，（1）：98-101.

方劢. 2016. 我国 PPP 项目合同标准化研究[D]. 上海：华东政法大学.

冯锋，张瑞青. 2005. 公用事业项目融资及其路径选择——基于 BOT、TOT、PPP 模式之比较分析[J]. 软科学，（6）：52-55.

傅宏宇，张秀. 2016. 政府与社会资本合作（PPP）法律问题国别研究[M]. 北京：中国法制出版社.

高小平，盛明科，刘杰. 2011. 中国绩效管理的实践与理论[J]. 中国社会科学，（6）：4-14，221.

古银华，王会齐，张亚茜. 2008. 关键绩效指标（KPI）方法文献综述及有关问题的探讨[J]. 内江科技，（2）：26-27.

顾功耘. 2016. 公私合作（PPP）的法律调整与制度保障[M]. 北京：北京大学出版社.

何寿奎，傅鸿源. 2008. 公共项目公私伙伴关系监管体系与监管途径[J]. 建筑经济，（12）：75-78.

桁林. 2003. 政府与市场关系理论及其发展[J]. 求是学刊，（2）：44-49.

贾康，孙洁. 2009. 公私伙伴关系（PPP）的概念、起源、特征与功能[J]. 财政研究，（10）：2-10.

金诺律师事务所. 2015. 政府和社会资本合作（PPP）全流程指引[M]. 北京：法律出版社.

柯永建，王守清. 2011. 特许经营项目融资（PPP）：风险分担管理[M]. 北京：清华大学出版社.

孔杰，程寨华. 2004. 标杆管理理论述评[J]. 东北财经大学学报，（2）：3-7.

李淙. 2020. 城市轨道交通 PPP 项目全寿命周期绩效评价研究[D]. 天津：天津大学.

李公祥，尹贻林. 2011. 城市基础设施项目 PPP 模式的运作方式选择研究[J]. 北京理工大学学报（社会科学版），13（1）：50-53，58.

李军鹏. 2007. 公共服务学：政府公共服务的理论与实践[M]. 北京：国家行政学院出版社.

李明斐，卢小君. 2004. 胜任力与胜任力模型构建方法研究[J]. 大连理工大学学报（社会科学版），（1）：28-32.

里韦罗，瓦利纳. 2008. 法国行政法[M]. 鲁仁，译. 北京：商务印书馆：439.

廖睿. 2016. PPP 操作指南：政府和社会资本合作实务[M]. 北京：中国人民大学出版社.

林登 R M. 2002. 无缝隙政府：公共部门再造指南[M]. 汪大海，吴群芳，等译. 北京：中国人民大学出版社.

林俊杰. 2003. 平衡计分卡：导向战略管理[M]. 北京：华夏出版社.

刘婧涅，王守清. 2015. PPP 项目特许经营者选择研究——基于《招标投标法》与《政府采购法》的适用性比较[J]. 建筑经济，36（7）：9-12.

刘晴. 2015. PPP 模式下基础设施建设项目绩效评价研究[D]. 西安：西安建筑科技大学.

刘新平，王守清. 2006. 试论 PPP 项目的风险分配原则和框架[J]. 建筑经济，（2）：59-63.

罗顺梅. 2002. 我国政府在 BOT 项目融资中的风险分担[J]. 经济与管理，（5）：15-16.

马斌，郭枫. 2017. 韩国 PPP 纠纷解决机制及其启示[J]. 合作经济与科技，（3）：182-184.

美国项目管理协会. 2018. 项目管理知识体系指南（PMBOK 指南）：第 6 版[M]. 高屹，译. 北京：电子工业出版社.

孟建民. 2002. 中国企业绩效评价[M]. 北京：中国财政经济出版社.

蒲坚，孙辉，车耳，等. 2016. PPP 的中国逻辑[M]. 北京：中信出版社.

亓霞，柯永建，王守清. 2009. 基于案例的中国 PPP 项目的主要风险因素分析[J]. 中国软科学，（5）：107-113.

邱伟年，张兴贵，王斌. 2008. 绩效考核方法的介绍、评价及选择[J]. 现代管理科学，（3）：81-82.

萨瓦斯 E S. 2002. 民营化与公私部门的伙伴关系[M]. 周志忍，等译. 北京：中国人民大学出版社.

　　史平多利尼. 1998. 标竿学习[M]. 天龙, 译. 呼和浩特: 远方出版社.

　　世界银行集团, PPP 基础设施咨询基金, 全球基础设施基金. 2017. PPP 合同条款指南（2017 年版）[M]. 财政部政府和社会资本合作中心, 译. 北京: 经济科学出版社.

　　宋金波, 常静, 靳璐璐. 2014. BOT 项目提前终止关键影响因素——基于多案例的研究[J]. 管理案例研究与评论, 7（1）: 86-95.

　　王守清, 柯永建. 2008. 特许经营项目融资: BOT、PFI 和 PPP [M]. 北京: 清华大学出版社.

　　王天义, 杨斌. 2018a. 国际 PPP 系列丛书: 新加坡政府和社会资本合作 PPP 政策及实践[M]. 北京: 清华大学出版社: 170-171.

　　王天义, 杨斌. 2018b. 国际 PPP 系列丛书: 日本政府和社会资本合作（PPP）研究[M]. 北京: 清华大学出版社: 78.

　　魏陆, 吕守军. 2010. 公共经济学[M]. 上海: 上海交通大学出版社.

　　吴亚平. 2018. 吴亚平: 三大因素决定 PPP 项目可融资性高低[EB/OL]. [2022-06-22]. http://drc.jiangxi.gov.cn/art/2018/7/4/art_14672_697350.html.

　　萧亮, 周吉高. 2017. 关于 PPP 项目社会资本方若干问题的再思考[EB/OL]. [2023-05-19]. https://mp.weixin.qq.com/s?__biz=MjM5NzUxNTgwOA%3D%3D&mid=2652507931&idx=5&sn=22e577e631d13382ac7e181ab829f8fc&scene=45#wechat_redirect.

　　熊伟, 诸大建. 2017. 以可持续发展为导向的 PPP 模式的理论与实践[J]. 同济大学学报（社会科学版）, 28（1）: 78-84, 103.

　　闫娟, 李正明. 2013. 论公共服务市场化中的政府角色与责任[J]. 中州学刊, （9）: 5-9.

　　杨宏山. 2009. 城市管理学[M]. 北京: 中国人民大学出版社.

　　杨茗. 2021. 基于多案例分析的污水处理 PPP 项目绩效管理研究[D]. 南京: 东南大学.

　　叶晓甦, 曾慧娟. 2021. 基于伙伴关系的 PPP 项目绩效管理机理及应用研究[J]. 项目管理技术, 19（6）: 8-13.

　　俞可平. 2014. 推进国家治理体系和治理能力现代化[J]. 前线, （1）: 5-8, 13.

　　袁竞峰, 邓小鹏, 李启明, 等. 2007. PPP 模式立法规制及其在我国的应用研究[J]. 建筑经济, （3）: 95-99.

　　袁竞峰, 季闯, 李启明, 等. 2011. 基于虚拟标杆的基础设施 PPP 项目绩效评价体系构建[J]. 现代管理科学, （7）: 12-14, 37.

　　袁竞峰, 李启明, 邓小鹏. 2013. 基础设施特许经营 PPP 项目的绩效管理与评估[M]. 南京: 东南大学出版社.

　　张守文. 2014. 政府与市场关系的法律调整[J]. 中国法学, （5）: 60-74.

　　张守文. 2015. PPP 的公共性及其经济法解析[J]. 法学, （11）: 9-16.

　　张小玲. 2004. 国外政府绩效评估方法比较研究[J]. 软科学, （5）: 1-4.

　　赵新博. 2009. PPP 项目绩效评价研究[D]. 北京: 清华大学.

仲理峰，时勘. 2002. 绩效管理的几个基本问题[J]. 南开管理评论，（3）：15-19.

周兰萍. 2016. PPP 项目运作实务[M]. 北京：法律出版社.

诸大建. 2016. 可持续性科学：基于对象—过程—主体的分析模型[J]. 中国人口·资源与环境，26（7）：1-9.

Armstrong M，Baron A. 2000. Performance Management[M]. Melbourne：Kogan Page Limited.

Bredrup H. 1995. Performance Management：A Business Process Benchmarking Approach [M]. Berlin：Springer Science & Business Media.

Coase R H. 1974. The lighthouse in economics[J]. The Journal of Law and Economics，17（2）：357-376.

Hart O，Shleifer A，Vishny R W. 1997. The proper scope of government：theory and an application to prisons[J]. The Quarterly Journal of Economics，112（4）：1127-1161.

Iossa E，Martimort D. 2016. Corruption in PPPs，incentives and contract incompleteness [J]. International Journal of Industrial Organization，44：85-100.

Iossa E，Spagnolo G，Vellez M. 2007. Contract design in public-private partnerships [R]. Washington：World Bank.

Ke Y J，Wang S Q，Chan A P C，et al. 2009. Research trend of public-private partnership in construction journals[J]. Journal of Construction Engineering and Management，135（10）：1076-1086.

Ke Y J，Wang S Q，Chan A P C. 2013. Risk misallocation in public-private partnership projects in China[J]. International Public Management Journal，16（3）：438-460.

Koppenjan J F M，Enserink B. 2009. Public-private partnerships in urban infrastructures：reconciling private sector participation and sustainability[J]. Public Administration Review，69（2）：284-296.

Kwak Y H，Chih Y，Ibbs C W. 2009. Towards a comprehensive understanding of public private partnerships for infrastructure development[J]. California Management Review，51（2）：51-78.

Li B，Akintoye A，Edwards P J，et al. 2005.Critical success factors for PPP/PFI projects in the UK construction industry[J]. Construction Management and Economics，23（5）：459-471.

Locke E A，Bryan J F. 1968. Goal-setting as a determinant of the effect of knowledge of score on performance[J]. The American Journal of Psychology，81（3）：398-406.

Motowildo S J，Borman W C，Schmit M J. 1997. A theory of individual differences in task and contextual performance[J]. Human Performance，10（2）：71-83.

Olson M. The Logic of Collective Action：Public Goods and the Theory of Groups[M]. Cambridge：Havard University Press.

Ostrom V，Tiebout C M，Warren R. 1961. The organization of government in metropolitan areas：a theoretical inquiry[J]. The American Political Science Review，55（4）：831-842.

Patil N A，Tharun D，Laishram B. 2016. Infrastructure development through PPPs in India：criteria for sustainability assessment[J]. Journal of Environmental Planning and Management，59（4）：708-729.

Samuelson P A.1954. The pure theory of public expenditure[J]. The Review of Economics and Statistics，36（4）：387-389.

Savas E S. 2007. Privatization and public-private partnerships for local services[C]// Berman E.Encyclopedia of Public Administration and Public Policy. New York：Routledge.

Shaik M N，Abdul-Kader W. 2012. Performance measurement of reverse logistics enterprise：a comprehensive and integrated approach[J]. Measuring Business Excellence，16：23-34.

Song J B，Hu Y B，Feng Z. 2018. Factors influencing early termination of PPP projects in China[J]. Journal of Management in Engineering，34（1）：05017008.

Sundquist J L. 1984. Privatization：no panacea for what ails government[C]// Brooks H，Liebman L，Schelling C. Public-Private Partnership：New Opportunities for Meeting Social Needs. Cambridge：Ballinger：303-318.

The Commission on Global Governance. 1995. Our Global Neighborhood：The Report of the Commission on Global Governance[M]. Oxford：Oxford University Press.

Wang H M，Xiong W，Wu G D，et al. 2018. Public-private partnership in Public Administration discipline：a literature review[J]. Public Management Review，20（2）：293-316.

Wang S Q，Dulaimi M F，Aguria M Y. 2004. Risk management framework for construction projects in developing countries[J]. Construction Management and Economics，22（3）：237-252.